“十二五”职业教育国家规划教材
经全国职业教育教材审定委员会审定

高等职业教育旅游类专业系列教材

客房服务与管理实务

（第三版）

魏洁文　彭磊义　主编

科学出版社

北京

内 容 简 介

本书为国家精品课程“客房服务与管理”的配套教材。全书分为六个项目、58 项实训任务，详细介绍了客房服务与管理方面的知识。本书主要内容包括绪论、客房卫生、对客服务、公共区域清洁管理、房务中心、客房安全、客房部基层管理。全书结构明晰，理论与实践结合紧密，图、表、文并茂。

本书既可作为高等职业教育酒店管理与数字化运营、旅游管理等专业的实训教材，又可作为相关从业人员的参考用书。

图书在版编目（CIP）数据

客房服务与管理实务 / 魏洁文，彭磊义主编. —3 版. —北京：科学出版社，2024.6

（“十二五”职业教育国家规划教材 · 高等职业教育旅游类专业系列教材）

ISBN 978-7-03-067811-9

Ⅰ. ①客… Ⅱ. ①魏… ②彭… Ⅲ. ①客房-商业服务-高等职业教育-教材 ②客房-商业管理-高等职业教育-教材 Ⅳ. ①F719.2

中国版本图书馆 CIP 数据核字（2020）第 269742 号

责任编辑：纪晓芬 王 琳 / 责任校对：王万红
责任印制：吕春珉 / 封面设计：东方人华平面设计部

科学出版社 出版
北京东黄城根北街 16 号
邮政编码：100717
http://www.sciencep.com

北京九州迅驰传媒文化有限公司印刷
科学出版社发行 各地新华书店经销
*
2008 年 3 月第 一 版 2024 年 6 月第十三次印刷
2016 年 8 月第 二 版 开本：787×1092 1/16
2024 年 6 月第 三 版 印张：16 1/4
字数：385 000

定价：54.00 元

（如有印装质量问题，我社负责调换〈九州迅驰〉）
销售部电话 010-62136230 编辑部电话 010-62135397-2021（SF02）

第三版前言

本书为国家精品课程“客房服务与管理”的配套教材，也是高等职业教育酒店管理与数字化运营及相关专业的实训教材。本书主要内容包括绪论、客房卫生、对客服务、公共区域清洁管理、房务中心、客房安全、客房部基层管理。编者力求打破传统教材以知识结构为核心的编写思路，强调内容的实践指导意义，体现以能力培养为本的高职教育宗旨。

本书具有以下三个特点。

第一，强调内容与酒店实际工作任务和职业技能要求的一致性。编者根据高星级酒店从事客房服务和基层管理需要掌握的技能，在参考国内外著名酒店企业客房服务、管理实务与操作标准的基础上谋篇布局，确定内容。

第二，强调理论与实践的紧密结合。本书每个项目设置“相关知识”，作为技能实训的基础，使学习者不仅会做，而且懂得操作原理和相应知识，保证技能掌握的全面性和专业性。

第三，结构简洁明了，实训项目以图表为主要编写形式。实训项目通过“任务指导”“任务流程”“任务内容”“任务测试”“相关知识”几个部分，以图表表述，将每项技能的“教”“学”“做”“验”一目了然地呈现给学习者，便于教师施教和学生学习，并增强学习内容的直观性、逻辑性和实用性。

同时，因为本书融合了许多先进酒店企业的管理实务和操作标准，并提供了酒店的真实范例，所以也可以作为酒店企业的工作参考书，如组织部门业务培训，编写部门业务操作标准等。

本次修订，编者对部分案例进行了更新，力求最大程度与行业发展现状保持一致，并且融入最新的行业操作规范，为读者提供参考。

本书由魏洁文、彭磊义担任主编，徐行健参编。编写分工如下：绪论、项目一至项目三由魏洁文编写，项目四至项目六由彭磊义、徐行健共同编写。

编者在修订本书的过程中，得到了酒店业界许多朋友的支持与帮助，并获得了大量参考资料，谨此向他们表示衷心的感谢。

由于编者的学识有限，书中难免存在不足，敬请读者批评指正。

第一版前言

本书为高职高专酒店管理专业的实训教材，主要内容包括客房常规卫生、客房计划卫生与设备、用品清洁保养、对客服务、公共区域清洁管理、客房安全、客房部基层管理等。本书力求打破传统教材以知识结构为核心的编写思路，强调内容的实践指导意义，体现以能力培养为本的高职高专教育的特性，突出如下三个特点。

第一，强调内容与酒店实际工作任务和职业技能要求的一致性。编者根据高星级酒店从事客房服务和基层管理需要掌握的技能，在参考国内外著名酒店企业客房服务、管理实务与操作标准的基础上谋篇布局、确定内容。

第二，强调理论与实践的紧密结合。本书每个模块在进入项目实训之前特别安排了相应的知识介绍，作为技能实训的基础，使学习者不仅会做，还懂得操作原理和相应的知识，保证技能掌握的全面性和专业性。

第三，结构简洁明了，实训项目以图表为主要编写形式。实训项目通过“实训指导”“实训流程”“实训内容”“实训测试”“相关链接”几个部分，以图表的形式表述，将每项技能的“教”“学”“做”“验”一目了然地呈现给学习者，便于教师施教和学生学习，增强学习内容的直观性、逻辑性和实用性。

同时，本书由于融合了许多先进酒店企业的管理实务和操作标准，还提供了酒店的真实范例，因此也是酒店企业工作者的参考书，如供有关组织部门业务培训、编写部门业务操作标准时参考。

本书的编写分工如下：绪论、模块一由沈忠红（杭州万向职业技术学院）编写，模块二、三、六由魏洁文（浙江商业职业技术学院）编写，模块四由葛玲妹（浙江长征职业技术学院）编写，模块五由彭磊义（浙江商业职业技术学院）编写。

本书的编写得到了酒店业界许多朋友的支持与帮助，他们提供了大量非常具有参考价值的专业资料，谨此向他们表示衷心的感谢。

由于作者水平和实际工作环境所限，书中难免存在不妥，敬请广大读者批评指正。

目　录

绪　论

客房是一家酒店必不可少的基础设施，其最基本的功能是满足客人的住宿需求。客户部作为酒店最重要的部门之一，负责酒店所有客房的清洁和保养工作，为客人提供多样的客房服务，为客人创造一个清洁、美观、舒适、安全的住宿环境。客房服务的质量在一定程度上反映了整个酒店服务的质量。客房的清洁卫生既是构成客房服务质量的重要组成部分，又是客人选择一家酒店时首要考虑的因素。因此，客房清洁卫生工作的管理是客房部管理工作永恒的主题，值得每个管理者高度重视。

客房清洁卫生工作内容十分丰富和复杂，为了使学习者正确理解和把握一系列的清洁卫生服务规范，有必要首先阐明客房部的作用与任务、客房类型与设备用品、客房部员工的素质要求等问题。

一、客房部概述

（一）客房商品的概念

客房是指人们外出旅行过程中暂时居留的投宿之处，是酒店以出租和提供劳务获得经济收入的特殊商品。因此，“客房”并不单指房屋建筑，而是一个综合性的概念。客房商品包括客房设施、客房设备物品和客房服务三大要素。

1. 客房设施

客房设施主要是指客房的房间形体。它是客房商品的物质基础，主要体现在客房设施空间规格上，如客房面积、空间高度等。同时，客房设施也体现在客房结构、装修设计所营造的环境特征上。

2. 客房设备物品

客房设备物品主要是指客房内的设备和生活用品。设备包括家具设备、电器设备、洁具设备等；而房间内为客人日常生活起居服务的各种生活用品与服务用品同样不可缺少，它能方便客人的生活，是满足客人消费需要的必备品，也是客房商品使用价值的重要体现。

3. 客房服务

客房服务是指以客房设施设备等物质资料为依托，通过员工的劳务提供的服务项目和服务过程。客房商品不但有物质要素，而且有人力要素。员工的服务态度与服务技能决定了客房服务的质量。只有提供优质服务，才能为客人提供一个安全、卫生、舒适的客房；只有保证客房设施设备物品处于良好状态，才能满足客人的各种合理需要。因此，客房服务是客房商品价值的核心要素。

（二）客房部的地位与作用

客房部又称房务部或管家部（housekeeping department），是酒店的基本且重要的部门，主要负责酒店客房产品的生产，可以说是酒店最繁忙的核心部门，因此客房部在酒店中具有重要的地位与作用。

1. 客房是酒店的核心产品

酒店是向客人提供生活需要的综合服务设施，它必须能向客人提供住宿服务，因此，住宿设施是酒店的最基本设施。从这个意义上来说，客房是酒店产品中最核心的产品。

2. 客房是酒店的主体

按客房和餐位的一般比例，客房占酒店建筑面积的70%～80%；酒店的固定资产和酒店开展经营活动必需的各种设备和物料用品大部分也被安置在客房中，所以客房是酒店的主要组成部分。

3. 客房收入是酒店经济收入的主要来源

（1）客房收入占全酒店营业收入的比例最高

酒店的经济收入主要来源于三部分——客房收入、餐饮收入和综合服务收入。其中，客房收入是酒店收入的主要来源，一般会占酒店总收入的50%以上，有限服务型酒店、经济型酒店的客房收入更是占总收入的绝对比例，而且客房收入较其他部门收入更稳定。

（2）客房的利润较高

客房初建时虽然投资大，但耐用性强，在一次销售后，经服务员的清洁整理和补充必备的供应品后，可以重复销售，获取收入，如此周而复始，不断循环。因此，客房运营的成本和费用较低，客房部的利润较高。

4. 客房服务质量是酒店服务质量的重要标志

客房是客人在酒店中逗留时间最长的地方，客人对客房更有“家”的感觉。因此，客房的卫生是否清洁，服务人员的服务态度是否热情、周到，服务项目是否丰富等，对客人有着直接影响，是客人衡量“价”与“值”是否相符的主要依据，所以客房服务质量是衡量整个酒店服务质量、维护酒店声誉的重要标志，也是酒店等级水平的重要标志。

5. 客房是带动酒店一切经济活动的枢纽

酒店作为一种现代化食宿购物场所，只有在客房入住率较高的情况下，酒店的一切设施才能发挥作用，酒店的一切组织机构才能运转，最终才能带动整个酒店的运营。客人住进客房，要到前台办手续、交房租；要到饮食部用餐、参加宴请；要到商务中心进行商务活动；还要健身、购物、娱乐。因此，客房服务带动了酒店的整体运营。

6. 客房部的管理直接影响酒店的运行和管理

客房部的工作内容涉及整个酒店的方方面面，为其他部门的正常运转提供了良好的环境和物质条件。另外，客房部员工数量在整个酒店员工总数量中占的比例很大，其管理水平直接影响酒店员工队伍整体的素质和服务质量。

（三）客房部的功能与任务

客房部除了为客人提供安全、舒适、清洁、便利的房间和配套设施及热情周到的服务外，还负责酒店所有公共区域的清洁卫生，包括员工制服的保管及洗涤，楼层、餐厅、康乐部的布草，以及客人衣物的洗涤和发放。此外，客房部还需充分、合理地利用能源，做好日常经营活动中成本和费用的控制。客房部的功能与任务主要有以下五个方面。

1. 搞好清洁卫生工作，为客人提供舒适的住宿环境

客房部负责酒店所有客房及公共区域的清洁卫生工作，清洁卫生是保证客房服务质量和体现客房价值的重要组成部分。酒店的良好气氛，以及舒适、美观、清洁的住宿环境，都要通过客房服务员的辛勤劳动实现。因此，做好清洁卫生，提供舒适的住宿环境，是客房工作的首要任务。客房部必须通过制定和落实清洁卫生操作规程、检查制度切实保证清洁卫生质量。

2. 做好客人接待工作，提供周到的客房服务

客房部要做好客人的接待服务工作，包括从迎接客人到送别客人的完整的服务过程。因为客人在客房逗留的时间最长，除了休息，还需要酒店提供其他各种服务，如洗衣服务、饮料服务、访客接待、擦鞋服务等。做好客人接待工作，提供热情、礼貌、周到的客房服务，使客人在住宿期间的各种需求得到满足，既体现了客房产品的价值，又直接关系到酒店的声誉。

3. 维护和保养客房及设备

客房部在日常清洁卫生和接待服务的过程中担负着维护和保养客房及公共区域的设备设施的任务，使之常用常新，处于良好的使用状况；并与工程设备部门密切合作，保持设备设施的完好率，提高它们的使用效率，为客人构建一个舒适的住宿环境。

4. 控制客房的物料消耗

客房的物料消耗在客房经营的变动成本中占有较大的比例。客房部要根据预测的客房出租率编制预算，并制定有关的管理制度，落实责任。在满足客人使用、保证服务质量的前提下，控制物品消耗，减少浪费，努力降低成本，减少支出。

5. 负责客衣与酒店织物的洗涤及保管

客房部设有布草房和洗衣房，负责酒店布件和员工制服的洗涤、保管和发放，为全酒店的对客服务提供保障；同时，为住店客人提供洗烫服务，作为一个服务项目，这也是酒店的经济来源之一。

（四）客房部的组织结构及业务分工

客房部的工作质量关系到整个酒店的对外形象及市场声誉，而分工合理、组织科学的部门结构是客房部高效开展工作的基本保证。

1. 客房部组织结构设置的原则

酒店内各部门的组织结构是履行管理职能、开展经营活动、完成酒店下达的计划任务的一种组织形式。根据客房管理的工作任务，客房部门在设置组织结构时应遵循如下原则。

（1）从实际出发的原则

客房部在设置组织结构时，不应生搬硬套其他酒店的经验，各酒店功能、规模各异，需要的结构层次也存在差别，因此要从实际出发，针对本酒店的需要设置岗位。

（2）精简高效的原则

客房部在设置组织结构时，一方面应防止出现结构臃肿和人浮于事的现象，特别应该注意“因事设人”，而不能“因人设事”或“因人设岗”；另一方面应注意，机构精简并不意味着机构的过分简化，以免出现职能空缺的现象。

另外，客房部的组织结构设置要求部门内部沟通渠道畅通，逐级分层负责，权责分明，能充分发挥各级人员的积极主动性及聪明才智，提高工作效率，产生较高的工作效能。

（3）统一指挥的原则

统一指挥是指明确垂直逐层指挥的体系及指挥的幅度，有效地督导下属人员的工作。

（4）分工明确的原则

各机构及岗位的职责和任务应充分明确，以便各司其职。

2. 客房部的组织结构

客房部的组织结构是否合理、组织是否严密，是客房部做好管理、运转、服务等各项工作的重要保证。因为各酒店规模档次不同，经营管理方式各异，所以各酒店客房部的组织结构要结合本酒店的具体情况灵活设置。

适合大、中型酒店的客房部组织结构实例如图 0.1 所示，适合小型酒店的客房部组织结构实例如图 0.2 所示。

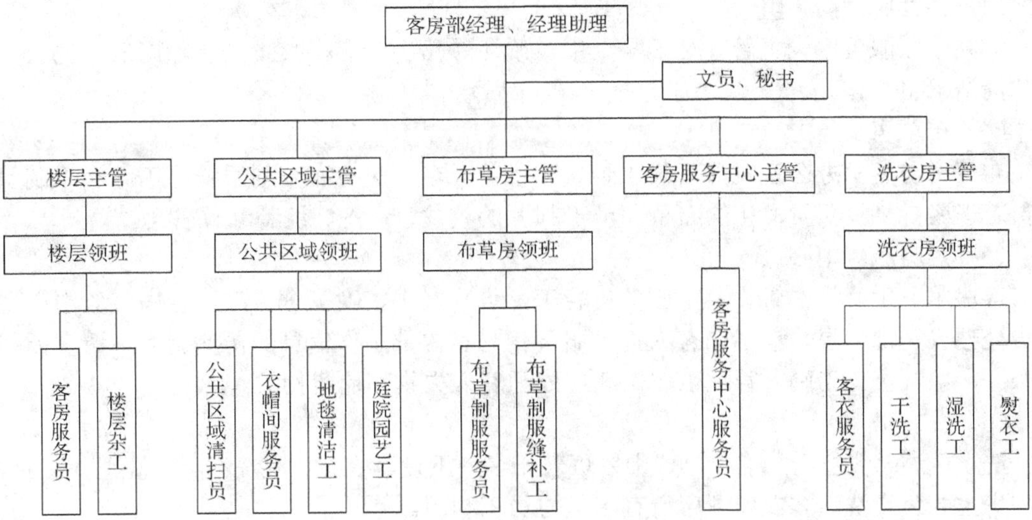

图 0.1　适合大、中型酒店的客房部组织结构实例

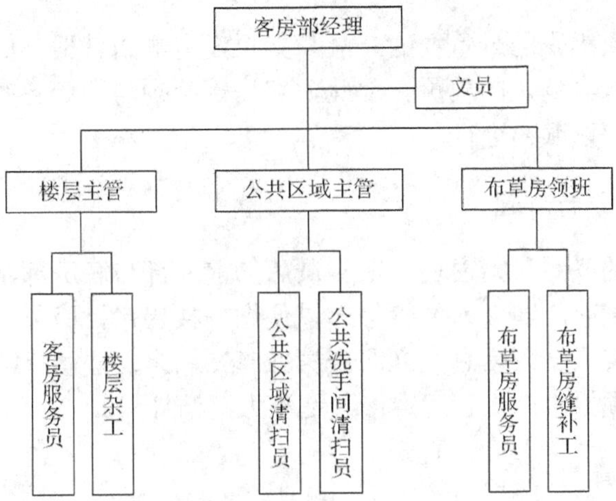

图 0.2　适合小型酒店的客房部组织结构实例

3. 客房部的业务分工

客房部分工复杂、人员繁多。因此，合理的业务分工和岗位设置是客房部进行有效管理的前提条件。下面以大、中型酒店客房部组织结构设置为例进行说明。

（1）经理办公室

客房部设经理、经理助理各一名，另有文员、秘书各一名，早晚两班工作人员若干名，主要负责客房部的日常性事务及与其他部门联络、协调等事宜。

（2）客房楼层服务组

客房楼层服务组设主管一名，早、中、晚班领班若干名，负责所有住客楼层的客房、楼道、电梯口的清洁卫生和接待服务工作。大型酒店往往分设卫生班、台班和服务班。

（3）公共区域服务组

公共区域服务组设主管一名，早、中、晚班领班各一名，负责酒店除厨房外的公共区域的清洁卫生工作。

（4）布草房

布草房与客房办公室毗邻，设主管、领班各一名，另有布草制服缝补工、布草制服服务员若干名，主要负责酒店的布草和员工制服的收发、送洗、缝补和保管。

（5）客房服务中心

客房服务中心设主管一名，服务员若干，设早、中、晚三个班次。客房服务中心主要负责处理客房部信息，包括向客人提供服务信息和内部工作信息的传递调度、调度调节对客服务、控制员工出勤、管理工作钥匙、处理客人失物和遗留物品。

（6）洗衣房

洗衣房通常设主管一名，早、中领班若干名，下设客衣组、湿洗组、干洗组、熨衣组。洗衣房主要负责洗涤客衣和酒店所有布草与员工制服。

（五）客房部与其他部门的沟通

客房是酒店向客人提供的最重要的产品，如果没有酒店其他部门的配合支持，将无法保证客房商品具有让客人满意的质量。因此，客房部必须与酒店各有关部门保持密切的沟通联系，使房务工作得以顺畅进行。

1. 客房部与前厅部的沟通

客房部与前厅部的联系最为密切，很多酒店的前厅部与客房部是合二为一的。客房部每天需要随时从前厅部获取客人入住信息，以便做好楼层接待服务；定时核对房态；接到前厅部收银处传来的客人结账信息，立即查房并告知结果；协助行李员收取或存放行李；根据前厅提供的客情预报，安排客房维修改造和大清洁计划。

2. 客房部与工程部的沟通

工程维修人员是除客房部楼面员工外被允许进入客房的少数员工之一。一旦客房设备设施发生故障，有房务员电话通知抢修，他们就会立即赶赴现场抢修。如果是住客房，维修时将有房务员在一旁陪同。此外，客房部还将提供客情预报，以便工程部安排客房大修计划。

3. 客房部与餐饮部的沟通

客房部要负责餐厅范围的清洁卫生、布草和员工制服的洗涤熨烫工作，还要协助餐饮部搞好客房送餐、客房小酒吧食品饮料的清点补充工作，以及配合餐饮促销活动，在客房放置餐饮宣传材料。

4. 客房部与保安部的沟通

客房部要协助保安部对客房和公共区域进行检查，做好防火防盗等安全工作；提供可疑住客和访客的情况，并在必要时协助公安局、保安部打开客房门；对重要外宾，将由保安部提供特别保卫；对住客报失报案要会同保安部处理。

5. 客房部与采购部的沟通

客房部所需物资种类繁多。为保证客房服务质量的优质、稳定，客房部应向采购部提供所需设备物资的规格、质量要求，特别是在客房更新改造前提出切合实际的采购建议；为控制客房成本费用，也应对价格问题提出建议。采购部应按要求采购美观适用、价格合理的设备物资，保证及时、足额供应。

6. 客房部与财务部的沟通

客房部要协助财务部做好客房有关账单的核对、固定资产的清点；在财务部的协助下制订房务预算，定期盘点布草和其他物料用品。

7. 客房部与公关销售部的沟通

客房部应协助销售部的公关促销宣传活动，在客房内放置酒店宣传卡，宣传、推销客房和酒店其他服务设施；对公关销售部陪同参观客房的客人，客房部要积极配合、给予方便，并热情介绍房间内的设施。

8. 客房部与人力资源部的沟通

客房部员工较多，接待旺季还会雇用临时工。为保证客房服务质量，客房部应协助人力资源部做好客房部员工的招聘、使用与培训工作。

总之，为了做好对客人的各项服务工作，客房部与其他部门进行沟通与协调是非常重要的，而要做好协调工作，客房部与其他部门员工之间的互谅互让也是十分必要的。因此，客房部的员工应该多了解其他部门的工作，在工作中多理解、支持对方。客房部与其他部门之间是合作关系，而非竞争关系。

二、客房类型与设备用品

随着市场经济的变化和酒店之间竞争的加剧，酒店的客房类型、内部设施的配备越来越趋向多样化，以适应不同类型客人的需求。

（一）客房的类型

客房的分类方法很多，有的按房间结构和床的配置划分，有的按房间所处的位置划分。

1. 按客房结构和床的配置划分

客房按房间配备床的类型和数量可以划分为单人床间（single room）、双人床间（double room）、双床间（twin room）、三人间（triple room）、套房（suite）。

（1）单人床间

单人床间配备一张单人床，适合商务旅行的单身客人居住。

（2）双人床间

双人床间配备一张双人床，适合夫妇旅行者居住，也适合商务旅行者单人居住。

（3）双床间

双床间配备两张单人床，这类客房在酒店中占极大部分，也称为酒店的“标准间”，较受团体、会议客人的欢迎。也有在双床间配置两张双人床的，以显示较高的客房规格和独特的经营方式。

（4）三人间

三人间配备三张单人床，一般在经济型酒店里配备这样的房间，此类客房较适合追求经济实惠的客人使用。

（5）套房

由两间或两间以上的客房构成的“客房出租单元”称为套房。根据使用功能和室内装饰标准，套房又可细分为以下几种。

1）普通套房。普通套房（junior suite）一般为两套间：一间为卧室，配有一张大床，并与卫生间相连；另一间为起居室，设有盥洗室，内有坐便器与洗面盆。

2）商务套房。商务套房（business suite）是专为从事商务活动的客人而设计布置的。一间为起居与办公室，另一间为卧室。

3）双层套房。双层套房（duplex suite）也称立体套间，其布置为起居室在下，卧室在上，两者用室内楼梯连接。

4）连接套房。连接套房（connecting suite）也称组合套间，是一种根据经营需要专门设计的房间形式，为两间相连的客房，用隔音性能好、均安装门锁的两扇门连接，并都配有卫生间。需要时，既可以作为两间独立的单间客房出租，又可以作为套间出租，灵活性较大。

5）豪华套房。豪华套房（deluxe suite）的特点在于重视客房的装饰布置、房间氛围及用品配备，以呈现豪华气派。豪华套房既可以为两套间布置，又可以为三套间布置。三套间中除起居室、卧室外，还有一间餐室或会议室兼书房，卧室中配备大号双人床。

6）总统套房。总统套房（presidential suite）也称特大套间，一般由五间以上的房间组成，包括男主人房、女主人房、会议室、书房、餐室、起居室、随从房等，其装饰布置极为讲究，造价昂贵。通常在豪华酒店才设置此类套间。

2. 按客房所处的位置划分

客房按所处的位置可分为外景房（outside room）、内景房（inside room）和角房（corner room）。

（1）外景房

外景房是指窗户朝向大海、湖泊、公园或景区景点的客房，亦可称为湖景房、海景房、山景房、园景房、街景房等。

（2）内景房

内景房是指窗户朝向酒店内的房间。

（3）角房

角房是指位于走廊过道尽头的客房。角房因其形状比较特殊，装饰无法循规蹈矩而通常不被大多数顾客喜欢，但因其打破了标准间的呆板，反而受到某些客人的青睐。

（二）客房的设备、用品

酒店客房的设备、用品是客房商品质量的重要组成部分，也是客房服务的物质凭借。客房的设备、用品主要包括以下几项。

1）电器和机械设备，如空调、音响、电视机、电冰箱、传真机、电热水壶等。

2）家具设备，如床、写字台、沙发、衣柜等。

3）清洁设备，如吸尘器、吸水机、洗衣机、烘干机等。

4）房内客用品，如客人免费赠品（香皂、香波、浴液、浴帽、牙具等）、客房用品（床单、衣架、烟茶具等）以及客人租借用品（吹风机、熨斗）等。

5）建筑修饰品，如地毯、墙纸、地面材料等。

不同档次的酒店对设备和用品的要求不同。高档酒店的设备、用品应显示出名贵豪华；中档酒店的设备、用品则要求美观、舒适、方便、安全；低档酒店的设备、用品应以实用、方便、经济、安全为原则。同一酒店的不同类型、不同档次的房间对设备用品的要求也是不相同的。

（三）特殊客房设施配置

旅游酒店客人的多元化需求使酒店除拥有各种基本房间类型外，还必须配置各种特殊房间或楼层。现代酒店各种特殊房型的出现，正是为了满足客人的特殊要求，是酒店客房产品适应市场需求的体现。

1. 行政楼层与行政客房

行政楼层又称为商务楼层（executive floor，EFL），其特点是以最优良的商务设施和最优质的服务为商务客人高效率地投入紧张的工作提供一切方便。行政楼层主要有以下服务或设施。

（1）入住服务

入住行政楼层的商务客人不必在酒店总台办理入住等手续，而是可以直接乘专用电梯到 EFL，那里专门设有接待处为客人办理各类手续，从而大大提高商务客人入住的工作效率，节省客人的宝贵时间。

（2）房间设施

行政楼层房间设施配备齐全，除了配备一般楼层所具有的基本设施，考虑商务客人的特殊性，还配有传真机、打印机、两条以上的电话线、Internet 接口、电话语音留言、电视点播系统、电视计算机系统等特殊设施。

另外，行政楼层的客房一般以套房为主，除卧室外，还有一间可作为办公室的小房间，高档次的客房里还有其他的会议厅或会客厅等。

（3）日常服务

在行政楼层，通常会设有小型的咖啡厅，上午为客人提供西式自助早餐，下午为客人提供下午茶服务；楼层里设有阅览室，提供各类报刊等，对有需要的客人还提供文秘服务。

2. 女士客房

女士客房是根据女士的心理和生理、审美观等专门为女士设计的客房。女士客房有别于传统的客房，主要体现在使用者的性别限制上。

传统客房的设计是从大众化角度考虑的，尤其是从酒店的主要住宿者为男性考虑的。所以突破传统的思想，建设完全满足女性客人要求的女士客房，就必须充分考虑女士的审美观、爱好等多方面因素。

在为女士客房提供服务时应注意以下几点：一是要让女性客人感受到与普通客人一样的礼遇，提供的服务和设施不能使她们感到仿佛是在接受一些特别的恩惠；二是应该考虑大多数女性客人不愿以弱者的姿态出现在公众面前；三是在房内设施用品的配置上必须注意“男女有别”，如卧室内的报刊、卫生间的洗漱用品等；四是女士对安全方面要求较为苛刻。

3. 无烟楼层

无烟楼层专供非吸烟客人入住，并为客人提供严格的无烟环境。无烟楼层的客房不仅要求房间里没有烟灰缸，楼层有明显的无烟标志，还要求进入该楼层的工作人员和其他客人均是非吸烟者；或者对于吸烟的房客而言，其在进入该楼层或房间时被礼貌地劝阻吸烟，因为非吸烟人士对烟味的敏感程度是非常高的。

无烟客房的出现虽然仅考虑非吸烟这一点，但其在尊重客人的生活习惯、倡导健康的生活观念方面的作用是不可小觑的。

4. 残疾人客房

残疾人旅游住宿问题已经不是一个酒店的待客问题，在《旅游饭店星级的划分与评定》（GB/T 14308—2023）中，对残疾人客房和其他设施要求做了基本的规定：五星级酒店应配有残疾人客房，为残障人士提供必要的服务，配备相应的残障设施（门厅及主要公共区域应有符合标准的残疾人出入坡道，配备轮椅，有残疾人专用卫生间或厕位，客用电梯有残疾人专用按键）。

此外，酒店行业对残疾人客房和其他设施的配置还有以下常见做法。

（1）电梯

电梯的设置与安装应该考虑残疾人的方便使用。例如，宜安装横排按钮，高度不宜超过 1.5 米；在正对电梯进门的壁上安装较大的镜子；使用报声器等。

（2）客房

残疾人客房应出入无障碍，门的宽度不宜小于 0.8m；门上 1.1m 和 1.5m 高度分别安装窥镜；床面高度为 45cm，床位一侧应留有面积不小于 $1.5m^2$ 的轮椅回旋空间；房内各电器开关、插座高度不高于 1.2m。没有设置特殊残疾人楼层的酒店，对于残疾人客房位置的选择不宜离电梯太远。

（3）卫生间

残疾人客房卫生间门的要求和客房一样，要求出入无障碍，宽度应不小于 0.8m；云石台高度在 0.7m 左右且下面不宜有任何障碍物；坐便器两侧装有抓杆，横式抓杆高度为距地面 90cm；沐浴间面积不小于 1.2m×1.2m，水流开关安装高度为 90cm；等等。

在酒店的发展过程中，酒店管理者越来越重视客人的需要，可以说市场上有多少客房类型的需求，酒店就有多少类型的特殊客房。这既是现代酒店在经营过程中个性化服务的一个重要手段，又是市场发展的必然规律。

三、客房部员工的素质要求

现代旅游涉外酒店市场竞争激烈，客人对客房商品质量要求越来越高。为了充分满足客人的需求，提高市场占有份额，高质量的服务是酒店提高竞争力的前提条件。高质量的服务有赖于高水平的管理和服务。也就是说，没有高素质的客房部员工队伍就无法提供优质的客房服务。

客房部员工的基本素质要求如下。

（一）思想素质

（1）品质好，诚实上进，具有较高的自觉性

客房部的许多工作是由服务员独立完成的，如果员工思想不健康、追求物欲、贪图享受、经受不住考验，就不可能做好客房服务工作。例如，在清扫客房时，客人一般不在房间，这就要求员工有高度的自觉性。

（2）具有良好的组织纪律观念，自觉遵守酒店的各项规章制度

员工应自觉按照酒店的有关规定，不打私人电话，不与同伴闲谈，不翻阅客人的书报、信件、文件等材料；不翻客人使用的抽屉、衣柜；不能出于好奇心试穿客人的衣物、鞋帽等；不可在客人房间看电视、听广播；不可品尝客人的食物等。

（3）热爱本职工作，责任心强，踏实勤快，能与同事合作

客房部的服务工作与酒店其他部门的工作有所不同。相对而言，客房部的工作劳动强度大，与客人直接打交道的时候少，这就需要客房部员工有勤勤恳恳、踏踏实实和吃苦耐劳的精神。在日常工作中，客房部员工的心态要平和，以高度的责任感做好自己的本职工作。同时，客房部的每个员工都要努力与同事共同营造一个和睦相处、分工明确、配合默契、心情愉快的工作环境。

（4）动手能力强，身体素质好，工作效率高

客房部的工作相对来说比较繁重复杂，体力消耗大；同时，入住的客人希望自己所住的房间舒适、整洁、安全。为了满足客人的客房要求，客房部员工必须有吃苦和敬业精神，动手能力强，身体素质好，工作效率高，只有这样才能提高客人的满意度，保障酒店的正常运转。

（二）业务素质

（1）客房部员工应该具备的业务知识

客房部员工应该掌握客房服务的各项规程，熟悉酒店的服务设施和服务项目、营业时间，了解安全保卫工作常识，掌握各种清洁保养知识，了解与客房服务相关的其他知识，

如礼貌礼节知识、服务心理学知识、旅游知识等。

（2）客房部员工应该具备的业务能力

客房服务人员应该能讲较为标准的普通话，具有较强的语言表达能力，善于与客人沟通。客房服务人员至少应该能用一门以上外语（其中一种是英语）为客人提供服务。同时，还应有一定的文化知识和社会知识，以及良好的服务技能技巧，能处理一般的突发事件，具有一定的应变能力和观察能力，能独立完成工作，具有较强的服务意识。

（三）基本礼仪

酒店的客房既是客人的临时之家，又是客人逗留时间最长的地方，还是客人主要的休息场所。客房服务员在服务中务必讲究礼仪，为客人提供一个温馨、舒适、幽静、安全的居住氛围。客房服务员的基本礼仪包括礼节、礼貌、仪容、仪表、服饰、仪态、问候礼等内容。

1. 礼节

礼节是向别人表示敬意的一种形式，如待人接物的规则和方式，人们在公共场所的举止、风度和衣着等。

2. 礼貌

礼貌是社会交往中人与人之间必须遵循的一定的行为规范，从称呼、言行到举止、仪容，表现出对别人尊重、友好，而对自己有所克制。

3. 仪容

仪容就是容貌、面容的总称。客房部员工仪容的具体要求如下。

1）服务员应保持面容清洁、头发整齐，适时理发，发型美观、大方，头发不宜擦重味的头油。

2）常修指甲，常洗澡，勤洗手，勤更衣。

3）男服务员要经常修面，不留小胡子、大鬓角，发不盖耳。

4）女服务员不留披肩发，前发不遮眼，后发不过肩，不留长指甲，不涂指甲油。

5）女服务员不可浓妆艳抹，要化淡妆。

4. 仪表

仪表就是人的外表（包括容貌、姿态、风度等）。

5. 服饰

客房员工的着装是酒店统一配置的工作服，上岗前必须按规定换好工作服。

（1）西服

客房员工穿西服，一般内衬白衬衫，衬衫要洁白干净。穿着衬衫时，要注意衬衫白领露出的部分需平整，两袖口露出的部分应一样齐。穿着西服要系领带，领带一般全长为130～

150cm，领带应系在西服翻领的“V”字区的中心，领带大箭头垂到裤腰处最为标准。

（2）普通工作服

服务员穿着普通工作服要保持整洁，扣好上衣及裤子的纽扣。另外，必须配有内衣，并把内衣下围塞进裤子内，以免工作时露出后背。

（3）服饰要求

1）工作服应整洁、挺直，按规定扣好上衣扣。

2）工作服衣兜禁止装杂物，以保持工作服的形状。

3）服务员上班时一律穿酒店统一发放的黑色鞋，皮鞋要保持光亮，布鞋要干净，不准赤脚穿鞋。

4）服务员上岗期间不准佩戴各种饰物，如项链、手链、戒指等。

5）工作服如有破损要及时修补好，如影响美观应及时更换。工作服要勤洗、勤换。

6）服务员在上岗前，应首先面对工作镜检查自己的仪容仪表是否符合要求。

7）服务员要接受领班及领导对仪容仪表的检查，不符合要求者不准上岗。

6. 仪态

仪态是指人在交往活动中的举止所表现出的姿态和风度。客房部员工仪态的具体要求如下。

（1）坐态

坐姿要端正，这是体态类的重要内容之一。平坐在椅子上的要领是人体重心垂直向下，腰部挺起，脊柱向上仰挺，胸部向前挺，双肩放松平放，躯干与颈、腿、脚正对前方。手自然放在双膝上，双膝并拢。眼睛平视、面带笑容，坐时不要把椅子坐满（服务人员应坐椅面的2/3），但不可坐在边沿上。

（2）站态

站立时要直立站好。从正面看，身体重心线应在两腿中间向上穿过脊柱及头部，重心放在两个前脚掌。站立的要领如下。

1）挺胸、收腹、梗颈。

2）站立要端正，眼睛平视，嘴微闭，面带笑容。

3）双臂自然下垂或在体前（或背后）交叉，右手放在左手上，以保持向客人提供服务的最佳状态。

4）女子站立时，双脚呈“V”字形，双膝靠紧，脚后跟靠紧。

5）男子站立时，双脚分开与肩同宽。

6）站立时要防止重心偏左或偏右。

（3）行态

行态即行走的姿态，行走的要点如下。

1）行走时，身体重心可以稍向前，这样有利于挺胸、收腹、梗颈。

2）行走轨迹要为直线。

3）走路要轻而稳，上体正直，抬起头，眼平视，面带微笑。

4）两臂自然地前后摆动，肩部放松。

5）服务人员在公共场合行走时，不抢道穿行，不可三五成群并行，不可搭肩搂背、边走边说笑。

（4）举止

1）同客人讲话时，要面向客人，距离适当，笑容可掬，眼光停留在客人眼鼻三角区，不要左顾右盼、心不在焉，不要倚靠他物。

2）同客人讲完话，服务完毕时，要进退有序。要先躬身退后一步，然后转身走开，以示尊重客人。

3）遇客微笑致意。服务人员在工作时遇到客人要主动问好，应行15°～30°鞠躬礼，如与客人擦肩而过，应微笑点头。

4）不讥笑客人。遇残疾或有缺陷的客人，不得讥笑他们，也不准议论，更不能模仿其动作。

5）上岗前（或在岗期间）禁止饮酒，禁止吃生葱、生蒜等气味浓烈的食品。

（5）言谈

1）使用酒店统一标准和规范的语言。

2）服务用语要简练清楚，注意场合，切忌喋喋不休。

3）在同客人讲话时，应注意语言、表情和行为的一致性。说话要口齿清楚，音量适中。平时还要注意保持口腔清洁。

7. 问候礼

1）问候礼是人与人见面时互相间问候的一种礼节。问候礼是酒店客房服务人员对客人进店或外出归来时的一种接待礼节，以问候、祝贺语言为主，如果遇到重要客人住店，那么应有迎送礼。

2）客人刚下榻酒店时的问候。与客人初次见面，服务员应说“先生（或女士）您好，见到您很高兴”“您一路辛苦了”“欢迎您住在我们酒店（或欢迎您光临），我是酒店服务员，愿意为您服务”等。

3）时间性问候。客人住店后在店内与客人见面时，要根据早、午、晚大概时间问候“早安”“午安”“晚安”。“晚上好”是见面时互相打招呼，“晚安”则是客人进客房休息或是当晚不再见面的意思。

4）对不同类型客人的问候。涉外酒店、宾馆住的客人类型很多，服务员要根据不同类型的客人进行问候。例如，同体育代表团、文艺代表团见面时，除一般性问候外还要说一些客人比较爱听的吉利语言，如“祝贺你们在比赛中获胜”“祝你们演出成功”“你们表演得很精彩”等。

5）节日性问候。如圣诞节、新年、国庆节等，可问候“祝您节日愉快”。在日常服务工作中，当了解到当天是客人生日时，就要更加关心客人，见面时应表示祝贺，说“祝您生日快乐”；对于酒店重要客人和知名人士，还应送鲜花或其他生日礼物，使客人有宾至如归之感。

6）其他问候。客人身体欠安时，服务员不但要在语言方面使客人满意，而且要在日常生活中多关心客人。例如，客人感冒了，在见面时就应使用“您身体好些了吗”“祝您早日恢复健康”等用语。

项目一

客房卫生

学习目标

1. 了解客房常规卫生的主要内容。
2. 了解计划卫生的主要内容与操作方法。
3. 掌握客房清洁卫生项目的操作流程与标准。

客房既是客人在酒店逗留时间最长的地方，也是客人在酒店真正拥有的私人空间。客人在住宿过程中，与客房内的各种设施、用品有充分的接触，所以客房内的清洁卫生既是客人住房安全的要求之一，又是客人感受舒适度、衡量质量标准的关键。因此，客房清洁卫生工作是客房部的核心工作。

任务一　工作车整理与布置

客房服务员每天要整理很多房间，而且要求工作既有效率又保持一定水准。有适当的工具才有好的工作表现，因此工作车对客房服务员而言是非常重要的。客房服务员每天都与工作车为伍，将要清洁客房的工具如被单、清洁剂、消耗品等放置于工作车上，以方便清洁工作。工作车的准备工作通常于工作结束后进行，次日再检查一次，将需要的东西妥善放置在工作车上。通过“工作车整理与布置”任务，学生应了解并能整理出一架完整工作车的标准作业程序。

◇ 任务指导

任务名称	工作车整理与布置	学时	1
任务目标	掌握客用品、清洁工具的摆放位置与摆放标准，掌握清洁工具的用途与使用要求		
任务要求	按高星级酒店客房的配置要求准备工作车，规范物品摆放标准		
任务准备	工作车、垃圾袋、布草袋、各种布草、房间用品、清洁桶（或清洁盆）、清洁工具、清洁剂等		
学习方法	由教师进行讲解和示范，然后学生分别进行实际操作		

◇ 任务流程

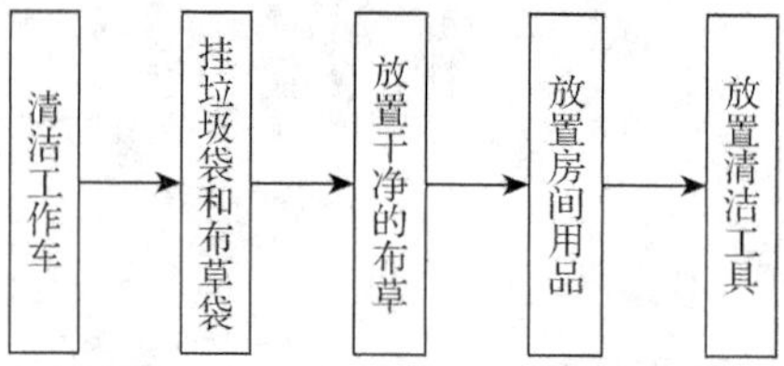

◇ 任务内容

程序/项目	标准
1. 清洁工作车	① 在工作间中撤出脏布草，倒掉垃圾 ② 用湿润的毛巾将空置的工作车内外擦拭干净，检查工作车有无损坏 ③ 清洁桶及清洁用具必须冲洗干净并沥干 ④ 配装好各种清洁药水备用
2. 挂垃圾袋和布草袋	将干净的垃圾袋和布草袋挂在车钩上，要把各袋钩住或挂紧，确保各袋有足够的支撑力以放置垃圾和撤下来的脏布草
3. 放置干净的布草	① 将床单、枕套放在工作车的最下面一格 ② 将大浴巾、小浴巾、面巾、方巾、脚巾、浴袍等放在工作车上面的两格
4. 放置房间用品	将房间用品整齐地摆放在工作车的顶架上，房间用品包括： ① 易耗品：拖鞋、擦鞋纸、礼品袋、杯垫、餐巾纸、调酒棒、吸管、白糖包、黄糖包、红茶包、绿茶包、咖啡包、伴侣包、圆珠笔、铅笔、火柴、润肤露、洗发露、沐浴露、泡泡浴露、浴室套装（包括浴帽、针线包、指甲锉、棉签）、洗衣粉、牙具、梳子、剃须刀、浴擦、手皂、矿泉水、面巾纸、卷纸、女宾袋（卫生袋）、方皂 ② 纸制品："请勿打扰"牌、"请速打扫"牌、"请收客衣"牌、"早餐"牌、洗衣单、保险箱说明书、酒吧账单封页及内页、服务指南、中英文房价单、地图、客人意见书、送房服务餐单、文件夹（包括信纸两张、传真纸、航空信封、平邮信封）、无烟房禁烟卡、电话指南、电视节目单、环保卡、便笺纸、各类杂志等
5. 准备好清洁桶（或清洁盆）	将塑料清洁桶（或清洁盆）放在工作车最底层的外侧，清洁桶（或清洁盆）必须保持洁净无积垢，内放清洁剂、消毒剂、尼龙刷、家具蜡、空气清新剂、胶皮手套等清洁用具
6. 准备好干净的抹布	准备干净的干抹布两条、湿抹布两条、抹地布一条，有的酒店还使用百洁布、泡棉等
注意事项	① 员工每天完成当日的清洁工作后必须将工作车整理干净 ② 工作车的最上层放易耗品及部分纸制品，第二层放干净的杯具及从房间更换出来的脏杯具和矿泉水，第三层放棉织品，最下层放礼品袋、纸制品及卫生的五类抹布（桌面巾、浴缸巾、恭桶巾、地巾、干抹布） ③ 香皂不能与茶叶放在一起，以免串味 ④ 擦脸盆、浴缸及恭桶的百洁布必须分开放置，专项专用，并保持清洁、干燥。一般可用不同颜色和尺寸的抹布来区别。同时，抹布一定要干净、卫生并经过消毒 ⑤ 布草袋和垃圾袋必须定期安排清洗

续表

程序/项目	标准
注意事项	⑥ 工作车必须保持良好的工作状态，如出现轮子脱落等情况，应及时通知房务中心报修，同时开具工程维修单 ⑦ 工作车整理完毕后，必须按规定停放于工作间内的固定区域

◇ 任务测试

班级：__________　　　　姓名：__________　　　　时间：__________

序号	考核内容	考核要点	评分标准	配分	扣分	得分
1	清洁工作车	① 撤出脏布草、倒掉垃圾 ② 用湿润的毛巾将工作车内外擦拭干净，检查工作车有无损坏 ③ 清洁工具必须冲洗干净并沥干 ④ 各种清洁药水备好	① 未撤出脏布草、倒掉垃圾扣 1 分 ② 工作车未擦拭干净扣 1 分 ③ 未检查工作车有无损坏扣 1 分 ④ 清洁工具不干净扣 1 分 ⑤ 各种清洁药水未准备好扣 1 分 ⑥ 其他扣 5 分	10		
2	挂垃圾袋	将干净的垃圾袋和布草袋挂在车钩上，钩紧各袋钩	① 忘记挂好垃圾袋扣 2 分 ② 未将布草袋挂钩钩紧扣 3 分 ③ 其他扣 5 分	10		
3	放置干净的布草	① 将床单、枕套放在工作车的最下面一格 ② 将大浴巾、小浴巾、面巾、方巾、脚巾、浴袍等放在工作车上面的两格	① 布草的位置放错扣 2 分 ② 布草摆放混乱扣 4 分 ③ 其他扣 4 分	10		
4	放置房间消耗品	① 将房间消耗用品整齐地摆放在工作车的顶架上 ② 房间消耗品准备齐全，无遗漏	① 消耗品未摆放在工作车顶架上扣 2 分 ② 摆放消耗品不整齐扣 1 分 ③ 房间消耗品准备有遗漏扣 2 分 ④ 其他扣 5 分	10		
5	准备清洁工具	① 将塑料清洁桶（或清洁盆）放在工作车最底层的外侧，清洁桶（或清洁盆）必须保持洁净无积垢 ② 清洁工具配备齐全 ③ 抹布若干	① 清洁工具放错位置扣 1 分 ② 清洁工具配备不齐全扣 2 分 ③ 清洁工具本身不干净扣 1 分 ④ 抹布混淆使用扣 2 分 ⑤ 其他扣 4 分	10		
共计				50		

考核时间：　　年　　月　　日　　　　　　　　考评教师签名：__________

【相关知识】

1. 工作车工具及用品摆放标准

工作车又称房务工作车，它是客房服务员整理、清扫房间的主要用具，如图 1.1 所示。

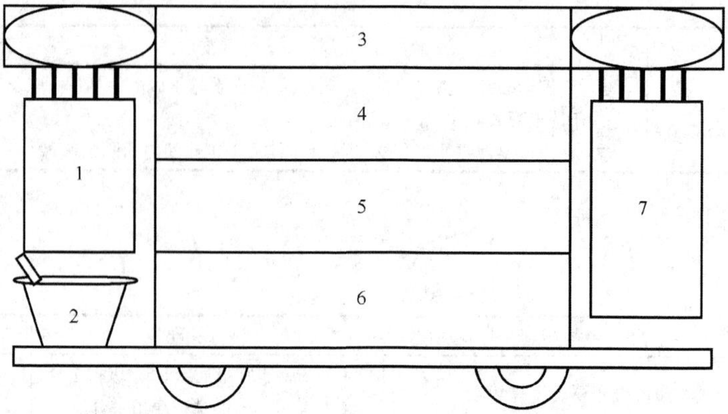

1—垃圾袋；2—清洁桶（盆）；3—各种服务、文具、卫生用品；4—手巾、面巾；5—浴巾、地巾；6—床单、枕套；7—布草袋。

图 1.1　工作车

2. 楼层工作车使用规范

楼层工作车使用规范如下。

1）工作车上物品按《楼层工作车物品摆放标准》摆放。

2）工作车一头的轮子是活动的，用以控制工作车的行走方向，另一头的轮子是固定的。

3）推工作车时注意不要碰坏墙纸、门及其他设备，因工作不小心造成公物损坏，当事人要负责赔偿损失。

4）不得把撤出的布草和杯具放置在易耗品柜上，若工作车首层的位置不够，则将撤出的杯具放在工作车的底层。

5）工作车上不得存放个人物品。

6）弄脏及折皱严重的纸张或宣传品应处理掉，不能重复使用。

7）工作车上的备用品应按规定数量摆放，不得超标。

8）脏布草不得超过工作车上沿。

9）每一班次服务员在做完清洁工作后都要清理一次工作车，做到工作车上无杂物、灰尘、污渍，补充齐全物品，不得在工作车上张贴商标、不干胶等。

10）在使用工作车的过程中，如果发现螺丝松脱、车轮绕有杂物、发出异常响声等问题，能自行解决的要及时处理，不能自行解决的要通知房务中心报修。

【辅助学习】

客房常规卫生

客房常规卫生是客房服务员每天必须完成的例行卫生工作，它通常包括以下几个方面的内容。

1. 整理房间物品

客房服务员要按酒店规定和统一要求，整理和铺设客人使用过的床铺，整理客人放乱的物品、用具，整理客人使用过的酒店衣物（一般不整理客人放置的私人用品和衣物）。

2. 打扫除尘

打扫除尘包括地毯吸尘，擦拭门、窗、桌柜、灯罩、电视机等各种家具设备，倒掉烟灰缸中的烟灰及纸篓里的垃圾。

3. 更换及补充用品

客房服务员应按要求更换客房内的床单、枕套、面巾、浴巾、地巾等棉织品，并按要求铺床，补充文具用品、一次性消耗品等供应品。

4. 擦洗卫生间

擦洗卫生间包括擦洗脸台、水龙头、浴缸、恭桶等洁具，擦洗四周瓷砖及地面，以及擦亮各种金属挂杆。

5. 检查设备

检查设备包括检查水龙头、抽水恭桶等设备能否正常工作，检查灯具、电视机、音响设备、电话机、电吹风等电器设备的用电安全指数和性能是否正常，检查家具用品等是否有损坏。

任务二 进房操作规范

客人一旦租住后进入客房，该房间就应看成客人的私房，因此，任何服务员不经允许都不得擅自进入客人的房间，都必须养成进房先敲门的习惯，以免影响客人工作或休息。

◇ 任务指导

任务名称	进房操作规范	学时	1
任务目标	掌握进房要求和动作规范		
任务要求	清楚地掌握敲门的方法及应等待多久让客人做出反应		
任务准备	客房一间、房间钥匙		
学习方法	由教师进行讲解与示范，然后学生分别进行实际操作		

◇ 任务流程

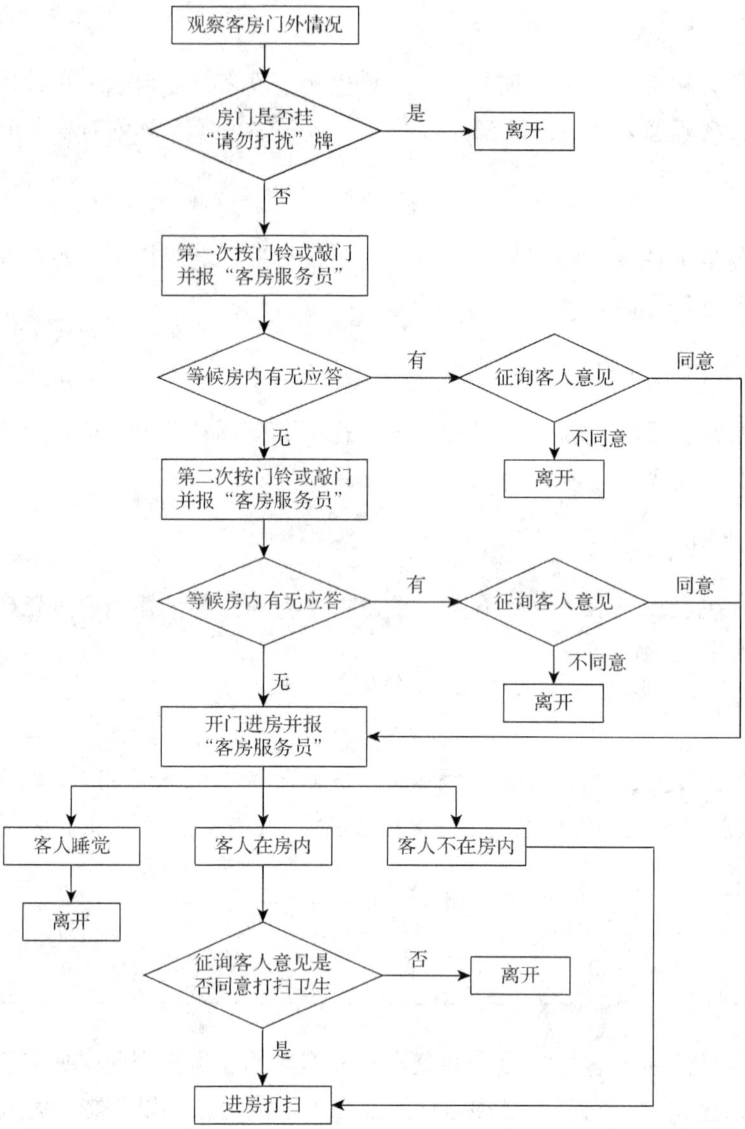

◇ 任务内容

程序/项目	标准
1. 观察门外情况	① 首先应检查房门是否挂着“请勿打扰”牌或指示灯是否亮着 ② 若挂有“请勿打扰”牌或指示灯亮着，则不能敲门，应轻轻将工作车推走，离开 ③ 只有确认无上述情况后，才能按以下标准进行
2. 按门铃敲门（第一次）	① 首先站在客房主门前正中央，脸正对猫眼，双目平视猫眼，注意不要东张西望 ② 用大拇指按一下门铃，用食指或中指第二骨节敲三下门，然后报“客房服务员”，声音不要太轻，以使客人听到为标准 ③ 不能用手拍门或用钥匙敲门 ④ 敲门应有节奏、轻重适度

续表

程序/项目	标准
3. 等待	① 等待客人反应3～5s ② 站在门前适当位置，眼望门窥视镜，以便房内客人观察 ③ 敲门后切勿立即开门或连续敲门，也不能通过门窥视镜向房内窥视 ④ 若此时客房内客人有回应，则立即报“客房服务员”，征求客人意见。若客人不同意打扫房间，则向客人道歉：“早晨好，先生/女士，对不起，打扰了。”然后轻轻离开此房间或视情况征求客人意见看何时打扫方便，把客人要求打扫房间的时间记录在工作单上，以免遗忘 ⑤ 若客人允许，则在房门口等候客人开门
4. 敲门等待（第二次）	① 第一次敲门报“客房服务员”，等待时，若客房内无动静，则应第二次敲门报“客房服务员”，并再次等待 ② 操作要领与前面的程序相同
5. 开门	① 两次敲门后，无动静，可开门进房 ② 开门时，房门打开约10cm，并在房门上用手指轻敲两下再报“客房服务员” ③ 注意观察房内情况，不要猛烈推门 ④ 若发现客人仍在睡觉，则马上退出房间，并轻轻地把门关上 ⑤ 若客人已醒但未起床或正在起床，则马上道歉：“早晨好，先生/女士，对不起，打扰了。”然后立即退出房间，不要解释，以免造成客人不便 ⑥ 若客人已经起床，则礼貌询问客人：“早晨好，先生/女士，请问现在需要打扫房间吗？”若客人同意，则按照客人的意见做；若客人不同意，则礼貌地说：“对不起，打扰了。”退出房间或视情况征求客人意见什么时候打扫房间，并把时间记录在工作单上
6. 进房	① 客人不在房间内或征得客人的允许后，服务员将房门敞开并扣住门吸，进行客房打扫 ② 吸尘器放置在客房门口一侧，吸管应靠在墙壁上，电线应整理好 ③ 按规定将工作车摆放于客房门口
注意事项	① 凡是房门外把手上挂着“请勿打扰”牌及房门侧面墙上亮着“请勿打扰”指示灯的房间，都不要敲门进房 ② 若14:00房门外把手上仍挂着“请勿打扰”牌，服务员应报告领班，由领班给客人打电话询问是否需要清理房间 ③ 客人需要服务时，按客人指定的时间工作；若客人不要求服务，则填写“工作报表”，并与下一班次领班做好交接；若房间无人接听电话，则领班进入房间查看；若房间一直占线，则通过总机与客人取得联系 ④ 中班领班安排中班服务员对白天未让打扫的房间在做夜床时彻底打扫，若晚上仍挂着“请勿打扰”牌，则做好交班，提醒领班次日特别注意。连续两天不让打扫的房间，应由楼层主管报告保安部和大堂副理

◇ 任务测试

班级：__________ 姓名：__________ 时间：__________

序号	考核内容	考核要点	评分标准	配分	扣分	得分
1	观察门外情况	① 首先应检查一下房门是否挂着“请勿打扰”牌和指示灯是否亮着	① 未检查房门是否挂着“请勿打扰”牌和指示灯是否亮着扣1分	5		

续表

序号	考核内容	考核要点	评分标准	配分	扣分	得分
1	观察门外情况	② 若“请勿打扰”指示灯亮着，则不能敲门，应轻轻将工作车推走，离开	② “请勿打扰”指示灯亮着仍敲门扣2分 ③ 其他扣2分	5		
2	第一次按门铃	① 站在客房门前正中央，脸正对猫眼，双目平视猫眼，注意不要东张西望 ② 用大拇指按一下门铃，用食指或中指第二骨节敲门三下，然后报“客房服务员”，声音不要太轻，以使客人听到为标准 ③ 不能用手拍门或用钥匙敲门 ④ 敲门应有节奏，轻重适度	① 站在客房门前东张西望扣2分 ② 用手拍门或用钥匙敲门扣1分 ③ 敲门无节奏或用力过度扣1分 ④ 未敲三下门扣1分 ⑤ 未用适度的声音报“客房服务员”扣1分 ⑥ 其他扣4分	10		
3	等待	① 等待客人反应3～5s ② 站在门前适当位置，眼望门窥视镜，以便房内客人观察 ③ 若此时客房内客人有回应，则立即报“客房服务员”，征求客人意见，若客人不同意打扫房间，则向客人道歉并轻轻离开此房间或视情况询问客人何时打扫方便，把客人要求打扫房间的时间记录在工作单上，以免遗忘 ④ 若客人允许，则在房门口等候客人开门	① 敲门后立即开门或连续敲门扣1分 ② 通过门窥视镜向房内窥视扣1分 ③ 客房内客人有回应但未立即通报“客房服务员”扣1分 ④ 未征求客人是否可以打扫房间扣1分 ⑤ 其他扣1分	5		
4	第二次敲门	第一次敲门报“客房服务员”，等待时，若客房内无动静，则第二次敲门报“客房服务员”，并再次等待	① 未经第二次敲门就进入房间扣5分 ② 其他扣5分	10		
5	开门	① 两次敲门后，无动静，可开门进房 ② 开门时，房门打开约10cm，并在房门上用手指轻敲两下再报“客房服务员” ③ 注意观察房内情况，不要猛烈推门 ④ 若发现客人仍在睡觉，则马上退出房间，并轻轻地把门关上 ⑤ 若客人已醒但未起床或正在起床，则马上道歉并立即退出房间 ⑥ 若客人已经起床，则礼貌询问客人是否需要打扫房间。若客人同意，则按照客人的意见去做；若客人不同意，则退出房间 ⑦ 视情况询问客人什么时候打扫房间，把时间记录在工作单上	① 开门时未报身份扣1分 ② 未注意观察客房情况猛地推门而入扣1分 ③ 发现客人在睡觉仍继续作业扣1分 ④ 发现客人已醒但未起床或正在起床未道歉而立即退出房间扣1分 ⑤ 客人已经起床但未礼貌询问客人是否需要打扫房间或未按照客人的意见去做扣1分 ⑥ 未视情况征求客人意见什么时候打扫房间或未把时间记录在工作单上扣1分 ⑦ 其他扣4分	10		
6	进房	① 客人不在房内或征得客人的允许后，服务员将房门敞开并扣住门吸，进行客房打扫	① 服务员未敞开房门进行客房打扫扣2分 ② 吸尘器未按规范放置扣1分 ③ 吸尘器电线未整理好扣1分	10		

续表

序号	考核内容	考核要点	评分标准	配分	扣分	得分
6	进房	② 吸尘器放置在客房门口一侧，吸管应靠在墙壁上，电线应整理好 ③ 按规定将工作车摆放于客房门口	④ 工作车未按规定摆放于客房门口扣2分 ⑤ 其他扣4分	10		
共计				50		

考核时间：　　年　　月　　日　　　　　　　　　　考评教师签名：________

【相关知识】

“请勿打扰”房的处理

客人入住客房后，因为某种原因不愿被打扰，会在房门上挂上“请勿打扰”牌或亮起“请勿打扰”指示灯。服务员在进入客房工作前遇到这种情况，应按相关要求妥善处理，做到既不影响工作又不打扰客人。具体做法如下。

1）楼层清洁员在查房和打扫房间时，发现房间为“请勿打扰”时，暂时不要打扰客人。

2）12:00，如果房门仍然挂着“请勿打扰”牌，清洁员应将房号通知房务中心。

3）房务中心文员必须做好相关记录。

4）14:00，如果房门仍然挂着“请勿打扰”牌，应再次将房号告知房务中心。

5）由房务中心文员在“请勿打扰表”上做好记录，然后打电话通知大堂经理。

6）大堂经理负责打电话询问或到客房检视。

7）大堂经理将反馈情况通知房务中心。

8）房务中心文员应通知相关清洁员和领班。

9）如果员工 15:30 仍未收到反馈，那么应致电房务中心询问结果。

10）房务中心文员必须跟踪相关反馈情况，如果大堂经理未及时回复，房务中心文员就必须再次联系大堂经理，直到获取相关信息。

11）房务中心文员每天 17:30 左右将当日“请勿打扰表”交给大堂经理，双方签收。

12）房务中心留取备份“请勿打扰表”存档。

【辅助学习】

客房常规卫生的准备工作

1. 签领客房钥匙

客房服务员在清扫房间之前，应先听取领班的指令，然后到客房中心或服务台签领客房钥匙和“客房清洁服务员每日报表”。每位客房服务员都必须明确自己的工作楼层、客房号、当日客情、房态及特殊任务或特殊要求。下班时到客房中心或服务台签还所领钥匙。

2. 了解房态

开始工作前，客房服务员应了解房间状态，以决定清扫房间的顺序，防止随便敲门，惊动客人。在酒店里，需要清洁整理的客房可以分成如下几种状态。

（1）住客房

住客房（occupied，OCC）是指客人正在住用的客房。住客房有以下几种状态。

1）“请勿打扰”房（do not disturb，DND）是指不愿被服务人员打扰的客房。

2）“请速打扫”房（make up room，MUR）是指需要客房服务员立即打扫的客房。

3）外宿房（sleep-out room，S/O）是指已被租用，但客人昨夜未归的客房。为了防止发生逃账等意外情况，客房服务员应及时通知总台。

4）无行李房（no baggage，N/B）是指住客无行李的客房。客房服务员应及时通知总台。

5）贵宾房（very important person，VIP）是指住的是重要客人的客房，又称 VIP 客房。

6）长住房（long staying guest，LSG）是指长期由客人包租的客房，又称“长包房”。

7）加床（extra bed，EB），表示有加床的客房。

（2）走客房

走客房（check out，C/O）有以下几种状态。

1）准备退房（expected departure，E/D）是指住客应在当天中午 12:00 以前退房，但现在还未退房的客房。这种客房应在客人退房前先进行简单的整理，等客人退房后再进行彻底的清扫。

2）未清扫房（vacant dirty，VD）是指住客已结账并离开，但还未经过清扫的房间。服务员可以按规定进入该房整理。

3）已清扫房（vacant clean，VC）亦称“OK”房，是指已清扫完毕，可以重新出租的客房。

（3）空房

空房（vacant，V）是指昨日暂时无人租用的已清扫客房。

（4）维修房

维修房（out of order rooms，OOO rooms）亦称“待修房”，是指因设施设备发生故障，暂不能出租的客房。

3. 决定清扫房间的顺序

客房服务员在了解了自己所要打扫的房间状态后，应根据开房的急缓先后、客人情况或总服务台及领班的特别交代，决定当天的房间清扫顺序。客房一般的清扫顺序如下：①挂着“请速打扫”牌的房间或客人口头上提出要求打扫的房间；②总服务台或领班指示打扫的房间；③VIP 客房；④走客房；⑤普通住客房；⑥空房。

房间清扫顺序的排列，其用意在于立即满足客人的特殊要求，又以加速客房出租周转为优先考虑的因素。因此，在旺季，也可先打扫走客房，使客房能尽快重新出租。

4. 准备工作车和吸尘器

工作车的准备工作应该在每天下班前做好，第二天进房清扫前再做一次检查，看看所准备的物品是否齐全、够用，以免影响工作效率。

吸尘器是用来清洁地毯、地面、床底下面灰尘的工具，是客房清扫不可缺少的清洁工具。它的准备工作主要是检查电线是否绕好、是否漏电及是否好用。

5. 整理仪容、仪表

客房服务员在做客房清扫前，应检查自己的服装、工作牌、头发、饰物、鞋等是否符合要求，精神是否饱满。

任务三 住客房的清洁

住客房是客人在酒店中休息、睡觉的地方，其清洁干净与否关系着客人对酒店印象的好坏。因此，客房服务员想要在一定的时间内将住客房清洁干净，必须仰赖平日酒店的训练。下面将说明清洁住客房的操作程序。

◇ 任务指导

任务名称	住客房的清洁	学时	4
任务目标	掌握住客房的清洁流程与操作标准		
任务要求	按操作规范进行操作，同时要根据情况灵活处理		
任务准备	四星级标准客房一间，按四星级酒店客房配置的有关数量准备客房用品、清洁车、客房服务员工作表单		
学习方法	场景示范与实训操作		

◇ 任务流程

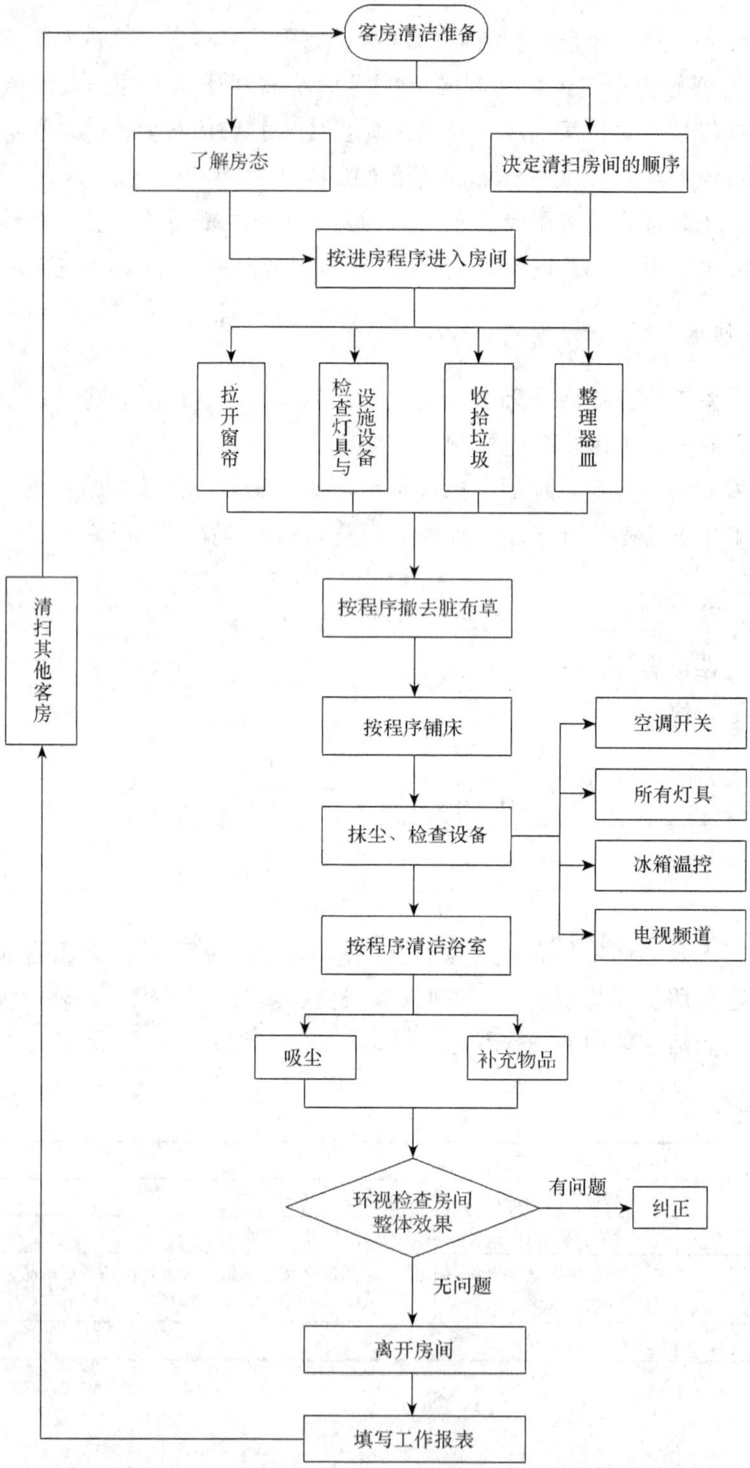
客房清洁准备
了解房态
决定清扫房间的顺序
按进房程序进入房间
拉开窗帘
检查灯具与设施设备
收拾垃圾
整理器皿
按程序撤去脏布草
按程序铺床
抹尘、检查设备
空调开关
所有灯具
冰箱温控
电视频道
按程序清洁浴室
吸尘
补充物品
环视检查房间整体效果
有问题
纠正
无问题
离开房间
填写工作报表
清扫其他客房

◇ 任务内容

程序/项目	标准
1．客房清洁准备工作	① 了解分析房态 ② 清扫顺序：“请速打扫”房、贵宾房、普通住客房
2．进房	① 按进房程序进入房间 ② 在工作单上填写房间号码与进房时间。要求按实际时间填写，不得清洁完毕后再填写
3．调整空调开关	① 检查空调是否正常，然后将空调开关关上 ② 如果客人在房内，就不要去动空调 ③ 如果房内有异味，必要时可喷些空气清新剂 ④ 若房内有客人，则礼貌地询问客人：“先生/女士，对不起，请问房内需要喷点空气清新剂吗？”只有在征得客人同意后才能喷；如果客人不同意，就不要喷
4．拉开窗帘，打开窗户、换气扇	① 开窗使房内光线充足，空气流通 ② 拉窗帘时，应检查窗帘是否有脱钩或损坏现象 ③ 检查窗帘钩和窗户的状态是否良好 ④ 若客人在房内，则礼貌地询问客人：“先生/女士，对不起，请问窗帘是否要拉开?”如果客人同意，就拉开，再礼貌地问一下：“先生/女士，对不起，请问窗户也要打开吗？”征得客人同意，再打开窗户
5.检查灯具与设施设备	① 打开所有照明灯具，检查是否完好有效，然后视情况关灯 ② 检查门、窗、墙面、天花板、地毯及各种家具是否完好。若有损坏，则及时向房务中心报修，同时在客房清洁报表维修栏内做好记录，并报告领班
6.收拾垃圾和整理器皿	① 在房内按顺时针或逆时针方向走一圈，将地上的垃圾拾起来 ② 将烟灰缸内的杂物和熄灭的烟蒂、垃圾桶内的垃圾倒入车上的废物袋中，将卫生间用过的牙具、肥皂收集在垃圾袋内，统一分类，其中一部分留用清洁，一部分作为废品回收；将烟灰缸放入卫生间 ③ 若房内有客人用过的餐具，则将房内的餐具清洁干净后移出房外，放在指定地点并打电话通知房务中心 ④ 撤出脏的茶具，放入消毒间备洗，要小心谨慎、轻拿轻放 ⑤ 房内客人放在桌上的任何东西（如纸片、药片等）都不能扔掉 ⑥ 对茶具进行清洗消毒时，注意杯内是否有假牙、隐形眼镜等 ⑦ 收拾垃圾和餐具时，发现客人已填好洗衣单，将要洗的衣服放在洗衣袋内，立即打电话告知房务中心（可能客人不知要打电话给房务中心）10:30 之前收取客衣，若超过规定时间，则为快洗服务
7．撤掉脏布草	① 逐层将床单撤掉，换上干净的床单、被套、枕套 ② 撤掉浴室的脏布草，补入干净的布草 ③ 在撤脏布草的同时检查是否有丢失或损坏现象；若有丢失，则礼貌地询问客人；若发现损坏，则另行放置，交布草房作报废处理 ④ 要特别注意勿将客人用品、衣物等卷入脏布草中 ⑤ 将脏布草放置在工作车上
8．铺床	① 按铺床的操作程序操作 ② 客人在房内坐在沙发或椅子上时，铺床操作速度要快、轻 ③ 若客人在床上仰着或靠着，则礼貌地询问客人：“先生/女士，对不起，打扰您了，请问这张床要整理吗？”征得客人同意后再铺床

续表

程序/项目	标准
9．抹尘、检查设备	① 调节空调，设置适当的温度 ② 灯具应全部能正常工作 ③ 冰箱温度控制在规定位置 ④ 电话有拨号音，且话音清晰，音量适中 ⑤ 电视初始频道应设置在酒店 VOD（video on demand，视频点播）视频画面，其他频道均按电视指南规定的频道校正，且画面清晰，音量适中，工作正常 ⑥ 检查床控的功能，确保各项功能键均正常工作 ⑦ 检查“请勿打扰”指示灯的功能，确保此灯能正常工作；从上到下、由内至外，环形整理，干湿分开
10．清洁浴室	按清洁浴室的操作程序操作
11．吸尘、补充物品，环视检查房间整体效果	① 环视检查整个房间是否打扫干净，物品摆放规格是否到位 ② 检查是否有抹布等遗留在房内 ③ 清洁窗台及全身镜，确保光亮、干净、无尘 ④ 窗帘应保持干净、无污迹、无破损；厚窗帘褶皱自然整齐，确保无脱钩并拉开到最靠边；纱帘应拉拢合缝，保持自然下垂
12．离开房间	① 将吸尘器拉离房间，将抹布、工作篮等清洁用品放回工作车上 ② 关灯 ③ 检查门锁及门锁孔，确保门锁孔内无异物 ④ 锁门后对大门进行安全检查，推动房门，确认确实上锁后方可离开
13．填写工作报表	① 在工作报表上填写进出客房即时房态和进出客房的时间 ② 在工作报表上填写客用品使用与补充数量，以及各类易耗品、纸制品、棉织品的消耗情况 ③ 在工作报表上填写需要维修的项目和特别注意的事项 ④ 在每一行的备注栏中应该写明尚未补充的物品或其他需要跟进的事项等 ⑤ 在工作报表下面的各栏（维修栏、客衣栏、小酒吧栏、借用物品栏、报损物品栏、计划卫生栏）中写明相应的内容
注意事项	① 客房清洁员必须严格按照要求填写工作报表，并且必须随时填写，不得工作完毕后一次性填写 ② 员工每日完成当日工作后，只有请相关领班检查后在员工工作单上签字后，才能下班 ③ 清扫时将客人的文件、杂志、书报稍加整理，但不能弄乱位置，不得翻动客人的贵重物品，不得打开客人的箱子；如客人的行李影响清扫，移动后放回原处，不准翻看。除放在纸篓里的东西外，即使是放在地上的物品也只能替客人简单地整理，千万不要自行处理 ④ 客人放在床上或搭在椅子上的衣服，如果不整齐，那么可以挂到衣柜里，睡衣、内衣要挂好或叠好放在床尾。对于女宾住的房间更需小心，不要轻易动其衣物，不得泄露有关客人的任何机密和隐私 ⑤ 女性用的化妆品只需稍加整理，不要随便挪动，即使化妆品用完了，也不得将空瓶或纸盒扔掉 ⑥ 客人途中回房时，要主动向客人打招呼问好，询问其是否需要继续清扫房间，若未获允许则立即离开，待客人外出后继续进行清扫 ⑦ 为了避免误会和麻烦，房间电话铃响时，不要接听 ⑧ 整理房间时，房门应保持开启状态并挂上“正在清扫”牌

◇ 任务测试

班级：__________ 姓名：__________ 时间：__________

序号	考核内容	考核要点	评分标准	配分	扣分	得分
1	清洁准备工作	① 了解分析房态 ② 决定清扫顺序	① 未事先了解房态扣2分 ② 未决定清扫顺序扣2分 ③ 其他扣1分	5		
2	进房	① 按进房程序进入房间 ② 在工作报表上填写房间号码与进房时间	① 未按进房程序进房扣5分 ② 未及时在工作报表上填写房间号码与进房时间扣2分 ③ 其他扣3分	10		
3	调整空调开关	① 检查空调是否正常，然后将空调开关关上 ② 如果客人在房内，就不要去动空调	① 未检查空调是否正常扣1分 ② 未将空调关上扣1分 ③ 如客人在房内仍动空调扣1分 ④ 其他扣2分	5		
4	拉开窗帘、开窗换气	① 开窗使房内光线充足，空气流通 ② 拉窗帘时，应检查窗帘是否有脱钩或损坏现象 ③ 若客人在房内，则礼貌地询问客人能否开窗、拉窗帘	① 未开窗扣1分 ② 未拉窗帘扣2分 ③ 未检查窗帘是否有脱钩或损坏现象扣1分 ④ 如果客人在房内而未询问客人意见就开窗、拉窗帘扣2分 ⑤ 其他扣4分	10		
5	检查灯具与设施设备	① 检查所有照明设备是否完好有效 ② 检查门、窗、墙面、天花板、地毯及各种家具是否完好 ③ 若有损坏，则及时向房务中心报修 ④ 在客房清洁报表维修栏内做好记录，并报告领班	① 未检查所有照明设备是否完好有效扣1分 ② 未检查门、窗、墙面、天花板、地毯及各种家具是否完好扣1分 ③ 有损坏未及时向房务中心报修扣1分 ④ 未在客房清洁报表维修栏内做好记录扣1分 ⑤ 未报告领班扣1分 ⑥ 其他扣5分	10		
6	收拾垃圾和整理器皿	① 收拾房间的垃圾 ② 整理烟灰缸 ③ 收拾卫生间丢弃的物品 ④ 收拾客人用过的器皿 ⑤ 收取客人要洗的衣服	① 未按顺序收拾房间的垃圾扣1分 ② 未将烟灰缸内烟蒂熄灭就倒入车上的废物袋中扣2分 ③ 未将房内客人用过的餐具移出房外、放在指定地点并打电话通知房务中心扣1分 ④ 动用房内客人放在桌上的任何东西如纸片、药片等扣1分 ⑤ 未打电话告知房务中心有客人要洗的衣服扣1分 ⑥ 其他扣4分	10		

续表

序号	考核内容	考核要点	评分标准	配分	扣分	得分
7	撤掉脏布草	① 逐层将床单撤掉，检查有无客人用品卷入 ② 撤掉浴室的脏布草 ③ 在撤脏布草的同时检查是否有丢失或损坏现象 ④ 若发现损坏，则另行放置并做相应处理 ⑤ 将脏布草放置于工作车上	① 未逐层撤床单扣 1 分 ② 未检查有无客人用品卷入扣 1 分 ③ 未检查脏布草是否有丢失或损坏现象扣 1 分 ④ 未将损坏布草另行放置并做相应处理扣 1 分 ⑤ 未将脏布草放置于工作车上扣 1 分 ⑥ 其他扣 5 分	10		
8	铺床	① 按铺床的操作程序操作 ② 客人在房内坐在沙发或椅子上时，铺床操作速度要快、轻 ③ 若客人在床上仰着或靠着，则礼貌地询问客人整理床铺的意见	① 未按铺床的操作程序操作扣 5 分 ② 如客人在房内，未向客人询问整理床铺的意见扣 2 分 ③ 其他扣 3 分	10		
9	抹尘、检查设备	① 抹尘的顺序 ② 抹尘的同时检查、调试设备 ③ 抹尘用的抹布干湿分开	① 抹尘的顺序混乱扣 2 分 ② 抹尘时忘记检查、调试设备扣 2 分 ③ 抹尘与检查设备作业时有遗漏扣 1 分 ④ 抹尘时抹布干湿混淆扣 1 分 ⑤ 其他扣 4 分	10		
10	环视检查房间整体效果	① 环视检查整个房间是否打扫干净 ② 检查物品摆放规格是否到位 ③ 检查是否有抹布等遗留在房内 ④ 发现有漏项应及时改正 ⑤ 房间整体效果美观并符合要求	① 未环视整个房间是否打扫干净、物品摆放规格是否到位扣 2 分 ② 有抹布等遗留在房内扣 2 分 ③ 发现有漏项未及时改正扣 1 分 ④ 房间整体效果有缺陷扣 1 分 ⑤ 其他扣 4 分	10		
11	离开房间并填写工作报表	① 撤走所有清扫房间的工具并将其放回工作车上 ② 关灯 ③ 锁门 ④ 填写工作报表	① 在房间遗留清扫房间的工具扣 2 分 ② 未关灯扣 1 分 ③ 锁门前未对门锁及门锁孔进行检查扣 1 分 ④ 未及时在工作报表上记录扣 1 分 ⑤ 其他扣 5 分	10		
共计				100		

考核时间：　　年　　月　　日　　　　　　　　　　　　考评教师签名：＿＿＿＿＿＿

【相关知识】

1. 客房消耗品配备

为合理地配备客用物品，有效地保证服务质量和控制消耗，要制定各类客房的物品配备标准。客房内所配备的客用物品，要以客房的类别和档次为依据，在品种、数量、规格、质量及摆放要求等方面应有统一的标准，并制成表格，如表 1.1 所示。

表 1.1 ×××酒店客房物品配备标准

放置位置	物品名称	数量	类别
吧台上	热水壶	1 个	多次性消耗品
	矿泉水	2 瓶	一次性消耗品
吧台抽屉	小食品	5 份	一次性消耗品
房门后	“请勿打扰”牌、“请速打扫”牌	各 1 张	多次性消耗品
	“早餐”牌	1 张	多次性消耗品
壁柜内	礼品袋	2 个	一次性消耗品
	洗衣袋	2 个	多次性消耗品
	洗衣单	2 张	一次性消耗品
	衣架	6 个	多次性消耗品
	浴衣	2 件	多次性消耗品
	鞋筐	1 个	多次性消耗品
	鞋拔子	1 个	多次性消耗品
	大衣刷	1 把	多次性消耗品
吧台上	洋酒	5 种 10 瓶	—
	酒吧夹	1 个	多次性消耗品
	酒吧单	1 张	一次性消耗品
	红酒杯	2 个	多次性消耗品
	古典杯	2 个	多次性消耗品
	杯垫	4 个	一次性消耗品
	糖缸	1 个	多次性消耗品
	茶叶	4 包	一次性消耗品
	咖啡	2 包	一次性消耗品
	黄糖	2 包	一次性消耗品
	调酒棒	1 个	一次性消耗品
	盖杯、盖碟	各 2 个	多次性消耗品
	牙签	2 包	一次性消耗品
冰箱内	软饮	7 种 14 听	—
电视机上	遥控器	1 个	多次性消耗品
梳妆台上	服务夹	1 个	多次性消耗品
	烟灰缸	1 个	多次性消耗品
	火柴	1 盒	一次性消耗品
服务夹内	普通信封	2 个	一次性消耗品
	航空信封	2 个	一次性消耗品
	市内地图	1 张	一次性消耗品
	针线包	1 个	一次性消耗品
	圆珠笔	1 支	一次性消耗品
	普通信纸	6 张	一次性消耗品
	传真纸	3 卷	一次性消耗品

续表

放置位置	物品名称	数量	类别
梳妆台下	垃圾桶	1 个	多次性消耗品
茶几上	烟灰缸	1 个	多次性消耗品
	火柴	1 盒	一次性消耗品
床上用品（按单床配计）	羽绒被	1 床	多次性消耗品
	枕芯	2 只	多次性消耗品
	被套	1 个	多次性消耗品
	床单	1 条	多次性消耗品
	枕套	2 只	多次性消耗品
	防水垫	1 个	多次性消耗品
	褥垫	1 个	多次性消耗品
床头柜上	便笺盒	1 个	多次性消耗品
	便笺纸	3 张	一次性消耗品
	铅笔	1 支	多次性消耗品
	节能卡	1 张	多次性消耗品
	电视节目单	1 张	多次性消耗品
	“请勿吸烟”卡、“晚安”卡	各 1 张	多次性消耗品
抽屉内	电话号码簿	1 本	多次性消耗品
床头柜底层	拖鞋	2 双	多次性消耗品
	擦鞋布	2 个	一次性消耗品
卫生间台面上	面巾盒	1 个	多次性消耗品
	面巾纸	1 盒	一次性消耗品
	漱口杯	2 个	多次性消耗品
	杯垫	2 个	一次性消耗品
	皂碟	1 个	多次性消耗品
	香皂	1 块	一次性消耗品
	花瓶	1 个	多次性消耗品
	单支插花	1 支	多次性消耗品
	方巾	4 个	多次性消耗品
	化妆盒	1 个	多次性消耗品
	烟灰缸	1 个	多次性消耗品
	火柴	1 盒	一次性消耗品
化妆盒内	牙具	2 个	一次性消耗品
	香皂	1 块	一次性消耗品
	浴帽	2 个	一次性消耗品
	梳子	2 把	一次性消耗品
	化妆棉签	1 包	一次性消耗品
	指甲锉	1 包	一次性消耗品
	润肤露	1 盒	一次性消耗品
	剃须刀	2 把	一次性消耗品

续表

放置位置	物品名称	数量	类别
台面下	垃圾桶	1个	多次性消耗品
	体重秤	1个	多次性消耗品
	鞋筐	1个	多次性消耗品
毛巾架上	面巾	1条	多次性消耗品
卫生纸架上	卫生纸	1卷	一次性消耗品
水箱上	卫生袋	2个	一次性消耗品
浴缸外沿	地巾	1条	多次性消耗品
浴巾架上	浴巾	2条	多次性消耗品
	面巾	2条	多次性消耗品
浴帘杆上	浴帘	1个	多次性消耗品
喷头里侧	活动晾衣绳	1个	多次性消耗品

2. 吸尘器的使用与维护保养

（1）吸尘器吸力小的主要原因

1）吸尘器吸嘴或管道堵塞。

2）集尘袋内积尘太多，或者滤尘袋潮湿使空气难以流通。

3）风道漏气或机身安装不严密，从而使风压下降，吸力不足。

服务员应经常检查吸尘器的吸嘴、管道、集尘腔，并经常对吸嘴部至排气孔之间的路径或滤布罩进行清洗，放在阴凉处晾干后再用。

（2）吸尘器使用注意事项

1）不可吸铁钉、木块、螺丝及其他硬物，更不可吸湿物或呕吐物。

2）使用中避免碰撞桌椅、墙壁。

3）使用中听到马达转动声音不正常时，应停止使用并检查，若吸入硬物则会造成扇叶破损。

4）使用时电线勿穿过走廊，注意行走安全。

5）用毕要用手抓住插头拔掉，不可直接拉拽电线或在远处将电线抖开。

6）用毕将把柄直立，电线绕圈挂在把柄的挂钩上。

7）打开盖子清理缠绕在滚轮上的毛发，清理周转的灰尘线头；隔日将滚轮拆下，用半湿抹布清理周围灰尘。

8）橡皮带损坏要更换，安装时注意方向要正确；否则，会使滚筒旋转方向相反，使灰尘吸不进去反而外喷。

9）假如附近有挂着“请勿打扰”牌的房间，要把房门关起来吸尘，以免妨碍其他客人。

（3）吸尘器的保养维护

1）定期做检修工作。注意零件、螺钉是否老旧、松动，若有此情况，则必须进行更换，以维持正常运作。

2）集尘袋每天要倾倒。集尘袋内囤积太多脏物会影响吸尘器的吸尘效果，严重时会卡住马达风叶而烧坏马达。因此，房务员在使用完吸尘器后应用湿布将吸尘器及其附件擦拭干净，待晾干后存放在干燥通风处、吸尘器的集尘袋应经常清理，清灰后的集尘袋可用温水洗涤晒干。如果发现集尘袋破裂，要及时更换。

【辅助学习】

客房清洁的原则

不同的酒店根据自身的实际情况，在客房清洁卫生的操作流程与标准上会存在差异，但一般遵循的清扫原则有以下几项。

1）从上到下。抹拭衣柜时应从衣柜上部逐渐向下抹。

2）从里到外。特别是最后的吸尘和检查工作，由里向外工作既能保证整洁，又可防止遗漏。

3）先铺后抹。房间清扫应先铺床，后抹家具物品。如果先抹尘、后铺床，扬起的灰尘就会重新落在家具物品上。

4）环形清理。家具物品的摆设是沿房间四壁环形布置的，因此，在清洁房间时，亦应按顺时针或逆时针方向进行环形清扫，以求时效和避免遗漏。

5）先房间后卫生间。卫生间清洁是带水操作，清洁后服务员的鞋下可能有水渍。后清扫卫生间可以避免在房间走动造成的重复污染。

6）干湿分开。在抹拭家具物品时，干布和湿布要交替使用，针对不同性质的家具，使用不同的抹布。例如，房间的镜子、灯罩，以及卫生间的金属电镀器具等只能用干布擦拭。

任务四　走客房的清洁

对当天结账离店客人的客房进行清扫，称为走客房的清洁。走客房的清洁是客房服务员的一项重要工作，是一项经常做的工作。作为客房服务员，只有尽心尽职，才能使酒店客房永远保持整齐、干净和富有魅力。本节将说明如何收拾床铺、整理床铺及擦拭客房家具。

◇ 任务指导

任务名称	走客房的清洁	学时	2
任务目标	掌握走客房的清洁标准和操作流程		
任务要求	按走客房的清洁操作规范进行操作，使之达到酒店规定的质量标准		
任务准备	四星级客房一间，按四星级酒店客房配置的有关数量准备客房用品、清洁车、客房服务员工作表单		
学习方法	场景设计与实训操作		

◇ 任务流程

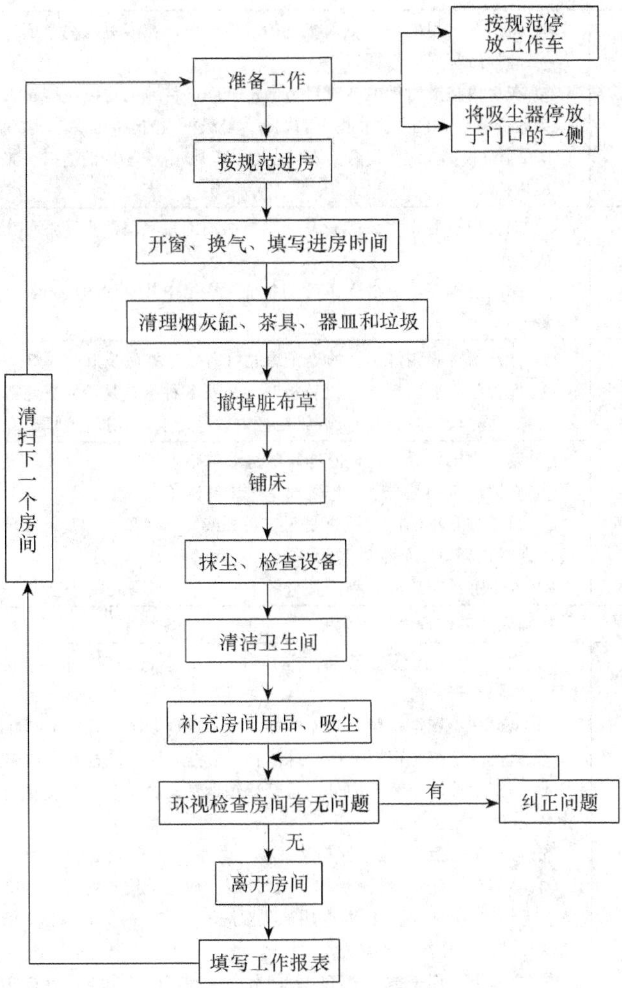

◇ 任务内容

程序/项目	标准
1．准备工作	① 将工作车停放在被清扫的客房门口，调整好工作车的位置 ② 将备好的吸尘器也一并放在门口的一侧
2．进房	① 按进房程序进房 ② 将房门完全打开，直到该房间清扫完毕 ③ 如果房内有异味，必要时可喷些空气清新剂 ④ 在工作单上填写房间号码与进房时间。要求按实际时间填写，不得清洁完毕后再填写
3．拉开窗帘，打开窗户、换气扇，观察室内情况	① 检查空调是否正常，然后将空调开关关上 ② 开窗使房内光线充足，空气流通 ③ 拉窗帘时，应检查窗帘是否有脱钩或损坏现象 ④ 检查窗帘钩和窗户的状态是否完好 ⑤ 检查客人是否有遗留物品，以及设备用品有无丢失和损坏，以便及时报告主管

续表

程序/项目	标准
4．清理烟灰缸和垃圾	① 将烟灰缸里的烟灰倒入指定的垃圾桶内，在浴室内洗净烟灰缸，并用布擦干、擦净 ② 清理纸篓（垃圾桶） ③ 在房内按顺时针或逆时针方向走一圈，将地上的垃圾拾起来 ④ 将烟灰缸内的杂物和熄灭的烟蒂、垃圾桶内的垃圾倒入车上的废物袋中，将卫生间用过的牙具、肥皂收集在垃圾袋内，统一分类，其中一部分留用清洁，一部分作为废品回收；将烟灰缸放入卫生间
5．整理器皿	① 如房内有客人用过的餐具，则将房内的餐具清洁干净后移出房外，放在指定地点并打电话通知房务中心 ② 撤出脏的茶具，放入消毒间备洗，更换电热水壶内的水，要小心谨慎、轻拿轻放，操作要轻
6．检查灯具与设施设备	① 打开所有照明灯具，检查是否完好有效，然后视情况关灯 ② 检查门、窗、墙面、天花板、地毯及各种家具是否完好。若有损坏，则及时向房务中心报修，同时在客房清洁报表维修栏内做好记录，并报告领班
7．撤掉脏布草	① 逐层将床单撤掉，把脏布草放进清洁车内 ② 撤掉浴室的脏布草，把脏布草放进清洁车内 ③ 在撤脏布草的同时检查是否有丢失或损坏现象；如发现床单、褥垫有破损及受污染情况，则报告领班，另行放置 ④ 收去脏布草后放入相应数量的干净布草，放置在椅子上
8．铺床	按铺床的操作程序操作
9．擦拭灰尘，检查设备	① 房门。房门应从上到下、从内到外抹净；检查门锁是否灵活；检查“请勿打扰”牌、“早餐”牌有无污迹 ② 风口与走廊灯。风口与走廊灯一般需要定期擦拭。擦走廊灯时注意使用干抹布 ③ 壁柜。把整个壁柜擦净。抹净衣架、挂衣棍，检查衣刷和鞋拔件是否齐全 ④ 酒柜。擦净小酒吧内外。检查冰箱运转是否正常，温度是否适宜，并记住需要补充的物品 ⑤ 行李架（柜）。擦净行李架（柜）内外，包括面和挡板 ⑥ 写字台、化妆台。擦拭写字台抽屉，应逐个拉开擦，同时检查洗衣袋、洗衣单及礼品袋有无短缺。擦拭梳妆镜面要用一张湿的和一张干的抹布擦拭。检查写字台物品及服务夹内短缺和破旧物品，准备补充 ⑦ 电视机。用干抹布擦净电视机外壳和底座的灰尘，然后打开开关，检查电视机有无图像，频道选用是否准确，颜色是否适中，画面是否清晰，音量是否适中 ⑧ 地灯。用干抹布抹净灯泡和灯罩。注意收拾好电线 ⑨ 窗台。窗台先用湿抹布擦，然后用干抹布擦拭干净。推拉式玻璃窗的滑槽中如果有沙粒，可用刷子加以清除 ⑩ 沙发、茶几。擦拭沙发时，可用干抹布掸去灰尘，清理沙发背与沙发垫之间的脏物。茶几先用湿抹布擦去脏迹，然后用干抹布擦拭干净，保持其光洁度 ⑪ 床头板。用干抹布擦拭床头灯泡、灯罩、灯架及床头挡板，切忌用湿抹布擦拭 ⑫ 床头柜。检查床柜各种开关，若有故障，则立即通知维修。擦拭电话时，首先用耳朵听电话有拨号音，且话音清晰、音量适中；然后用湿抹布抹去话筒上的灰尘及污垢，用酒精棉球擦拭话机。检查放在床柜上的服务用品是否齐全、是否有污迹或客人用过，检查“请勿打扰”指示灯的功能，确保此灯能正常工作 ⑬ 装饰画。先用湿抹布擦拭画框，然后用干抹布擦拭画面，摆正挂画 ⑭ 空调开关。用干抹布擦去空调开关上的灰尘。调节温度并将开关设置到规定位置

续表

程序/项目	标准
10. 按酒店规定的数量和摆放规格添补客用品和宣传品	① 用干净托盘带进消毒过的茶具、玻璃杯等 ② 更换的添补物品均应无水迹和脏迹
11. 吸尘	① 按地毯表层毛的倾倒方向进行吸尘，由里到外，注意梳妆凳、沙发下，窗帘、门后均要吸到 ② 吸尘的同时拉好纱帘，关好玻璃窗，调整好家具摆件
12. 清洁卫生间	按清洁卫生间的程序操作
13. 环视检查房间整体	① 环视检查整个房间是否打扫干净，物品摆放规格是否到位 ② 检查是否有抹布等遗留在房内 ③ 清洁窗台及全身镜，确保其光亮、干净、无尘 ④ 发现有漏项应及时改正 ⑤ 窗帘应保持干净、无污迹、无破损；厚窗帘褶皱自然整齐，确保无脱钩并拉开到最靠边；纱帘应拉拢合缝，保持自然下垂
14. 离开房间	① 将吸尘器拉离房间 ② 将抹布、工作篮等清洁用品放回工作车内 ③ 关灯 ④ 检查门锁及门锁孔，确保门锁孔内无异物 ⑤ 锁门后对大门进行安全检查，推动房门，确认确实上锁后方可离开 ⑥ 在工作报表上记录出房时间
15. 填写工作报表	① 填写进出客房即时房态和进出的时间 ② 写明准确的清洁时间 ③ 填写客用品使用与补充数量，各类易耗品、纸制品及棉织品的消耗情况等 ④ 填写需要维修的项目和需特别注意的事项 ⑤ 在每行的备注栏中写明尚未补充的物品或其他需要跟进的事项等 ⑥ 在工作报表下面的各栏（维修栏、客衣栏、小酒吧栏、借用物品栏、报损物品栏、计划卫生栏）中写明相应的内容
注意事项	① 抹尘时应从房门开始，按环形路线依次把房间各家具用品抹拭干净，不漏擦，注意擦拭墙脚线 ② 抹尘时注意需要补充的客用品及宣传品的数量，检查设备是否正常 ③ 清洁客房用的抹布应分开使用，干湿分开，专项专用。可以根据不同的用途，选用不同颜色、规格的抹布，以防止抹布交叉使用。用过后的抹布需要洗涤消毒，以保证卫生 ④ 不得将撤换下来的脏布草充当抹布 ⑤ 不要将未熄灭的烟头等脏物倒入恭桶内，以免造成恭桶堵塞

◇ 任务测试

班级：__________ 姓名：__________ 时间：__________

序号	考核内容	考核要点	评分标准	配分	扣分	得分
1	准备工作	① 工作车停放的位置 ② 吸尘器放置的位置	① 工作车未停放在被清扫的客房门口扣1分 ② 吸尘器没有一并放在门口的一侧扣1分 ③ 其他扣3分	5		
2	进房	① 按进房程序进房 ② 开门清扫作业直至清扫完毕 ③ 及时填写进房报表	① 未按进房程序进房扣2分 ② 未将房门完全打开清扫扣1分 ③ 未及时填写进房报表扣1分 ④ 其他扣1分	5		

续表

序号	考核内容	考核要点	评分标准	配分	扣分	得分
3	开窗换气、观察	① 开窗，关空调 ② 检查房间设备有无异常 ③ 观察有无客人遗留物品 ④ 有问题及时向上级报告	① 未开窗扣 1 分 ② 未关空调扣 1 分 ③ 未检查空调是否正常扣 1 分 ④ 未检查窗帘是否完好扣 1 分 ⑤ 没有观察房间扣 1 分 ⑥ 有问题未及时报告主管扣 1 分 ⑦ 其他扣 4 分	10		
4	清理烟灰缸和垃圾	① 清理烟灰缸 ② 清理纸篓（垃圾桶） ③ 清理房间垃圾或器皿 ④ 清理卫生间垃圾	① 未按规定清理烟灰缸扣 1 分 ② 未按规定清理纸篓（垃圾桶）扣 1 分 ③ 未按规定清理房间垃圾或器皿扣 1 分 ④ 未按要求清理卫生间垃圾扣 1 分 ⑤ 其他扣 6 分	10		
5	检查灯具与设备	① 检查所有灯具是否完好 ② 检查门、窗、墙面、天花板、地毯及各种家具是否完好 ③ 将报修记录报告领班	① 未检查房间灯具、家具设备是否完好扣 4 分 ② 检查不全面扣 2 分 ③ 未将报修记录报告领班扣 1 分 ④ 其他扣 3 分	10		
6	撤掉脏布草	① 逐层撤去床单 ② 逐个检查布草有无损坏 ③ 将有问题的布草单独放置 ④ 将脏布草放置于工作车上	① 未逐层撤床单扣 2 分 ② 未检查布草扣 2 分 ③ 未将有问题的布草单独放置扣 1 分 ④ 未将脏布草放置于工作车上扣 1 分 ⑤ 其他扣 4 分	10		
7	抹尘、检查设备	① 抹尘的顺序 ② 抹尘的同时检查、调试设备 ③ 抹尘用的抹布干湿分开	① 抹尘的顺序混乱扣 2 分 ② 抹尘时忘记检查、调试设备扣 2 分 ③ 抹尘与检查设备作业时有遗漏扣 1 分 ④ 抹布干湿混淆扣 1 分 ⑤ 其他扣 4 分	10		
8	补充客用物品	① 用干净托盘带进消毒过的茶具、玻璃杯等 ② 更换的添补物品均应无水迹和脏迹	① 补充的客用物品数量不足扣 2 分 ② 客用物品摆放位置不规范扣 2 分 ③ 客用物品补充有遗漏扣 2 分 ④ 其他扣 4 分	10		
9	吸尘	① 按地毯表层毛的倾倒方向进行吸尘，遵循由里到外的方向与顺序 ② 吸尘的同时调整家具与摆件	① 未按由里到外方向吸尘扣 1 分 ② 吸尘时有遗漏之处扣 1 分 ③ 吸尘时未关窗、拉上窗帘扣 1 分 ④ 没有调整好家具摆件扣 2 分 ⑤ 其他扣 5 分	10		
10	审视房间整体效果	① 环视检查整个房间是否打扫干净，检查物品摆放规格是否到位 ② 检查是否有抹布等遗留在房内 ③ 发现有漏项应及时改正 ④ 房间整体效果美观并符合要求	① 未环视检查整个房间是否打扫干净、物品摆放规格是否到位扣 2 分 ② 有抹布等遗留在房内扣 1 分 ③ 发现有漏项未及时改正扣 1 分 ④ 房间整体效果不好扣 2 分 ⑤ 其他扣 4 分	10		

续表

序号	考核内容	考核要点	评分标准	配分	扣分	得分
11	离开房间并填写工作报表	① 撤走所有清扫房间的工具并放回工作车上 ② 关灯 ③ 锁门 ④ 填写工作报表	① 在房间遗留清扫房间的工具扣 2 分 ② 未关灯扣 1 分 ③ 锁门前未对门锁及门锁孔进行检查扣 1 分 ④ 未及时在工作报表上记录出房时间扣 1 分 ⑤ 其他扣 5 分	10		
共计				100		

考核时间：　　年　　月　　日　　　　　　　　　　　　考评教师签名：________

注：与任务内容中的 8．铺床对应的详细内容见本项目任务九单列，与任务内容中的 12．清洁卫生间对应的详细内容见本项目任务六单列。

【相关知识】

1．抹布的使用

抹布是清洁家具、物品、整理房间最方便、实用的一种清洁用具。抹布的使用要做到专项专用：①地巾用于清洁卫生间地面；②恭桶巾用于清洁卫生间恭桶；③浴缸巾用于揩干卫生间浴缸；④桌面巾用于清洁卫生间面盆及用于房间抹尘；⑤干抹布用于清洁镜面及镀铬器件。另外，操作时卫生间门口必须铺垫小地毯一块。

抹布的清洗与消毒要做到：①抹布必须保持洁净，每天可根据需要到制服房领取；②抹布必须于下班前交回制服房，由制服房统一送至洗衣房安排清洗、消毒。

2．客房的清扫方法

为了使客房的清扫工作高效有序，有必要遵循以下方法。

1）从上到下。擦拭房间、卫生间等设备物品时，应采取从上到下的方法进行。

2）从里到外。地毯吸尘和擦拭卫生间地面时，应采取从里到外的方法进行。

3）干湿分开。擦拭房间的玻璃板、镜子时，应先用湿抹布再用干抹布，效果洁净、光亮；擦拭不同家具、物品的抹布有时要干、有时要湿，应区别使用。例如，房间的灯具、电视机、床头板等只能使用干抹布擦拭，以免污染墙纸和发生危险。

4）先卧室后卫生间。清洁客房时，应先清扫卧室再做卫生间的清洁。这是因为住客房的客人有可能回来甚至带来亲友或来访者。先将客房的卧室整理好，客人归来即有了安身之处，这时留下来做卫生间的清扫也不会有干扰之嫌。整理走客房则可以先卫生间后卧室。这样做有两方面原因：一是可以让弹簧床垫和毛毯等透气，达到保养的目的；二是无须担忧会有人突然闯进来。

5）注意墙角。墙角往往是蜘蛛网和污垢积存之处，也是客人重视的地方，需要留意打扫。

6）环形整理。整理房间时应按顺时针或者逆时针方向进行，以提高房间清扫的有效性，避免重复操作。

【辅助学习】

客房常规卫生管理需要考虑的因素

1. 进房次数

一般来说，进房次数较多表示服务规格较高，但必须注意，这样一来各方面的成本都将上升。因此，确定进房的次数要做全盘考虑，尤其是酒店的档次、客源对象和营业成本应作为主要考虑因素。当然，不应局限于规定了几次进房，一旦客人需要整理客房，服务员就应该满足他们的要求。

2. 操作标准

操作标准既是工作绩效与产品质量的保证，又是酒店标准化服务的核心体现。酒店服务标准是指以描述性语言对酒店某一特定的服务过程所包含的作业内容、顺序及该服务过程应达到的某种规格和标准所做的详细而具体的规定。酒店应根据设施设备条件、服务项目设置、人员配备，以及客房产品的定位与档次等因素制定客房卫生操作标准，作为客房服务人员工作的执行依据。新上岗的客房服务人员必须首先学习并掌握工作职责中所涉及的各项服务的操作标准。

3. 卫生质量标准

客房卫生质量标准包括两个方面：生化标准和视觉标准。生化标准往往需要借助一定的仪器设备，或由卫生防疫人员进行测试与检验；视觉标准则通过酒店自身的质量监督环节进行控制。客人与员工、员工与员工的视觉标准都不尽一致。要想掌握好这一标准，就要多了解客人的要求，从中总结规律性的东西。为了达到标准而又不致造成人力的浪费或时间的紧张，客房部往往会在日常整理客房的基础上拟订一个周期清洁计划卫生（“计划卫生”），将所有客房中平时不易做到或做得不彻底的项目全部清理一遍。

4. 布置规格

客房类型、接待规格与客人的个性化需求不同，客用品的种类、数量及摆放标准也不同。这些标准都应有图文说明，以确保布置的规格一致和标准统一。通常，这些布置讲究美观、实用与简洁；否则，员工难以操作并容易出现差错。

5. 清扫速度与定额

虽然员工的操作有快有慢，但熟练者的平均速度（按一般标准房计算）应达到：走客房30～40min，住客房 15～20min，空房与夜床服务约 5min。不过，在实际工作中常常会有例外，所以计划工作定额时还要考虑一些相关因素，如工作职责的要求、客房整洁的标准、每层楼的客房数、工作区域状况、住店客人特点、员工熟练程度、工作器具配备等。

任务五 空房的清洁

空房是客人离开酒店后已经清扫，目前尚未出租的房间。为了保持空房的清洁，保证随时能接待新的客人，每天需对这类房间进行简单的清扫。下面将说明清洁空房的操作程序。

◇ 任务指导

任务名称	空房的清洁	学时	1
任务目标	掌握空房的清洁标准和操作流程		
任务要求	按空房清洁操作规范进行操作，使之达到酒店规定的质量标准		
任务准备	四星级客房一间，按四星级酒店客房配置的有关数量准备客房用品、清洁车、客房服务员工作表单		
学习方法	场景设计与实训操作		

◇ 任务流程

进房、开窗换气 → 拂去房间浮尘 → 卫生间放水 → 地毯吸尘 → 检查房间 → 关门退出房间 → 填写工作报表

◇ 任务内容

程序/项目	标准
1. 进房	① 按规定的进房程序进房 ② 在房门锁上挂上“正在清洁”牌 ③ 进房开窗、开空调进行通风换气
2. 抹尘	用一湿一干抹布除去家具设备及物品的浮尘
3. 整理卫生间	① 将浴缸和脸盆的冷热水及恭桶的水放流 1～2min ② 抹干水渍
4. 吸尘	连续空着的客房，每隔两三天用吸尘器吸尘一次
5. 检查房间	① 检查浴室五巾是否因干燥而失去弹性和柔软度，若不符合要求，则在客人入住前更换 ② 检查房间设备情况，若有故障，则及时报修 ③ 检查天花板有无蜘蛛网，地面有无蚊虫等异常情况
6. 关门退出房间	① 把空调温度调至适当位置，熄灯关门 ② 填写工作报表

◇ 任务测试

班级：__________　　　　姓名：__________　　　　时间：__________

序号	考核内容	考核要点	评分标准	配分	扣分	得分
1	进房	① 按规定的进房程序进房 ② 在房门锁上挂上“正在清洁”牌 ③ 进房开窗、开空调进行通风换气	① 未按规定的进房程序进房扣 4 分 ② 忘记在房门锁上挂上“正在清洁”牌扣 1 分 ③ 进房未开窗、开空调通风换气扣 1 分 ④ 其他扣 4 分	10		
2	抹尘	用一湿一干抹布除去家具设备及物品的浮尘	① 未抹去家具设备及物品的浮尘扣 2 分 ② 未分开使用干湿抹布扣 1 分 ③ 其他扣 7 分	10		
3	整理卫生间	① 将浴缸和脸盆的冷热水及恭桶的水放流 1～2min ② 抹干水渍	① 未将浴缸和脸盆的冷热水及恭桶的水放流 1～2min 扣 3 分 ② 未抹干水渍扣 3 分 ③ 其他扣 4 分	10		
4	吸尘	连续空着的客房，每隔两三天用吸尘器吸尘一次	① 连续两三天空着的客房未吸尘扣 3 分 ② 其他扣 2 分	5		
5	检查房间	① 检查浴室五巾是否因干燥而失去弹性和柔软度，若不符合要求，则在客人入住前更换 ② 检查房间设备情况，若有故障，则及时报修 ③ 检查天花板有无蜘蛛网、地面有无蚊虫等异常情况	① 未检查浴室五巾是否因干燥而失去弹性和柔软度扣 2 分 ② 浴室五巾不符合要求却没有在客人入住前更换扣 1 分 ③ 未检查房间设备情况扣 1 分 ④ 有故障未及时报修扣 1 分 ⑤ 未检查房间其他异常情况扣 1 分 ⑥ 其他扣 4 分	10		
6	关门退出房间	① 把空调温度调至适当位置，熄灯关门 ② 填写工作报表	① 未把空调温度调至适当位置、熄灯关门扣 1 分 ② 没有及时填写工作报表扣 1 分 ③ 其他扣 3 分	5		
共计				50		

考核时间：　　年　　月　　日　　　　　　考评教师签名：__________

【相关知识】

进客房维修服务规范

工程维修部的维修人员如果需要进客房修理设备，无论房间有无客人，均需要客房服务员陪同进房。客人在房间时，要向客人说明情况，征得客人同意后方可进行维修；否则，一旦发生问题，不易查清责任。

1）当客房服务员发现客房内某设备需要维修时，应按要求在维修申报表（表 1.2）上做好登记。

表 1.2 维修申报表

房号	维修项目	申报			催办			维修	维修结果	维修人	验收人
		日/月	申报人	受理人	日/月	催办人	受理人	日/月			

注：① 客房设备如果有损坏，应立即申报维修；如果未及时修理，应再次催办。

② 本表栏目须认真填写，作为考核双方工作和分清责任的依据。

③ 若无法及时修复，则应立即报告总服务台，并在维修结果栏内记载清楚。

2）及时拨通工程部的电话，报告设备的名称、损坏的程度、接电话人的姓名（全名）、具体报修的时间，然后做好记录。

3）陪同工程部人员一起进房，维修完毕后，验收维修质量，合格后双方签字。

4）维修工作完成后，与修理有关的卫生由工程维修人员清洁；客房服务员或保洁员在手续履行完后，要按酒店卫生质量要求再次彻底清洁一次。

【辅助学习】

客房计划卫生的重要性

客房计划卫生是指在搞好客房日常清洁工作的基础上，拟订一个周期性清洁计划，采取定期循环的方式，对清洁卫生的死角或容易忽视的部位，以及家具设备进行彻底的清扫和维护保养，以进一步保证客房的清洁保养质量，维持客房设施设备的良好状态。

计划卫生是由楼层客房服务员承担的。计划卫生的目的和作用体现在以下两个方面。

1）充分保证客房清洁卫生的质量标准。客房服务员每天需要进行常规的客房清洁整理工作，一般一个客房服务员平均每天的工作量是12～14间客房，旺季会更多。因此不可能对客房的某些部位或细节，如通风口、天花板、门窗玻璃、窗帘、床罩等做到每天清洁（有些项目没有必要每天清洁，如地毯），通过周期性的卫生与整理可以清理卫生死角，使客人不但对客房容易接触部位的卫生感到满意，而且对其他细微环节的卫生放心。

2）计划卫生有利于客房设施设备的维护保养。客房一些设施设备并不需要天天清洁，但又必须进行定期的清洁保养，如电冰箱除霜、地毯的彻底清洁、卫生间坐便器水箱清洁等。计划卫生能使这些设施设备处于良好状态，有效地保证客房的正常运转，同时也有助于延长设施设备的使用寿命。

任务六 卫生间的清洁

卫生间清洁在客房服务管理工作中占有很重要的地位。卫生间清洁工作须从小细节处着手，因为卫生间是否清洁与美观可给客人不同的感觉与体验。以下将介绍卫生间清洁的作业流程。

◇ 任务指导

任务名称	卫生间的清洁	学时	2
任务目标	掌握卫生间的清洁标准和操作流程		
任务要求	按客房卫生清洁程序进行操作，同时注意进入客房的礼节		
任务准备	按四星级酒店客房卫生间配置的卫生间一间，以及清洁桶、清洁剂、清洁工具等		
学习方法	教师示范讲解，学生录像观摩与实训		

◇ 任务流程

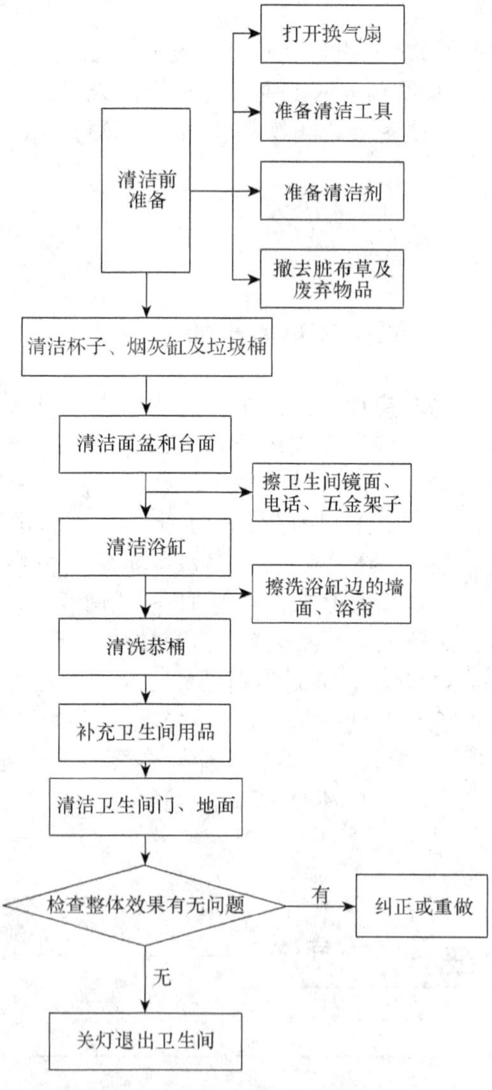

◇ 任务内容

程序/项目	标准
1. 清洁前准备	① 打开换气扇 ② 准备好操作工具，特别注意在卫生间门口垫一块小地毯，以免弄脏地毯 ③ 刷浴缸及面盆的百洁布和洗刷恭桶的百洁布应分开放置，防止交叉污染 ④ 准备好清洁用的抹布及清洁药水，包括消毒水一瓶 ⑤ 撤掉脏布草，放入布草袋内 ⑥ 将要用的湿抹布洗净拧干放在一边待用（三块湿抹布必须严格分开，一块擦脸盆，一块擦浴缸，一块擦坐厕、地面）
2. 清洁烟灰缸及垃圾桶	① 将烟灰缸里的烟灰倒入指定的垃圾桶内，在浴室内洗净，用布擦干、擦净 ② 清理纸篓（垃圾桶），将用过的牙具、肥皂收集在垃圾袋内，统一分类，其中一部分留用清洁，一部分作为废品回收
3. 清洁杯子	按操作规范清洁消毒杯子，更换潮湿、脏污的杯垫
4. 清洁面盆和台面	① 将客人的物品移到一边，待清洁后复位 ② 使用多功能清洁剂清洗面盆、台面和五金配件并冲洗干净 ③ 用干净抹布分别将面盆、台面擦干净 ④ 擦亮五金配件 ⑤ 将面盆下两侧的布草篮和地秤清洁干净，确保无水迹、毛发、灰尘 ⑥ 确保面盆、台面等无毛发、无灰尘
5. 清洁浴缸	① 使用多功能清洁剂清洗浴缸、皂缸、五金配件和大理石墙面 ② 擦洗浴帘，除去水渍、污渍，确保浴帘上无毛发、无污渍 ③ 冲洗后，关闭浴缸的塞子 ④ 使用专用的干净抹布分别将其擦干净 ⑤ 擦亮五金配件 ⑥ 确保浴缸内无毛发、无污渍、无水渍 ⑦ 清洁浴帘杆，确保其无水渍、无积灰 ⑧ 清洁晾衣器及附件表面，确保其无水渍、无积灰
6. 清洁恭桶	① 使用规定的恭桶清洁剂 ② 用专用工具将恭桶内外刷洗干净 ③ 将恭桶座圈和盖板、恭桶边沿和外侧及边角擦干净 ④ 确保恭桶及座圈、盖板无污迹、无水渍 ⑤ 定期清洁恭桶水箱 ⑥ 清洁手纸架，确保其无灰尘、无水渍 ⑦ 卫生间抹尘
7. 清洁电话	① 卫生间电话机必须每天用专用消毒剂消毒 ② 清洁与消毒后检查电话是否工作正常、电话线是否绕好 ③ 定期清洁排风口，确保无尘（每周）
8. 清洁镜子	① 用浴缸刷蘸少许清洁药水从左到右在镜子表面污渍处轻轻擦洗 ② 用抹布蘸热水将镜子表面的药水清洗干净 ③ 用干抹布将镜子表面擦干 ④ 另用干净的抹布将镜子表面擦亮 ⑤ 确保镜子表面无水渍、无污渍、无手印 ⑥ 清洁镜框、镜架，确保无灰尘、无污渍。对于镀铬镜框、镜架，必须确保无手印、无水渍

续表

程序/项目	标准
9. 补充、更换卫生间用品	按规定补充用品
10. 清洁门和地面	① 用潮湿并蘸有少量清洁剂的专用湿抹布从上至下、从里向外顶着门的边角平行擦净整个门，然后边退边擦净地面 ② 定期往卫生间地漏内浇适量的水
11. 退出卫生间	① 再次巡视卫生间，确保无遗漏、无死角 ② 关灯退出卫生间后，将卫生间门关至 30°
注意事项	① 水龙头滴水要立即报告上级，防止沾染相连部件 ② 避免经常使用漂白水和氨水，否则会损坏部件的表面（氨水对不锈钢有损害作用） ③ 注意瓷砖之间的渣滓，避免形成霉点或严重的石灰沉积物，可用漂白剂进行清洁

◇ 任务测试

班级：__________　　姓名：__________　　时间：__________

序号	考核内容	考核要点	评分标准	配分	扣分	得分
1	清洁准备	① 打开换气扇 ② 准备好操作工具 ③ 准备好清洁用的抹布及清洁药水和消毒水 ④ 撤掉脏布草并将其放入布草袋内 ⑤ 收取垃圾，倒入垃圾袋内 ⑥ 收取用过的废弃消耗品 ⑦ 将要用的湿抹布洗净拧干放在一边待用（三块湿抹布必须严格分开）	① 未打开换气扇扣 1 分 ② 未准备好操作工具（包括在卫生间门口垫一块小地毯）扣 1 分 ③ 未准备好清洁用的抹布及清洁药水（包括消毒水一瓶）扣 1 分 ④ 撤掉的脏布草未放入布草袋内扣 1 分 ⑤ 未按规定收拾垃圾和废弃的消耗品扣 1 分 ⑥ 未将要用的湿抹布分三块洗净拧干放在一边待用扣 1 分 ⑦ 其他扣 4 分	10		
2	清洁烟灰缸及垃圾桶	① 在浴室内洗净烟灰缸并用布擦干、擦净 ② 清理字纸篓（垃圾桶），将用过的牙具、肥皂收集在垃圾袋内	① 将烟灰缸里的烟灰倒入恭桶内扣 2 分 ② 未按规定处置废弃的消耗品扣 3 分 ③ 其他扣 5 分	10		
3	清洁杯子	① 按操作规范清洁消毒杯子 ② 更换潮湿、脏污的杯垫	① 未按操作规范清洁消毒杯子扣 3 分 ② 未更换潮湿、脏污的杯垫扣 2 分 ③ 其他扣 5 分	10		
4	清洁面盆和台面	① 将客人的物品移到一边，待清洁后复位 ② 使用多功能清洁剂清洗面盆、台面和五金配件并冲洗干净 ③ 用干净抹布分别将面盆和台面擦干净 ④ 擦亮五金配件 ⑤ 将面盆下的布草篮和地秤清洁干净，确保无水迹、毛发、灰尘 ⑥ 确保面盆、台面等无毛发、无水渍	① 将客人的物品移到一边，清洁后没有复位扣 1 分 ② 未按规定首先清洗面盆、台面和五金配件扣 1 分 ③ 未用干净抹布将面盆和台面擦干净扣 1 分 ④ 未擦亮五金配件扣 1 分 ⑤ 布草篮和地秤有水迹、毛发扣 1 分 ⑥ 面盆、台面等有毛发、水渍扣 1 分 ⑦ 其他扣 4 分	10		

续表

序号	考核内容	考核要点	评分标准	配分	扣分	得分
5	清洁浴缸	① 使用多功能清洁剂清洗浴缸、皂缸、五金配件和大理石墙面 ② 清洗浴帘、浴帘杆、晾衣器及附件 ③ 关闭浴缸的塞子 ④ 使用专用的干净抹布分别擦拭 ⑤ 确保浴缸内无毛发、无污渍、无水渍	① 清洗浴缸、皂缸、五金配件和大理石墙面有遗漏之处扣 1 分 ② 浴帘上有水渍、污渍和毛发扣 1 分 ③ 未关闭浴缸的塞子扣 1 分 ④ 未擦亮五金配件扣 1 分 ⑤ 浴缸内有毛发、污渍、水渍扣 1 分 ⑥ 未清洗浴帘杆，晾衣器及附件扣 1 分 ⑦ 其他扣 4 分	10		
6	清洁恭桶和手纸架	① 使用规定的恭桶清洁剂 ② 用专用工具将恭桶内外刷洗干净 ③ 将恭桶座圈和盖板、恭桶边沿和外侧及边角擦干净 ④ 清洁手纸架，确保无灰尘、无水渍 ⑤ 卫生间抹尘	① 洁净坐厕时将清洁剂直接倒在釉面上扣 2 分 ② 未将恭桶座圈和盖板、恭桶边沿和外侧及边角擦干净扣 2 分 ③ 手纸架有水渍扣 1 分 ④ 卫生间抹尘的抹布混淆扣 3 分 ⑤ 其他扣 2 分	10		
7	清洁电话	① 卫生间电话机消毒 ② 清洁与消毒后检查电话是否工作正常、电话线是否绕好	① 卫生间电话机未用专用消毒剂消毒扣 1 分 ② 未检查电话是否工作正常扣 1 分 ③ 电话线未绕好扣 1 分 ④ 其他扣 2 分	5		
8	清洁镜子	① 用浴缸刷蘸少许清洁药水从左到右在镜子表面污渍处轻轻擦洗 ② 用抹布蘸热水将镜子表面的药水清洗干净 ③ 用干抹布将镜子表面擦干 ④ 确保镜子表面无水渍、无污渍、无手印 ⑤ 确保镜框、镜架无灰尘、无污渍	① 镜子表面有水渍、污渍、手印扣 2 分 ② 其他扣 3 分	5		
9	清洁门和地面	① 用潮湿并蘸有少量清洁剂的专用湿抹布从上至下、从里向外顶着门的边角平行擦净整个门，然后边退边擦净地面 ② 往卫生间地漏内浇若干水	① 门和地面有毛发、污迹扣 3 分 ② 地漏未冲洗扣 2 分 ③ 其他扣 5 分	10		
10	补充卫生间用品	按规定补充用品	① 补充用品时每遗漏一项扣 1 分（共 7 分） ② 其他扣 3 分	10		
11	退出卫生间	① 关灯并退出卫生间 ② 将卫生间门关至 30°	① 退出卫生间后未将灯关掉扣 2 分 ② 未将卫生间门关至 30° 扣 3 分 ③ 其他扣 5 分	10		
		共计		100		

考核时间：　　年　　月　　日　　　　　　　　　　考评教师签名：________

【相关知识】

1. 不同类型浴缸的清洁保养

浴缸的污垢大多是体垢，即脂肪、蛋白质之类的累积，会附着于浴缸边缘。因此，客房服务员在洗浴缸时，用热水冲浴缸的污垢是最有效率的，而清洗浴缸时最好再用干抹布轻拭一遍，以免滋生霉菌。珐琅质浴缸和按摩浴缸的使用范围、使用原理、使用功效与清洁保养如表 1.3 所示。

表 1.3　珐琅质浴缸和按摩浴缸的使用范围、使用原理、使用功效与清洁保养

类型	珐琅质浴缸	按摩浴缸
使用范围	一般客房	总统套房
使用原理	无	浴缸内的水经由马达的启动，将水吸入吸水管路，再将水挤压进放水管道，并且和空气管道的空气混合作用，然后由喷嘴口喷出，以如此循环的方式产生按摩作用
使用功效	① 具有洗净效果 ② 能够消除肌肉疲劳	① 具有洗净效果 ② 能够消除肌肉疲劳 ③ 能够缓解肌肉酸痛 ④ 能促进血液循环
清洁保养	清洁珐琅质浴缸时要避免用强碱或强酸的清洁剂，一般使用中性清洁剂	勿使用粗糙的抹布或菜瓜布擦拭浴缸，否则会产生刮痕并伤及浴缸表面。只要在装水的浴缸中滴些中性清洁剂，让其自行运转 3～5min，再按开关排水就能清洗浴缸和水管

2. 卫生间客用物品配备

星级酒店标准客房的卫生间通常配备的客用物品如表 1.4 所示。

表 1.4　星级酒店标准客房的卫生间通常配备的客用物品

品名	数量	品名	数量
废纸篓	2 个	肥皂	2 块
拖鞋	2 双	浴衣	2 件
烟灰缸	3 个	平底漱口杯	2 个
西服刷	1 把	面巾纸	2 盒
鞋刷	1 把	卫生纸	1 卷
鞋拔子	1 个	浴巾	2 条
衣架	5～8 个	面巾	2 条
刮脸刀	2 片	手巾	2 条
洗脸、漱口用品	2 套	踏脚垫	1 张

3. 卫生间清洁的基本方法

1）从上至下。在清洁卫生间设备物品时，应采取从上至下的方法进行。

2）从里到外。在擦拭卫生间地面时，应采取从里到外的方法进行。

3）先湿后干。在擦拭卫生间的镜子、金属器皿时应按先湿后干的顺序，擦后的效果应洁净、光亮。

4）先脸盆、浴缸，后恭桶、地面。在清洁卫生间时，应按先脸盆、浴缸，后恭桶、地面的操作顺序进行。

4. 卫生间消毒的基本方法

1）紫外线消毒法。紫外线可用于对卫生间的空气消毒。方法是安装一支 30W 紫外灯管，灯管距地面 2.5m 左右，每次照射 2h，可使空气中的微生物减少 50%～75%。

2）擦拭消毒法。服务员在打扫卫生后可用擦拭法进行消毒，即用药物水溶液擦拭卫生间设备，以达到消毒的目的。例如，用来苏水或消毒剂进行消毒，尤其是对客人接触较多的洗脸盆、浴缸、恭桶等设备消毒完毕后，要封闭门窗 2h，然后通风。

3）喷洒消毒法。为了避免因消毒对人体肌肤的损伤，可采用喷洒的方法消毒。例如，用 1%～5%的漂白粉澄清液对卫生间进行消毒，使用时禁止将漂白粉与酸性清洁剂同时使用，以免发生氯气中毒。喷洒消毒以采用快干型的消毒剂为好，如空气清新剂、消毒剂等。特别是消毒剂，其成分是戊二醛，无刺激气味，不腐蚀金属，不损伤皮肤，并能迅速杀死甲型肝炎病毒、乙型肝炎病毒等。

5. 卫生间清洁、消毒量化标准

1）在卫生间查不出大肠杆菌。

2）空气中一氧化碳含量不得超过 10mg/m^3。

3）房间内无人时，空气中二氧化碳含量不得超过 0.07%。

4）细菌总数不得超过 2000 个/m^3。

5）可吸入尘埃不得超过 0.15mg/m^3。

6）空气中氧气含量应不低于 21%。

【辅助学习】

客房计划卫生的形式

不同的酒店具有不同的计划卫生的组织形式。例如，有的酒店规定每位楼层客房服务员在每天的常规卫生基础上，对一间客房进行集中彻底清洁，根据清扫客房的工作定额，12 天为一个周期；有的酒店以一周为一个计划卫生周期，在每个星期的同一天统一完成规定的清洁卫生项目；有的酒店根据不同项目内容的卫生要求，制定有针对性的周期卫生标准，有些项目可能是每隔3天做一遍，也有的每5天、一个月、半年或一年清洁一次。无论采用哪种方式，酒店都应以计划明确、周期合理、便于操作、便于管理为原则，并根据自己的实际情况做到因地制宜。参考范例如表1.5和表1.6所示。

表1.5　参考范例1　×××酒店计划卫生周期工作程序与标准

时间	标准
星期一	卫生间瓷面、地面用清洁剂全面清洁
星期二	家具去渍（注意家具脚下端）
星期三	地漏、风机、浴缸塞清洁
星期四	电热水壶清洁，电话机消毒（用专用药水消毒）
星期五	内窗玻璃、淋浴房玻璃清洁
星期六	五金件上不锈钢油（包括面巾纸盒、毛巾架、浴巾架等）
备注	每月15～18日翻床垫，每周二查过期酒水

表1.6　参考范例2　×××酒店楼层计划卫生项目及清洁周期安排

每天	3天	5天
① 清洁地毯、墙纸污迹 ② 清洁水箱，扫灯罩尘 ③（空房）放水	① 地漏喷药（长住逢五） ② 用玻璃清洁剂清洁阳台和卫生间镜子 ③ 用鸡毛掸清洁壁画	① 清洁卫生间抽风（味）机机罩 ② 清洁（水洗）吸尘机真空器保护罩 ③ 职工卫生间虹吸水箱、磨洗地面
10天	**15天**	**20天**
① 空房恭桶虹吸水箱 ② 清洁走廊出风口 ③ 清洁卫生间抽风主机网	① 清洁热水器、洗杯机 ② 冰箱除霜 ③ 用酒精球清洁电话 ④ 清洁空调出风口、百叶窗	① 清洁房间回风过滤 ② 用擦铜水擦铜制家具、烟灰缸、房间指示牌
25天	**30天**	**一季度**
① 清洁制冰机 ② 清洁阳台地板和阳台内侧喷塑面 ③ 墙纸吸尘、遮光帘吸尘	① 翻床垫 ② 抹拭消防水龙带和喷水枪及胶管	① 干洗地毯、沙发、床头板 ② 干（湿）洗毛毯 ③ 吸尘机加油（由保养班负责完成）
半年	**1年**	**—**
清洁窗纱、灯罩、床罩*、保护垫*	① 清洁遮光布* ② 红木家具打蜡（由保养班负责完成） ③ 湿洗地毯（由保养班负责完成）	—

*由财产主管具体计划，组织财管班完成，注意与楼层主管在实际工作中协调。

任务七　房间小整理

房间小整理是针对住客房而言的，就是在住客外出后，客房服务员对其房间进行整理。其目的就是使客人走进房间有一种清新舒适的感觉，使客房始终处于干净整洁的状态。房间小整理可以体现酒店的优质服务。各酒店应根据自己的实际情况，决定是否需要为客人提供小整理服务。一般至少要对 VIP 房和重点客房进行这项服务。

◇ 任务指导

任务名称	房间小整理	学时	1
任务目标	掌握房间小整理的操作标准和流程		
任务要求	按房间小整理操作规范进行操作，使之达到酒店规定的质量标准		
任务准备	四星级客房一间，按四星级酒店客房配置的有关数量准备客房用品、清洁车、客房服务员工作表单		
学习方法	先按 5～8 人一组由教师进行示范，然后每人分别进行实际操作		

◇ 任务流程

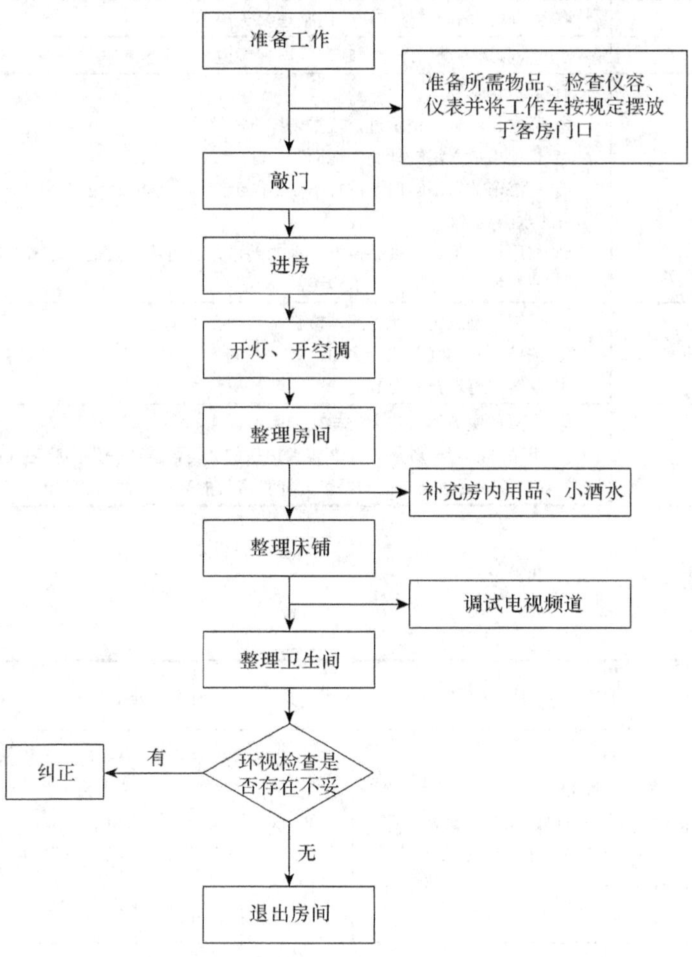

◇ 任务内容

程序/项目	标准
1．准备工作	① 将需要更换的茶具、客用品及清洁用具等备齐后放在工作车上 ② 检查自己的仪容、仪表 ③ 将工作车按规定摆放于客房门口
2．进房	严格按进房程序进房
3．开灯、开空调	① 开灯并检查所有照明设备工作是否正常 ② 将空调开关开到指定的刻度上
4．整理房间	① 清理烟灰缸、桌面上的垃圾 ② 若有用膳餐具，则一并清除 ③ 简单清洁整理桌面、床头柜、茶几 ④ 更换用过的茶具，增添冷、热饮用水 ⑤ 放入酒店提供的报纸 ⑥ 补充冰箱和小酒吧的饮料
5．整理床铺	将客人睡过的床铺按客房晚间整理要求整理
6．调试电视	使电视频道齐全，图像清晰，且电视频道与服务指南内容一一对应
7．整理卫生间	① 冲抽水恭桶 ② 脸盆、浴缸如使用过，应重新擦洗干净 ③ 将地巾放入浴缸外侧的地面 ④ 将浴帘放入浴缸内，并拉出 1/3 以示意客人淋浴时应将浴帘拉上并放入浴缸内，避免淋浴的水溅到地面 ⑤ 将用过的毛巾收去并换上干净的毛巾，也可将用过的毛巾按酒店规定整理后摆好 ⑥ 若有加床，则增添一份客用品
8．环视检查退出房间	① 环视一遍卫生间及房间，检查是否存在不妥 ② 关掉所有的灯并关上房门 ③ 在客房整理报表上登记
注意事项	① 小整理服务的内容大致与夜床服务相似 ② 小整理服务一般是为 VIP 客人提供的。是否需要提供小整理服务，以及小整理服务的次数等，各酒店根据自己的经营方针和房价的高低等做出相应的规定

◇ 任务测试

班级：__________ 姓名：__________ 时间：__________

序号	考核内容	考核要点	评分标准	配分	扣分	得分
1	准备工作	① 准备工作车 ② 检查自己的仪容、仪表 ③ 将工作车按规定摆放于客房门口	① 未将需要更换的茶具、客用品及清洁用具等备齐放在工作车上扣 1 分 ② 仪容、仪表不规范扣 1 分 ③ 未按规定将工作车摆放于客房门口扣 1 分 ④ 其他扣 2 分	5		

续表

序号	考核内容	考核要点	评分标准	配分	扣分	得分
2	进房	严格按进房程序进房	① 未严格按进房程序进房扣 2 分 ② 其他扣 3 分	5		
3	开灯、开空调	① 开灯并检查所有照明设备工作是否正常 ② 将空调开关开到指定的刻度上	① 未检查所有照明设备工作是否正常扣 1 分 ② 未将空调开关开到指定的刻度上扣 1 分 ③ 其他扣 3 分	5		
4	整理房间	① 清理烟灰缸、桌面上的垃圾 ② 收拾房间用膳餐具并放置在指定位置 ③ 简单清洁整理桌面、床头柜、茶几 ④ 更换用过的茶具，增添冷、热饮用水 ⑤ 放入酒店提供的报纸 ⑥ 补充房内小酒吧及用品	① 未清理烟灰缸、桌面上的垃圾扣 1 分 ② 未收拾房间用膳餐具并放置在指定位置扣 1 分 ③ 未简单整理桌面、床头柜、茶几扣 1 分 ④ 未更换用过的茶具，未增添冷、热饮用水扣 1 分 ⑤ 未放入酒店提供的报纸扣 1 分 ⑥ 未补充房内小酒吧及用品扣 1 分 ⑦ 其他扣 4 分	10		
5	整理床铺	将客人睡过的床铺按客房晚间整理要求整理	① 整理床铺不符合规范扣 3 分 ② 其他扣 2 分	5		
6	调试电视	① 检查电视频道是否齐全、图像是否清晰 ② 检查电视频道与服务指南内容是否一一对应	① 未检查电视频道是否齐全、图像是否清晰扣 2 分 ② 未检查电视频道与服务指南内容是否一致扣 1 分 ③ 其他扣 2 分	5		
7	整理卫生间	① 冲抽水恭桶 ② 脸盆、浴缸如使用过，应重新擦洗干净 ③ 将地巾放入浴缸外侧的地面 ④ 将浴帘放入浴缸内，并拉出 1/3 ⑤ 将用过的毛巾收去并换上干净的毛巾，也可将用过的毛巾按酒店规定整理后摆好 ⑥ 如有加床，增添一份客用品	① 未冲抽水恭桶扣 1 分 ② 脸盆、浴缸使用过但未重新擦洗干净扣 1 分 ③ 未将地巾放入浴缸外侧的地面扣 1 分 ④ 未将浴帘放入浴缸内并拉出 1/3 扣 1 分 ⑤ 未将用过的毛巾收去并换上干净的毛巾或未将用过的毛巾按酒店规定整理后摆好扣 1 分 ⑥ 其他扣 5 分	10		
8	环视检查房间	① 环视一遍卫生间及房间，检查有无不妥 ② 关掉所有的灯并关上房门 ③ 在客房整理报表上登记	① 未环视检查房间有无不妥之处扣 1 分 ② 有不妥但未跟进扣 1 分 ③ 忘记关灯、关上房门扣 1 分 ④ 未及时在客房整理报表上登记扣 1 分 ⑤ 其他扣 1 分	5		
共计				50		

考核时间：　　年　　月　　日　　　　　　　　　　　　考评教师签名：__________

任务八　客房晚间整理

客房晚间整理又称夜床服务，是酒店为客人提供的一种寝前整理，旅游酒店一般提供此项服务。客房晚间整理能体现酒店客房服务水平，使客人感到舒适温馨，有家的感觉。夜床服务包括三项工作：房间整理、开夜床、卫生间整理。

◇ 任务指导

任务名称	客房晚间整理	学时	1
任务目标	掌握客房晚间整理的标准和操作流程		
任务要求	掌握客房晚间整理的服务程序，严格按酒店晚间整理流程进行操作		
任务准备	清洁车、茶具、冷热水、文具用品、低值易耗品、毛巾、清洁抹布		
学习方法	示范讲解与实训操作		

◇ 任务流程

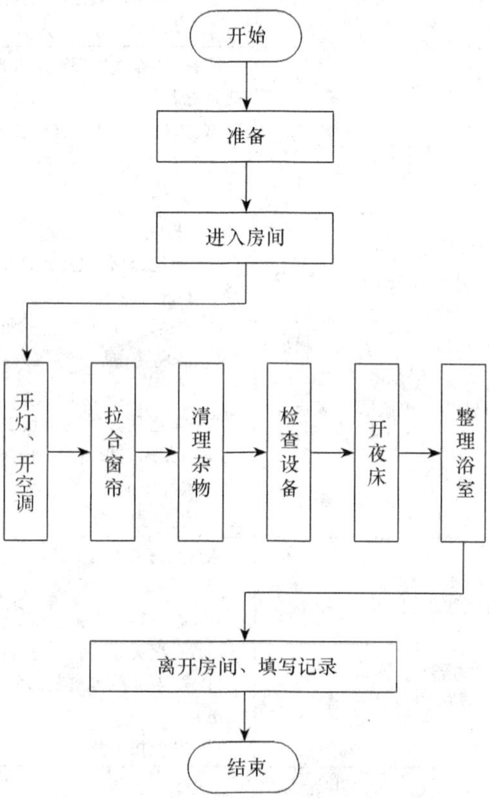

◇ 任务内容

程序/项目	标准
1．准备工作	① 将需要更换的茶具、客用品及清洁用具等备齐并放在工作车上 ② 检查自己的仪容、仪表 ③ 将工作车按规定摆放于客房门口
2．进入房间	① 严格按进房程序进房 ② 若客人在房内，则应经客人同意方可进入，并礼貌地向客人道晚安。若客人不需要开夜床服务，则服务员应在工作表上做好登记
3．开灯、开空调、拉合窗帘	① 开灯并检查所有照明设备工作是否正常 ② 将空调开关开到指定的刻度上 ③ 轻轻拉上遮光窗帘和二道帘
4．开夜床	① 从床头将床罩拉下，整齐折叠好后放在规定的位置 ② 将靠近床头一边的毛毯连同衬单（盖单）向外折成45°，以方便客人就寝 ③ 拍松枕头并将其摆正。如有睡衣应叠好置于枕头上 ④ 按酒店规定在床头或枕头上放上鲜花、晚安卡、早餐牌或小礼品等 ⑤ 若一人住单床，则开有电话的床头柜一侧；若一人住双床，则一般开邻近卫生间那张床的靠床头柜一侧；若两人住大床，则两边都开 ⑥ 在开夜床折口处摆好拖鞋
5．整理房间	① 清理烟灰缸、桌面和倒垃圾 ② 如果有用过的餐具也一并清除 ③ 简单清洁整理桌面、床头柜、茶几 ④ 更换用过的茶具，增添冷、热饮用水 ⑤ 放入报纸或将酒店提供的浴衣摊开在床尾 ⑥ 客人若有加床，则在这时打开加床并将其整理好
6．调试电视	① 使电视频道齐全，图像清晰，且电视频道与服务指南内容一一对应 ② 检查冰箱和小酒吧的饮料，开好酒水单
7．整理卫生间	① 冲抽水恭桶 ② 脸盆、浴缸如果使用过，应该重新擦洗干净 ③ 将地巾放入浴缸外侧的地面 ④ 将浴帘放入浴缸内，并拉出1/3以示意客人淋浴时应将浴帘拉上并放入浴缸内，避免淋浴的水溅到地面 ⑤ 将用过的毛巾收去并换上干净的毛巾，也可将用过的毛巾按酒店规定整理后摆好 ⑥ 如果有加床，就增添一套客用品
8．环视检查房间	① 环视一遍卫生间及房间，检查有无不妥之处 ② 除夜灯和走廊灯外，关掉所有的灯并关上房门 ③ 如果客人在房内，不用关灯，向客人道别后退出房间，并轻轻将房门关上 ④ 在客房晚间整理报表上登记
注意事项	① 客房晚间整理也称"开夜床服务"。为方便客人休息，晚间整理通常利用客人晚上就餐或外出活动时进行，一般在18:00～20:00做为好 ② 如果发现房门挂着"请勿打扰"牌或亮着"请勿打扰"指示灯，服务员不能去敲门，应将一张留言条从门下塞入，提醒客人如果需夜床服务，请通知客房中心或服务台 ③ 房间如果有会客者，待其离店后再开夜床

续表

程序/项目	标准
注意事项	④ 开夜床时要注意床上是否有客人的物品。未经客人同意，不要擅自移动 ⑤ 住一位客人的房间，每天要开固定的床位。不可同时开两张床，以免引起客人误解 ⑥ 更换杯具时，要认真检查杯内有没有客人的假牙及其他物品

◇ 任务测试

班级：＿＿＿＿＿＿　　姓名：＿＿＿＿＿　　时间：＿＿＿＿＿＿

序号	考核内容	考核要点	评分标准	配分	扣分	得分
1	准备工作	① 准备工作车 ② 检查自己的仪容、仪表 ③ 将工作车按规定摆放于客房门口	① 未将需要更换的茶具、客用品及清洁用具等备齐放在工作车上扣 1 分 ② 仪容、仪表不规范扣 1 分 ③ 未按规定将工作车摆放于客房门口扣 1 分 ④ 其他扣 2 分	5		
2	进入房间	① 严格按进房程序进房 ② 若客人在房内，则应经客人同意方可进入，并礼貌地向客人道晚安。若客人不需要开夜床服务，则服务员应在工作表上做好登记	① 进房程序不符合要求扣 2 分 ② 客人不需要开夜床，而服务员没有在工作表上登记扣 1 分 ③ 其他扣 2 分	5		
3	开灯、开空调、拉合窗帘	① 开灯并检查所有照明设备工作是否正常 ② 将空调开关开到指定的刻度上 ③ 轻轻拉上遮光窗帘和二道帘	① 未开灯扣 1 分 ② 没有检查所有照明设备工作是否正常扣 1 分 ③ 未将空调开关开到指定的刻度上扣 1 分 ④ 未拉上遮光窗帘和二道帘扣 1 分 ⑤ 其他扣 1 分	5		
4	开夜床	① 撤去床罩，整齐折叠好，放在规定的位置 ② 将靠近床头一边的毛毯连同衬单（盖单）向外折成 45°，以方便客人就寝 ③ 拍松枕头并将其摆正。如有睡衣应叠好置于枕头上 ④ 按酒店规定在床头或枕头上放上鲜花、晚安卡、早餐牌或小礼品等 ⑤ 若一人住单床，则开有电话的床头柜一侧；若一人住双床，则一般开邻近卫生间那张床的靠床头柜一侧；若两人住大床，则两边都开 ⑥ 在开夜床折口处摆好拖鞋	① 撤去床罩后没有将其放在规定的位置扣1分 ② 毛毯折角错误扣 1 分 ③ 枕头没有摆正扣 1 分 ④ 睡衣放置错误扣 1 分 ⑤ 未摆放酒店规定的物品扣 1 分 ⑥ 开夜床位置错误扣 1 分 ⑦ 拖鞋未摆放到位扣 1 分 ⑧ 其他扣 3 分	10		
5	整理房间	① 清理烟灰缸、桌面和倒垃圾 ② 如果有用过的餐具也一并清除 ③ 简单清洁整理桌面、床头柜、茶几	① 未清理烟灰缸、桌面和未倒垃圾扣 1 分 ② 未收拾房间用膳餐具并将其放置在指定位置扣 1 分 ③ 未简单清洁整理桌面、床头柜、茶几扣 1 分	10		

续表

序号	考核内容	考核要点	评分标准	配分	扣分	得分
5	整理房间	④ 更换用过的茶具，增添冷、热饮用水 ⑤ 放入报纸或将酒店提供的浴衣摊开在床尾 ⑥ 客人若加床，则在这时打开加床并将其整理好	④ 未更换用过的茶具，未增添冷、热饮用水扣 1 分 ⑤ 未放入酒店提供的报纸或未将酒店提供的浴衣摊开在床尾扣 1 分 ⑥ 有加床而未将其打开并整理好扣 1 分 ⑦ 其他扣 4 分	10		
6	调试电视	① 使电视频道齐全，图像清晰，且电视频道与服务指南内容一一对应 ② 检查冰箱和小酒吧的饮料，开好酒水单	① 电视没有调整到位扣 1 分 ② 电视频道与服务指南内容不一致扣 1 分 ③ 未检查冰箱和小酒吧的饮料扣 1 分 ④ 其他扣 2 分	5		
7	整理卫生间	① 冲抽水恭桶 ② 脸盆、浴缸如果使用过，应重新擦洗干净 ③ 将地巾放入浴缸外侧的地面 ④ 将浴帘放入浴缸内，并拉出 1/3 以示意客人淋浴时应将浴帘拉上并放入浴缸内，避免淋浴的水溅到地面 ⑤ 将用过的毛巾收去并换上干净的毛巾，也可将用过的毛巾按酒店规定整理后摆好 ⑥ 如果有加床，就增添一套客用品	① 未冲抽水恭桶扣 1 分 ② 脸盆、浴缸使用过但未重新擦洗干净扣 1 分 ③ 未将地巾放入浴缸外侧的地面扣 1 分 ④ 未将浴帘放入浴缸内并拉出 1/3 扣 1 分 ⑤ 未将用过的毛巾收去并换上干净的毛巾或未将用过的毛巾按酒店规定整理后摆好扣 1 分	5		
8	环视检查房间	① 环视一遍卫生间及房间，检查有无不妥之处 ② 除夜灯和走廊灯外，关掉所有的灯并关上房门 ③ 如果客人在房内，不用关灯，向客人道别后退出房间，轻轻将房门关上 ④ 在客房晚间整理报表上登记	① 未环视检查房间有无不妥之处扣 1 分 ② 有不妥之处未跟进扣 1 分 ③ 关闭夜灯和走廊灯扣 1 分 ④ 未及时在客房整理报表上登记扣 1 分 ⑤ 其他扣 1 分	5		
		共计		50		

考核时间：　　年　　月　　日　　　　　　　　考评教师签名：__________

【相关知识】

住一位客人的客房、住两位客人的客房，或是夫妻同住的大床房，因客情不同，其开床方式不同，如图 1.2 所示。

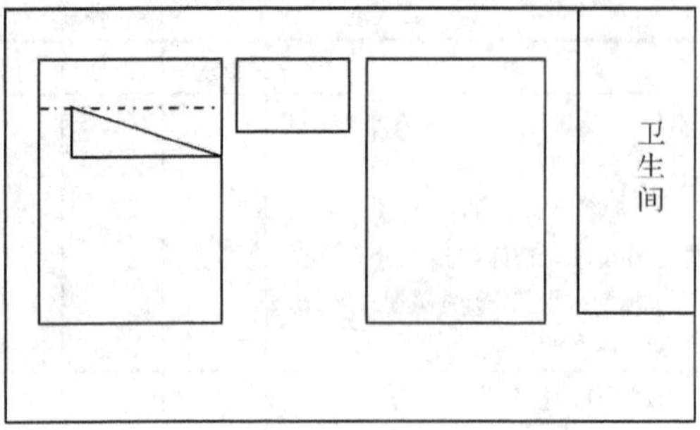

（a）住一位客人（1）

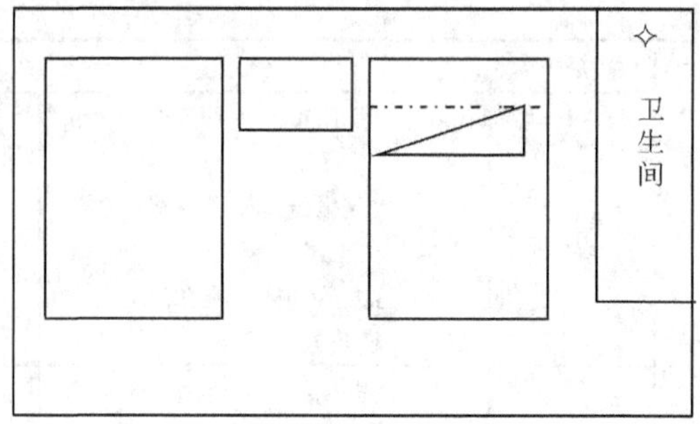

（b）住一位客人（2）

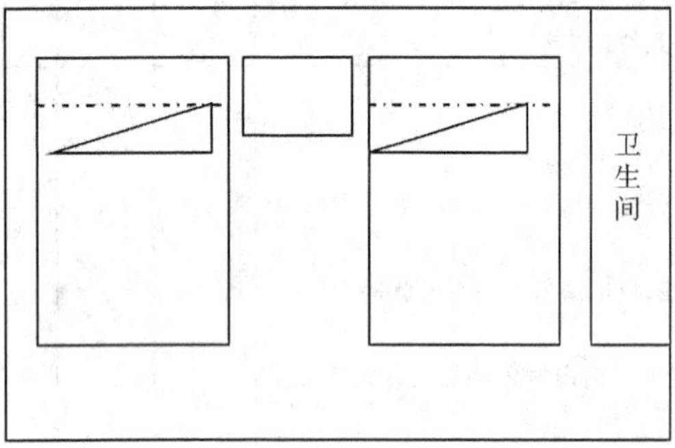

（c）住两位客人（1）

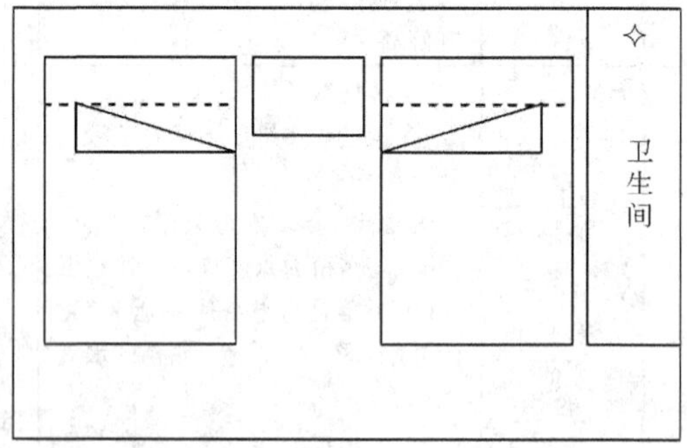

（d）住两位客人（2）

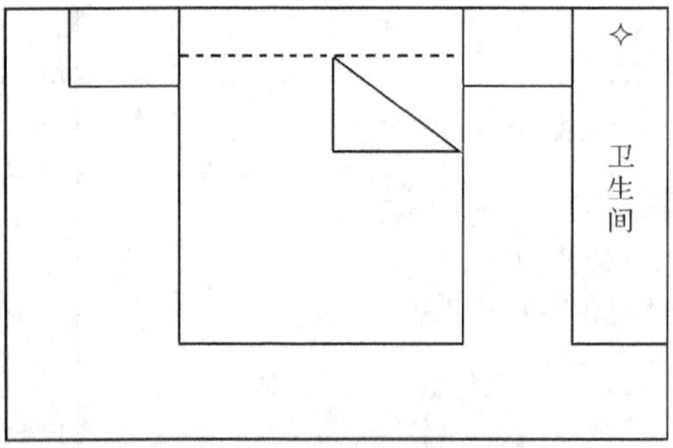

（e）双人床住一位客人

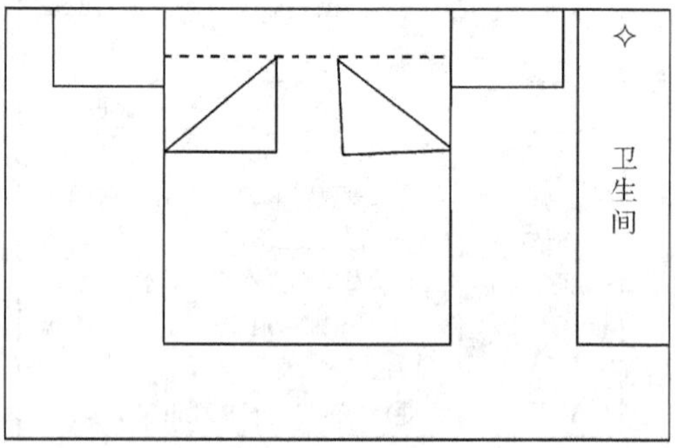

（f）夫妻床

图 1.2　开夜床的标准

【辅助学习】

客房计划卫生的内容和要领

1．客房计划卫生的内容

客房计划卫生的内容主要有家具除尘、家具打蜡、地毯清洗、纱窗和床罩等的清洗、通风口清洁、金属器具的擦拭等。针对不同的项目，应按不同的周期进行清洁保养。

2. 客房计划卫生的要领

（1）制定科学合理的计划卫生标准

楼层督导在对计划卫生进行管理的过程中，首先要明确计划卫生的安排和标准。例如，将制订的客房的计划卫生周期表贴在工作间内，要求客房服务员在工作日报表中注明，以便进行督促检查。客房服务员要明确每个计划卫生项目的操作标准和流程，并加强服务规范。

（2）充分做好准备工作

为提高工作效率，保质、保量地完成计划卫生工作，必须做好充分的准备工作（主要是劳动工具、清洁用品的准备）。因为计划卫生具有周期性，往往一项清洁内容要隔相当一段时间再重复进行，所以平时要注意这些用具、物品的妥善保管，以便其在需要时能正常使用。此外，准备工作要细致，清洁剂的种类、配比要了解，因为客房卫生工作所需使用的清洁剂种类较多，所以如果不加以重视造成错误使用，不但达不到清洁保养的效果，反而会对设备物品造成损坏。

（3）注意安全操作

计划卫生中有不少内容，如擦窗、擦吊灯、清洁天花板、清洁换气扇、擦拭电线等，需要高空作业或电器作业，具有一定的危险性，因此工作时要严格遵守操作规范，并做到细心谨慎，安全第一。

（4）加强卫生检查

首先，服务员应对完成的清洁内容进行查漏补缺，不仅要查看清洁质量，还要查看一些设备经过拆洗、重新安装后是否运转正常。其次，客房部领班或主管要对客房服务员完成的每项计划卫生内容进行认真而严格的检查，确认是否符合标准。如果发现问题，就要求服务员及时返工。对于季节性或定期的大清洁，酒店也可组成相关质量检查小组或由质检部门进行定期检查。

任务九 中 式 铺 床

中式铺床是指按照我国传统的风俗习惯配备和整理床铺，这是近几年在星级酒店兴起的铺床方法。中式铺床的优点是，便于客人入睡时进入被窝，符合人性化管理的要求并具有民族特点。中式铺床除边角不包外，其他程序与西式铺床一样。

◇ 任务指导

任务名称	中式铺床	学时	4
任务目标	掌握中式铺床的操作流程与标准		
任务要求	三线对齐、四角相同、床面紧绷、枕线分明、床罩均匀下垂；训练结束后，学生应在3min内完成铺床		
任务准备	西式床一张、薄棉垫一条、床单两条、枕套两只、枕芯两只、薄棉被一床、装饰带一个		
学习方法	先按 4 人一组由教师进行示范，然后每人分别进行实际操作		

◇ 任务流程

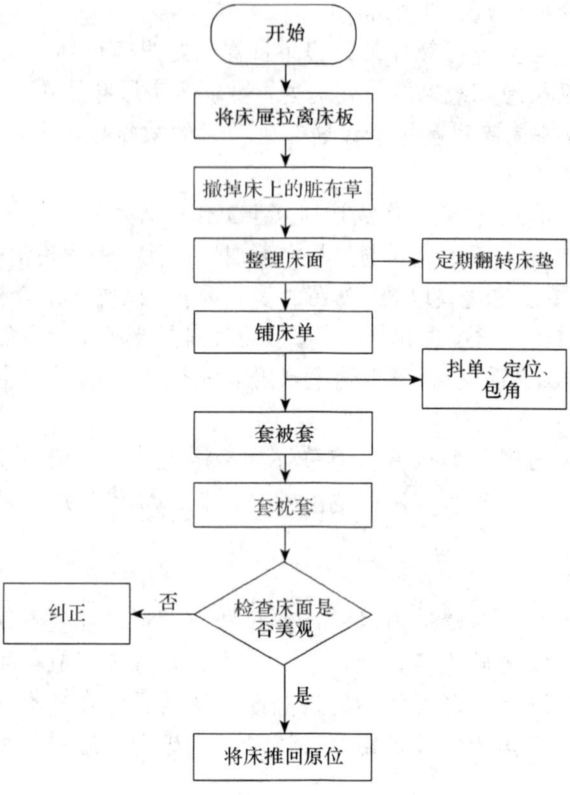

◇ 任务内容

程序/项目	标准
1．拉床	① 屈膝下蹲，用手将床架连同床垫慢慢拉出约 50cm ② 将床、床垫拉平放正，检查床垫四周的松紧带是否脱落，注意床垫的卫生状况，如有污迹、破损等应撤走并换上干净的床垫 ③ 留意床垫上所写的编号数字是否为季度标准
2．铺床单	① 将第一条床单铺在床上（包单、包边、包角），床单正面向上，中折线居床的正中位置，均匀地留出床单四边，使之能包住床垫 ② 四个角式样、角度一致包成直角，四个角均匀、紧密。将床垫上的四边多余的床单分别塞入床与床托中间
3．套被套	① 将被套平铺在床上，开口在床尾，被套无污迹、无破损 ② 从开口处将两手伸进被套，首先将被套反面朝外，将被套的两角处对准被子的两角，然后将被套翻身，拉平被套，四角塞入后，对准整平，开口处在床尾，铺在床上，床头部分向上折 25cm；后面下垂部分与地毯齐平，并拉挺

续表

程序/项目	标准
4．套枕套	① 将枕芯装入枕套；不能用力拍打枕头 ② 将枕头放在床头的正中，距床头约 5cm；两张单人床枕套口与床头柜方向相反，双人床枕套口互对，单人床和双人床的枕头与床两侧距离相等
5．将床推回原位	① 放上床尾带及靠垫，床尾带必须平整，两边均匀下垂，靠垫放在枕头前 ② 利用腿部力量将床缓缓推进床头板，再检查一遍床是否铺得整齐、美观，并整理床裙，保持自然下垂、整齐

◇ 任务测试

班级：__________ 姓名：__________ 时间：__________

序号	考核内容	考核要点	评分标准	配分	扣分	得分
1	拉床	① 屈膝下蹲，将床拉出约 50cm ② 检查、整理床垫	① 未将床拉开扣 2 分 ② 拉床时动作错误扣 2 分 ③ 未检查、整理床垫扣 2 分 ④ 其他扣 4 分	10		
2	铺床单	① 抖单 ② 定位 ③ 包角	① 抖单动作要领有误扣 1 分 ② 抖单后床单中折线没有居中扣 2 分 ③ 未定位而直接包角扣 2 分 ④ 包角未达到 45° 扣 1 分 ⑤ 其他扣 4 分	10		
3	套被套	① 将被套平铺在床上，开口在床尾 ② 从开口处将两手伸进被套，首先将被套反面朝外，将被套的两角处对准被子的两角，然后将被套翻身，拉平被套，四角塞入后，对准整平，开口处在床尾，铺在床上，床头部分向上折 25cm；后面下垂部分跟地毯齐平，并拉挺	① 未按要领展开被套扣 1 分 ② 被套的开口不在床尾扣 2 分 ③ 套好被套后四角未对准扣 2 分 ④ 床头部分未折起 25cm 扣 1 分 ⑤ 床尾部分着地扣 1 分 ⑥ 其他扣 3 分	10		
4	套枕套	① 将枕芯装入枕套；不能用力拍打枕头 ② 将枕头放在床头的正中间，距床头约 5cm ③ 两张单人床枕套口与床头柜方向相反，双人床枕套口互对，单人床和双人床的枕头与床两侧距离相等	① 套枕套动作不规范扣 1 分 ② 枕套四角未饱满挺实扣 1 分 ③ 套好的枕头未放置床的正中间且距床头不到 5cm 扣 1 分 ④ 枕套口摆放的方向错误扣 2 分 ⑤ 枕面上留下手痕扣 1 分 ⑥ 其他扣 4 分	10		
5	将床推回原位	① 放上床尾带及靠垫，床尾带必须平整，两边均匀下垂，靠垫放在枕头前	① 床身推回原位置后有歪斜扣 2 分	10		

续表

序号	考核内容	考核要点	评分标准	配分	扣分	得分
5	将床推回原位	② 利用腿部力量将床缓缓推进床头板，再检查一遍床是否铺得整齐、美观，并整理床裙，保持自然下垂、整齐	② 床尾带及靠垫放置错误扣 2 分 ③ 没有最后查看扣 1 分 ④ 对不够整齐、不够美观的床面未进行整理扣 1 分 ⑤ 其他扣 4 分	10		
共计				50		

考核时间：　　年　　月　　日　　　　　　　　　　　　　　　考评教师签名：________

【相关知识】

1. 物品准备

中式铺床床上用品的配备标准如表 1.7 所示。

表 1.7　中式铺床床上用品的配备标准

品种	数量	规格/m	备注
薄棉垫	1 床	1.95×1.2	
床单（褥单、被单）	1 条	2.85×1.85	
被罩	1 床	2×1.5	
薄棉被	1 床	2×1.5	
枕芯	2 只	0.45×0.75	
枕套	2 只	0.45×0.75	
装饰带	1 条	1.8×0.35	

2. 物品检查

1）检查中心褶线是否熨烫正确。床单、枕套及床罩中心都需要有一条烫挺的纵向褶线，此线有两个作用：一是增加布草的挺括感；二是便于铺床时布草的定位。

2）在准备铺床时，要检查布草是否干燥，有无污渍和破洞，被罩四周有无开线等。

3. 铺床准备

1）撤床。将毛毯、棉被连叠 3 道，放在沙发或椅子上；撤下应换的床单、褥单、被罩和枕套；将熨烫平整的床单平放在床头一侧。

2）开床体。站立在床尾30cm处，两脚前后交叉一足距离，屈膝下蹲并重心前倾，用双手握紧床尾部，将床屉连同床垫同时慢慢拉出，最后使床身离开床头板50cm。

4. 撤床的操作规范

撤床上用品时要做到“五个注意”：注意不得猛扯狂拉，以免影响棉织品使用寿命；注意查看有无客人遗留物品；注意查看床上用品有无污渍；收取用过的床单和枕套时注意点清数量；撤下的床单枕套注意不得放在地上或随意堆放。具体操作标准如下。

1）观察床面状况，留意床单、枕套是否夹带客人用品，观察床上用品是否有破损撕裂处或烧烤孔。

2）站立在床尾30cm处，两脚前后交叉一足距离，屈膝下蹲并重心前倾，用双手握紧床尾部，将床屉连同床垫同时慢慢拉出，最后使床身离开床头板50cm。

3）查看枕下有无遗留物品，左手捏住枕套封口一角，右手探入袋内把枕芯轻轻拉出，动作轻缓，注意枕芯是否清洁，如发现有污渍，应立即更换；将枕芯放在椅子上或床面上，撤下的枕套暂放在不影响行走的合适地方。

4）把被芯从各角部和夹缝中拉出，高提起（避免拖地），放在椅子上或另一张床上。

5）从角部开始把床单从床垫缝中一一拉出，床单要逐一撤下，不要放在地上；检查垫单是否清洁，注意不要夹带客人衣物，床上有客人衣物时，要整理好；撤单时动作要轻。

6）将撤下的床单连同枕套放进客房工作清洁车。

任务十 VIP客房布置

接待VIP客人（贵宾）时，务必认真、仔细地提前做好有关准备工作。客房服务员在对各项物品做好充分准备的基础上，应根据要求，尽快将VIP客房布置好。由于各酒店客房的类型、级别、风格特点、设施设备和具体要求不同，客房布置的内容、方法、规格标准也各异。

◇ 任务指导

任务名称	VIP客房布置	学时	1
任务目标	掌握VIP客房布置的规格与接待标准		
任务要求	根据酒店规定的VIP客人的等级规格进行接待，以确保符合质量标准		
任务准备	四星级豪华套房一间，花一束，酒具一套，水果盘一个，洗手盅一套，总经理欢迎卡，绿色小盆景等		
学习方法	先按5～8人一组由教师进行示范，然后每人分别进行实际操作		

◇ 任务流程

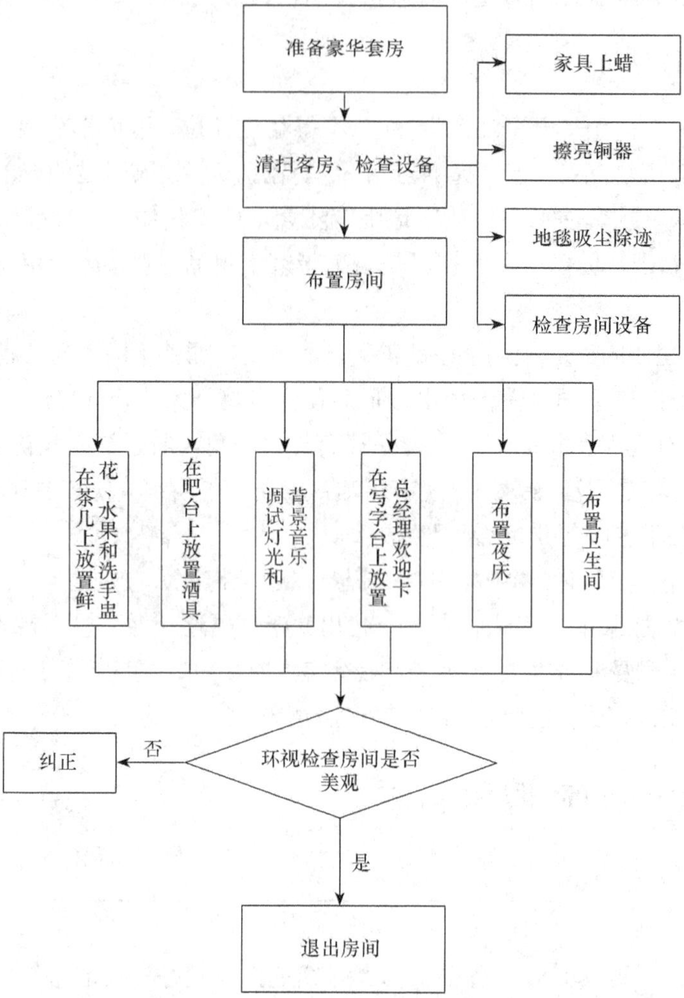

◇ 任务内容

程序/项目	标准
1．准备豪华套房	豪华套房及正常的物品配备
2．清扫客房并检查设备	① 专人负责清扫，确保房间处于最佳清洁状态 ② 家具上蜡 ③ 擦亮铜器 ④ 地毯吸尘、除迹 ⑤ 检查设备
3．放置水果、鲜花和洗手盅	① 长茶几中央备豪华水果一份；一侧小茶几上放鲜花一盆 ② 水果下方左手侧放置刀、叉、口布、骨盘各一份。将口布放于骨盘中央。左侧放刀，右侧放叉，分别插放于折好的口布内（刀口朝右） ③ 洗手盅一套，放于水果下方右手侧。洗手盅内放鲜花叶片。水果、骨盘、洗手盅呈三角形放置。将烟灰缸移至茶几右手侧中央

续表

程序/项目	标准
4. 放置酒具	① 将吧台上的普通茶叶换成一罐用红木茶叶罐装的高级龙井茶 ② 吧台上放高级进口红葡萄酒一瓶（同时配酒架） ③ 大号水晶葡萄酒杯 2 只，放于葡萄酒瓶左手侧，杯下垫放 2 块杯垫，并准备一个开瓶器，放于葡萄酒瓶右侧
5. 开启背景音乐和灯光	① 打开床头柜上的背景音乐，并开至低 1 档 ② 打开房间内所有的灯迎客 ③ 做夜床时只打开过道灯、夜灯、台灯、床头灯及卫生间镜灯
6. 放置欢迎卡	① 在写字台上放总经理亲笔签名的问候卡和欢迎信各一份，正面朝向写字椅 ② 在写字台服务指南右手侧放置若干当天报纸
7. 布置夜床	① 每晚开夜床时送一份不同的点心或巧克力 ② 布置夜床时在床前侧垫放一块夜脚巾，上面放一双拖鞋（已拆去塑料封套） ③ 在翻起的被角上放一枝玫瑰花、一张环保卡、一份工艺品
8. 布置卫生间	将卫生间的小花瓶换成一瓶漂亮的插花
注意事项	① 除根据酒店规定的 VIP 客人的等级规格进行接待外，客房有时会被用作小会议室，此时客房部需要将家具搬走，重新布置会议桌、椅、文具等有关用品 ② 布置 VIP 客房时，应根据酒店规定的 VIP 客人的等级规格，相应地变换新增配备物品的品种和规格 ③ VIP 客人住店期间应及时进行房间小整理

◇ 任务测试

班级：__________　　姓名：__________　　时间：__________

序号	考核内容	考核要点	评分标准	配分	扣分	得分
1	准备豪华套房	豪华套房及正常的物品配备	① 正常的物品配备每缺一样扣 1 分 ② 其他扣 1 分	5		
2	清扫客房	① 专人负责清扫，确保房间处于最佳清洁状态 ② 家具上蜡 ③ 擦亮铜器 ④ 地毯吸尘、除迹	① 房间状态不佳扣 1 分 ② 家具不光亮扣 1 分 ③ 铜器不亮扣 1 分 ④ 地毯有污渍扣 1 分 ⑤ 其他扣 1 分	5		
3	客厅茶几	① 准备水果 ② 准备鲜花 ③ 准备刀、叉、口布、骨盘 ④ 准备洗手盅	① 没有准备水果扣 1 分 ② 没有准备鲜花扣 1 分 ③ 没有放置刀、叉、口布和骨盘扣 1 分 ④ 没有准备洗手盅扣 1 分 ⑤ 洗手盅内没有鲜花叶片扣 1 分 ⑥ 茶几物品放置不美观扣 1 分 ⑦ 其他扣 4 分	10		
4	吧台	将普通茶叶更换为高级茶叶	① 未更换茶叶扣 2 分 ② 其他扣 3 分	5		
5	床头柜	① 打开床头柜上的背景音乐 ② 打开所有的灯 ③ 做夜床时打开过道灯、夜灯、台灯、床头灯及卫生间镜灯	① 未打开床头柜上的背景音乐扣 1 分 ② 迎客时没有打开房间所有的灯扣 1 分 ③ 做夜床时未按规定打开灯扣 1 分 ④ 其他扣 2 分	5		

续表

序号	考核内容	考核要点	评分标准	配分	扣分	得分
6	写字台	① 放置总经理亲笔签名的问候卡和欢迎卡 ② 放置当天报纸	① 未放置总经理亲笔签名的问候卡和欢迎卡扣 2 分 ② 报纸不是当天的扣 2 分 ③ 其他扣 1 分	5		
7	床	① 开夜床送点心或巧克力 ② 放置脚巾和拖鞋 ③ 在被角上放玫瑰花和工艺品	① 开夜床时未放置规定的物品扣 2 分 ② 做夜床时未放脚巾扣 2 分 ③ 脚巾上未放拖鞋扣 2 分 ④ 拖鞋未拆去塑料封套扣 2 分 ⑤ 其他扣 2 分	10		
8	卫生间	将卫生间的小花瓶换成一瓶漂亮的插花	卫生间未放置插花扣 5 分	5		
共计				50		

考核时间：　　年　　月　　日　　　　　　　　　　考评教师签名：________

【相关知识】

酒店需要根据国际惯例和本酒店的实际情况确定 VIP 客人的接待标准，不同等级的 VIP 客人接待标准有差别。其中一项重要的内容就是根据 VIP 客人接待等级布置客房。参考范例如下。

×××酒店《VIP 客房布置标准》

1. VIP 一级客房布置

1）长茶几中央备豪华水果一份。

2）水果下方左手侧放置刀、叉、口布、骨盘各一份。将口布放于骨盘中央。左侧放刀、右侧放叉，分别插放于折好的口布内（刀口朝右）。

3）洗手盅一套，放于水果下方右手侧。洗手盅内放鲜花叶片。水果、骨盘、洗手盅呈三角形放置。将烟灰缸移至茶几右手侧中央。

4）小茶几上放高级进口红葡萄酒一瓶（同时配酒架），红酒商标朝向沙发，大号水晶葡萄酒杯 2 只，放于葡萄酒瓶左手侧，杯下垫放杯垫 2 块，并准备开瓶器一个，放于葡萄酒瓶右侧。

5）另一侧小茶几上放豪华鲜花一盆，卫生间的小花瓶换成漂亮的插花一瓶。

6）吧台上的普通茶叶换成用红木茶叶罐装的高级龙井茶一罐。

7）放入当天的各种报纸或根据客人的国籍放当天的报纸。

8）打开床头柜上的背景音乐，并开至低 1 档，在白天须打开房间所有的灯迎客。

9）做夜床时只打开过道灯、夜灯、台灯、床头灯及卫生间镜灯。

10）在写字台上放问候卡和欢迎信各一份，正面朝向写字椅；当天报纸若干，放于写字台服务指南右手侧。

11）每晚开夜床时送一份不同的点心或巧克力。

12）做夜床时在床前侧垫放夜脚巾一块，上放拖鞋一双（已拆去塑料封套），在翻起的被角上放玫瑰花一枝、环保卡一张。

2. VIP 二级客房布置

1）长茶几中央备豪华水果一份。

2）水果下方左手侧放置刀、叉、口布、骨盘各一份。将口布放于骨盘中央。左侧放刀、右侧放叉，分别插放于折好的口布内（刀口朝右）。

3）洗手盅一套，放于水果下方右手侧。洗手盅内放鲜花叶片。水果、骨盘、洗手盅呈三角形放置。将烟灰缸移至茶几右手侧中央。

4）小茶几上放豪华鲜花一盆，卫生间的小花瓶换成插花。

5）吧台上的普通茶叶换成用红木茶叶罐装的高级龙井茶一罐。

6）打开床头柜上的背景音乐，并开至低 1 档，在白天须打开房间所有的灯迎客。

7）做夜床时只打开过道灯、夜灯、台灯、床头灯及卫生间镜灯。

8）在写字台上放问候卡和欢迎信各一份，正面朝向写字椅；当天报纸若干，放于写字台服务指南右手侧。

9）每晚开夜床时送一份不同的点心。

10）做夜床时在床前侧垫放夜脚巾一块，上放拖鞋一双（已拆去塑料封套），在翻起的被角上放玫瑰花一枝。

与 VIP 一级客房布置的区别：①无高级进口红葡萄酒及酒具；②无巧克力；③水果不同。

3. VIP 三级客房布置

1）茶几中央备水果一份。

2）水果下方左手侧放置刀、叉、口布、骨盘各一份。折好的口布放于骨盘中央。左侧放刀，右侧放叉，分别插放于折好的口布内（刀口朝右）。

3）洗手盅一套，放于水果下方右手侧，洗手盅内放鲜花叶片。水果、骨盘、洗手盅呈三角形放置。将烟灰缸移至茶几右手侧中央。

4）普通鲜花一盆。

5）打开床头柜上的背景音乐，并开至低 1 档，在白天须打开房间所有的灯迎客。

6）做夜床时只打开过道灯、夜灯、台灯、床头灯及卫生间镜灯。

7）酒店问候卡一张，欢迎信一封，放于写字台上，面向写字椅。

8）当天报纸若干，放于写字台服务指南的右手侧。

9）做夜床时在床前侧垫放夜脚巾一块，上放拖鞋一双（已拆去塑料封套），在翻起的被角上放玫瑰花一枝。

与 VIP 二级客房布置的区别：①水果不同；②鲜花不同。

任务十一　吸尘器的使用和保养

吸尘器是客房服务员清扫工作必不可少的工具之一。按照客房服务员岗位职责“会使用、会维护、会保养”的要求，掌握吸尘器的使用和保养是客房服务员提高清扫质量必备的技能。

◇ 任务指导

任务名称	吸尘器的使用和保养	学时	1
任务目标	掌握吸尘器的使用方法和保养要求		
任务要求	掌握吸尘器的清洁程序		
任务准备	吸尘器、抹布		
学习方法	讲解、示范、实际操作		

◇ 任务流程

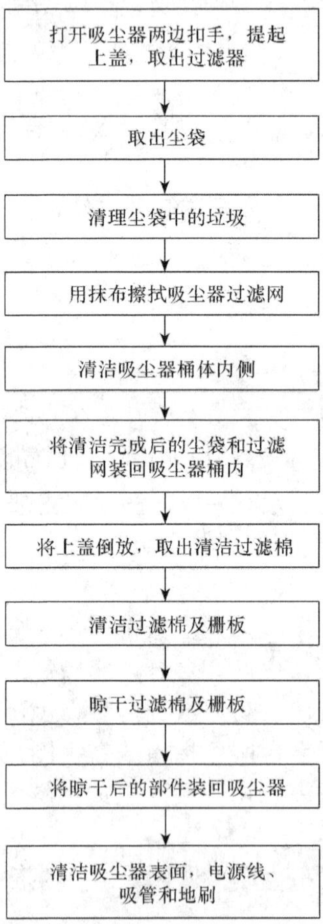

◇ 任务内容

程序/项目	标准
1．准备工作	准备好吸尘器、垃圾袋和抹布
2．清洁吸尘器	① 清洁尘袋 ② 清洁过滤网 ③ 清洁吸尘器桶体内侧 ④ 清洁过滤棉和栅板 ⑤ 清洁吸尘器表面、电源线、吸管和地刷
3．保养吸尘器	① 在使用前，要检查电源电压是否符合本机的要求，电源线是否有接地装置 ② 检查保护线的绝缘保护层，以防长期在地上拖拉引起破损 ③ 检查刷子的磨损情况，若发现磨损严重，则应更换新刷 ④ 检查各紧固部位，如有松动应随时紧固好 ⑤ 将软管与外壳吸入口连接妥当，软管与各段超长接管及接管末端的吸嘴（如家具刷、缝隙吸嘴、地板刷等）要旋紧接牢 ⑥ 如果在工作中发现异常情况（如噪声大等）应立即停止使用，并进行检查
注意事项	① 吸尘器不能长时间处于连续工作状态，一般每次使用不超过 2h，否则影响使用寿命 ② 不能用脚去踢吸尘器 ③ 不能吸水。吸尘时注意地毯上是否沾有水，以免吸尘机将水吸入机体内造成电机烧坏 ④ 严禁拉吸尘器的电线和软管行走 ⑤ 不要在远处以拉拽电线的方式拔电源的插头，要用手拔掉插头 ⑥ 使用完毕后，应放在干燥的地方保存，放在潮湿的地方会影响电器绝缘性和使用寿命 ⑦ 边角位吸尘时，要注意力度，以免把耙头及木具撞坏 ⑧ 在使用后，应及时将吸尘器中的灰尘、污物倒出；否则，下次使用时容易堵塞风道，造成吸力减小，甚至引起电动机温度升得过高而烧毁

◇ 任务测试

班级：__________ 姓名：__________ 时间：__________

序号	考核内容	考核要点	评分标准	配分	扣分	得分
1	准备工作	准备吸尘器、垃圾袋和抹布	① 抹布不干净扣 3 分 ② 准备的物品每少一项扣 3 分 ③ 其他扣 4 分	10		
2	清洁吸尘器	① 清洁吸尘器桶内 ② 清洁吸尘器桶外	① 未清洁尘袋扣 2 分 ② 未清洁过滤网扣 2 分 ③ 未清洁桶内扣 2 分 ④ 未清洁桶壁外侧扣 2 分 ⑤ 未清洁吸管和地刷扣 2 分	10		
3	保养吸尘器	① 吸尘器放置位置 ② 吸尘器移动 ③ 吸尘器设备状态	① 未按要求放置扣 3 分 ② 移动方法不正确扣 3 分 ③ 吸尘器检查不到位扣 4 分	10		
共计				30		

考核时间： 年 月 日 考评教师签名：__________

任务十二　客房中木制家具的清洁保养

定期进行家具打蜡对于保持家具的光泽度、维护和保养家具非常重要。家具打蜡的关键是要做好准备工作，如准备干净的抹布，去除污渍，将家具上包裹织物的部分遮盖好。

◇ 任务指导

任务名称	客房中木制家具的清洁保养	学时	0.5
任务目标	掌握木制家具的保养方法与操作规范		
任务要求	① 正确选择、使用家具打蜡所需的工具及蜡材 ② 正确掌握家具打蜡的程序 ③ 动作熟练、规范 ④ 蜡层均匀、光亮 ⑤ 家具表面整洁 ⑥ 在 5min 内完成操作		
任务准备	木制家具		
学习方法	讲解、示范、实际操作		

◇ 任务流程

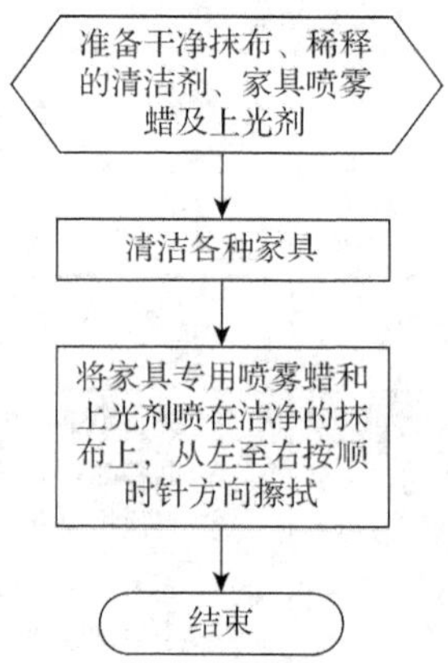

◇ 任务内容

程序/项目	标准
1．准备工作	准备好所需的干净抹布、稀释的清洁剂、家具喷雾蜡及上光剂
2．清洁家具	① 木制家具和床板： a．通常木制家具和床板上所沾的灰尘用湿抹布擦拭即可 b．如果有污垢，可用抹布蘸热水反复擦拭

续表

程序/项目	标准
2．清洁家具	c．如果特别脏，可将适量多功能清洁剂喷在所需清洁的家具上；从左至右按顺时针方向擦拭；擦净污垢后再用干净的湿抹布擦拭一遍，以去除家具上残留的清洁剂 ② 由织物包裹的床板： a．一般污渍可先用抹布蘸热水擦拭，待干后查看污渍是否已经清除 b．若未能清除，则通知房务中心联系 PA（public area，公共区域）部门派员工清洗 ③ 椅子、凳子、沙发等：如有污渍，可通知房务中心联系 PA 部门派员工清洗
3．打蜡	① 为了更美观并延长家具的使用寿命，需要定期给木制家具上光 ② 将家具专用喷雾蜡和上光剂喷在洁净的抹布上 ③ 从左至右按顺时针方向擦拭 ④ 使家具表面整洁无尘及无任何污迹
注意事项	注意家具上光要均匀，避免擦花后变成一块一块的不美观区域

◇ 任务测试

班级：__________　　姓名：__________　　时间：__________

序号	考核内容	考核要点	评分标准	配分	扣分	得分
1	准备工作	准备干净的抹布、稀释的清洁剂及家具喷雾蜡、上光剂	① 抹布不干净扣 3 分 ② 准备的物品每少一项扣 3 分 ③ 其他扣 4 分	10		
2	清洁家具	① 清洁木制家具和床板 ② 清洁由织物包裹的床板 ③ 清洁椅子、凳子、沙发等	① 打蜡前未清洁家具扣 4 分 ② 清洁家具不彻底扣 2 分 ③ 其他扣 4 分	10		
3	打蜡	① 将家具专用喷雾蜡、上光剂喷在干净抹布上 ② 从左至右按顺时针方向擦拭 ③ 家具表面整洁无尘、无污迹	① 将喷雾蜡和上光剂直接喷在家具上扣 3 分 ② 擦拭方法不正确扣 3 分 ③ 家具没有擦拭光亮扣 2 分 ④ 其他扣 2 分	10		
共计				30		

考核时间：　　年　　月　　日　　　　考评教师签名：__________

任务十三　客房中金属材质物品的清洁保养

不锈钢设备和铜器在酒店得到了普遍的应用，它们给酒店增添了富丽堂皇的色彩。不锈钢设备和铜器必须每天清洁保养一次，同时使用专门的清洁剂和擦亮剂，以保持其光亮的色泽。

◇ 任务指导

任务名称	客房中金属材质物品的清洁保养	学时	1
任务目标	掌握金属材质物品的保养标准和操作要求		
任务要求	掌握不锈钢设备和铜器清洁保养的要点及步骤，做到： ① 操作方法正确、动作熟练 ② 铜器要擦拭得发光、发亮 ③ 擦拭一件铜器必须在5min内完成操作		
任务准备	专用抹布、铜油、不锈钢油、无毛干抹布、房内铜器（如门把手、铜牌等）		
学习方法	由教师讲解与示范，然后学生分别进行实际操作		

◇ 任务流程

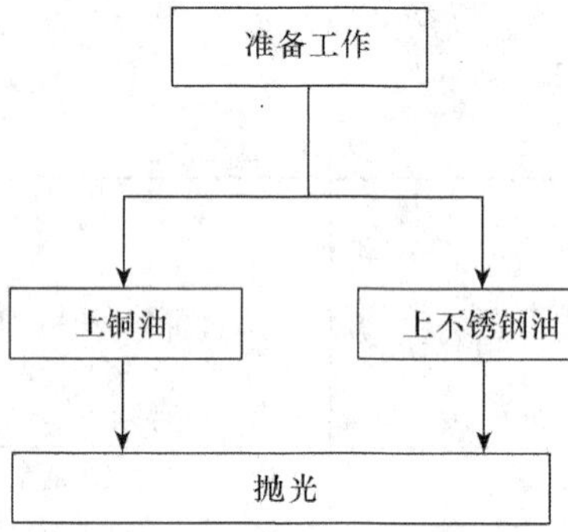

◇ 任务内容

程序/项目	标准
1．准备工作	① 准备专用抹布、铜油、不锈钢油等 ② 移开铜器或不锈钢器具旁边的家具等物品，不能移动的用废布遮盖，避免被污染
2．上铜油	① 倒铜油前将铜油上下摇晃均匀 ② 打开盖子，将专用抹布盖在瓶口压紧，倒转瓶身使抹布蘸上铜油 ③ 铜油倒的量要适当，避免外流 ④ 用蘸有铜油的抹布在铜器上来回揩擦至物品表面出现黑色 ⑤ 特别脏污处，可多蘸点铜油，稍等一会儿，增强去污力 ⑥ 接缝或雕花部分，可用牙刷蘸铜油处理
3．上不锈钢油	① 将不锈钢油均匀喷洒在干抹布的表面 ② 将蘸了不锈钢油的抹布在不锈钢制品表面上下揩擦 ③ 具体操作可参照上铜油的过程
4．抛光	① 对于铜器，用于抹布来回揩擦黑色表面直至金黄发亮 ② 对于不锈钢制品，用干抹布揩擦至不锈钢表面光亮、无手印并有自然的顺线条
注意事项	① 擦拭金属制品时不可用湿抹布，不然会造成氧化 ② 擦拭过程中要注意不能将铜油渍留在表面，或沾到其他物品上 ③ 擦拭不锈钢制品时，要避免使用粗糙磨料

◇ 任务测试

班级：__________ 姓名：__________ 时间：__________

<table>
<tr><th>序号</th><th>考核内容</th><th>考核要点</th><th>评分标准</th><th>配分</th><th>扣分</th><th>得分</th></tr>
<tr><td>1</td><td>准备工作</td><td>① 准备好专用抹布和清洁剂
② 移开铜器或不锈钢器具旁边的家具等物品，不能移动的用废布遮盖</td><td>① 专用抹布和清洁剂准备不当扣 2 分
② 未对周边物品作防护措施的扣 3 分
③ 其他扣 5 分</td><td>10</td><td></td><td></td></tr>
<tr><td rowspan="2">2</td><td rowspan="2">上铜油（不锈钢油）</td><td>① 倒铜油前要摇匀铜油
② 倒的过程中要避免铜油太多沾到其他物品
③ 根据具体情况决定铜油的用量
④ 擦至铜器发黑</td><td>① 铜油未摇匀扣 1 分
② 铜油太多，掉 1 滴扣 1 分，不超过 6 分
③ 上铜油时未擦至铜器发黑扣 3 分</td><td rowspan="2">10</td><td rowspan="2"></td><td rowspan="2"></td></tr>
<tr><td>铜制品擦拭铜油，不锈钢制品擦拭不锈钢油</td><td>上不锈钢油同上</td></tr>
<tr><td>3</td><td>抛光</td><td>用干抹布擦拭表面直至发亮</td><td>① 金属表面还没发亮扣 2 分
② 表面有指纹或抛光剂残余扣 2 分
③ 接缝或雕花部分与表面亮度不一扣 3 分
④ 其他扣 3 分</td><td>10</td><td></td><td></td></tr>
<tr><td colspan="4">共计</td><td>30</td><td></td><td></td></tr>
</table>

考核时间： 年 月 日 考评教师签名：__________

任务十四 镜面清洁

客房区域清洁镜面工作是一项经常性的卫生工作，它保证了客房设施设备的清洁美观。清洁时应注意使用专门的玻璃清洁剂和工具，并按操作规范和动作要领进行。

◇ 任务指导

<table>
<tr><td>任务名称</td><td>镜面清洁</td><td>学时</td><td>0.5</td></tr>
<tr><td>任务目标</td><td colspan="3">掌握镜面清洁的标准与操作规范</td></tr>
<tr><td>任务要求</td><td colspan="3">掌握镜面清洁的程序，动作熟练、规范</td></tr>
<tr><td>任务准备</td><td colspan="3">单面刀片、刷子、玻璃刮擦器、抹布、清洁药水</td></tr>
<tr><td>学习方法</td><td colspan="3">讲解、示范、实际操作</td></tr>
</table>

◇ 任务流程

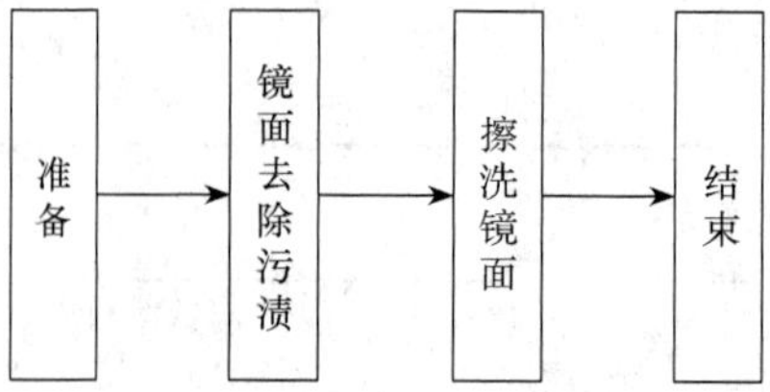

◇ 任务内容

程序/项目	标准
1．工作前准备	准备单面刀片、刷子、玻璃刮擦器、抹布等清洁工具及清洁药水
2．镜面去污	使用单面刀片与镜面呈 30°，轻轻铲除或刮除镜面上的大污渍和建筑痕迹
3．镜面擦洗	① 用刷子蘸少许清洁药水从左到右在镜子表面污渍处轻轻刮擦 ② 用抹布蘸热水将镜子表面的药水擦干净 ③ 用干抹布将镜子表面擦干 ④ 另用干净抹布将镜子表面擦亮
注意事项	① 可用镜子/玻璃刮擦器刮擦 ② 确保镜子表面无水渍、无污渍 ③ 清洁镜框、镜架，确保无灰尘、无污渍 ④ 对于镀铬镜框、镜架，必须确保无手印、无水渍

◇ 任务测试

班级：＿＿＿＿＿＿　　姓名：＿＿＿＿＿　　时间：＿＿＿＿＿＿

序号	考核内容	考核要点	评分标准	配分	扣分	得分
1	工作前准备	准备清洁工具、清洁药水	未按规定准备清洁工具和清洁药水扣 5 分	5		
2	镜面去污	去除镜面表面上的大污渍和建筑痕迹	① 镜面上有明显污渍痕迹扣 3 分 ② 使用错误方法在镜面上去渍造成刮痕扣 5 分 ③ 其他扣 2 分	10		
3	镜面擦洗	镜面擦洗	① 镜面不光亮扣 5 分 ② 其他扣 5 分	10		
共计				25		

考核时间：　　年　　月　　日　　　　考评教师签名：＿＿＿＿＿＿

任务十五　床 垫 维 护

客房床垫是顾客睡眠所需的重要设备，床垫的维护是一项经常性的设备维护工作。这项工作一般在客房的计划卫生中实施。

◇ 任务指导

任务名称	床垫维护	学时	0.5
任务目标	掌握床垫的保养方法		
任务要求	掌握床垫维护保养的方法和操作程序		
任务准备	床架、床垫、号码等		
学习方法	讲解、示范、实际操作		

◇ 任务流程

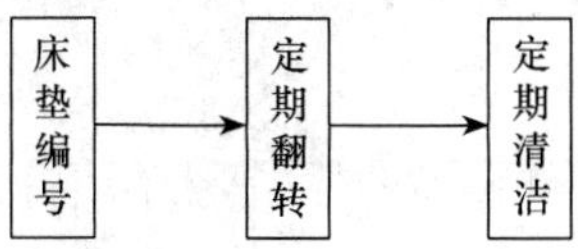

◇ 任务内容

程序/项目	标准
1．编号	① 将床垫的正反两面编上号码 ② 在床头、床尾分别用 1、2、3、4 号注明，单号数 1、3 在正面，双号数 2、4 在反面
2．翻床垫	① 第 1 个月将 1 号字放置在床尾，使 2 号字在床头 ② 第 2 个月将床垫从床头向床尾调转 180°，使 2 号字在床尾，1 号字在床头 ③ 第 3 个月将床垫的正反面翻转，使 3 号字在床尾，4 号字在床头 ④ 第 4 个月将床垫从床头向床尾调转 180°，使 4 号字在床尾，3 号字在床头 ⑤ 第 5 个月将床垫的正反面翻转，重新使 1 号字在床尾，2 号字在床头
3．定期清洁	① 定期吸尘 ② 定期去污
注意事项	① 床垫上的号码不得随意更改 ② 定期调整的目的是避免床垫有局部凹陷，使床垫不至于因一个位置被长时间使用而变形 ③ 有一些酒店是通过床垫上的商标进行定位，确定周期“调头”与“翻身”的。例如，第一季度 1、2、3 月份商标正面朝上，在床尾；第二季度 4、5、6 月份商标正面朝上，在床头；第三季度 7、8、9 月份商标正面朝下，在床头；第四季度 10、11、12 月份商标正面朝下，在床尾 ④ 在翻动时，用手动吸尘器清洁吸尘，这样可使床垫各处的压力和磨损相同，保持平整完好，延长使用寿命

任务十六 地毯除渍

地毯平时的维护保养任务非常艰巨，因为地毯上很容易沾染污渍，而一旦污渍处理不及时，就很难清除，严重影响客房环境的卫生和美观。因此，客房服务员要学会辨别不同的污渍，有针对性地使用不同的清洁剂和清洁方式及时去除污渍。

◇ 任务指导

任务名称	地毯除渍	学时	1
任务目标	掌握地毯除渍的方法与清洁剂的使用方法		
任务要求	① 按照标准程序进行实训 ② 根据污渍的种类及程度选择正确的清洁工具和清洁剂 ③ 必须在5min内保质保量地完成操作		
任务准备	干布、清洁剂、海绵、地毯（可准备一块30cm×30cm、有污渍的地毯）		
学习方法	讲解、示范、实训操作		

◇ 任务流程

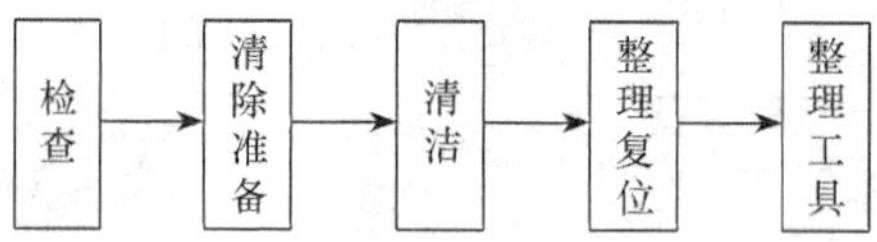

◇ 任务内容

程序/项目	标准
1．检查	检查地毯污渍面积及污渍的种类
2．清除准备	① 根据污渍的种类选择相应的清洁工具 ② 根据污渍的轻重程度配制清洁剂溶液
3．清洁	① 将稀释的清洁剂均匀地喷洒在地毯表层 ② 用刷子从外向里对污渍进行旋刷，注意不要污及其他表面 ③ 用干抹布吸去污水 ④ 在洗刷处喷上清水，吸干，以免污物残留 ⑤ 用吹风机吹干或开大空调风干
4．整理复位	待地毯干后，用软毛刷或吸尘器将地毯吸干并刷平
5．整理工具	将工具用品收拾好，并根据情况对清洁处进行必要的维护

◇ 任务测试

班级：__________　　　　姓名：__________　　　　时间：__________

序号	考核内容	考核要点	评分标准	配分	扣分	得分
1	检查	检查地毯污渍面积及污渍的种类	污渍种类判断不正确扣0.5分	0.5		
2	清除准备	① 根据污渍的种类选择相应的清洁工具 ② 根据污渍的轻重程度配制清洁剂溶液	① 清洁工具选择不正确扣0.5分 ② 清洁剂选择不正确扣0.5分 ③ 清洁剂稀释不正确扣0.5分	1.5		

续表

序号	考核内容	考核要点	评分标准	配分	扣分	得分
3	清洁	将稀释的清洁剂均匀地喷洒在地毯表层	清洁剂喷洒不均匀扣 1 分	1		
		用刷子从外向里对污渍进行旋刷，注意不要污及其他表面	① 刷子旋刷的方法不对扣 0.5 分 ② 刷子旋刷轻重不匀扣 0.5 分	1		
		用干抹布吸去污水	污水没有吸干扣 1 分	1		
		在洗刷处喷上清水，吸干，以免污渍残留	① 清水没有把污物洗涤干净扣1分 ② 有污渍残留扣 1 分	2		
		用吹风机吹干或开大空调风干	没有做烘干处理扣 1 分	1		
4	整理复位	待地毯干后，用软毛刷或吸尘器将地毯吸干并刷平	① 地毯没有干透就进行下一步的工作扣 0.5 分 ② 软毛刷或吸尘器运用不到位扣 0.5 分	1		
5	整理工具	将工具用品收拾好，并根据情况对清洁处做必要的维护	① 地毯上有清洁剂遗留扣 0.5 分 ② 地毯上有清洁器具遗留扣 0.5 分	1		
6	时间	5min 内完成。每超时 20s 扣 1 分				
共计				10		

考核时间：　　年　　月　　日　　　　　　　　　　考评教师签名：＿＿＿＿＿＿

注意：地毯除渍的考核可根据“任务指导”中的内容进行准备。要求学生在 5min 内及时吹干。关键要掌握三个要领：①彻底刮除污渍，用海绵块蘸上清洁剂溶液擦拭；②用干布吸干污水；③根据污渍种类（如番茄酱渍、可乐渍、口红渍、蜡渍等）灵活采用不同的污渍处理方法。

【相关知识】

1. 地毯的种类与特点

地毯主要有纯毛地毯、混纺地毯、化纤地毯和塑料地毯四种。不同种类的地毯有不同的特点。纯毛地毯好看、弹性强、耐用、便于清洁，但价格较高。混纺地毯具有纯毛地毯质感舒适的特点，价格又低于纯毛地毯。化纤地毯外表与触感均像纯毛地毯，阻燃、耐磨，且价格低廉。塑料地毯则质地柔软、耐用、可用水冲洗。

选用地毯首先要考虑与酒店的等级、客房的档次相一致；其次要在材质和色彩上下功夫，体现装饰艺术效果，使客人进入房间有一种舒适、安宁的感受；最后要考虑不同的场所。客房宜选用柔软、富有弹性、保暖、触感好的较高档次的纯毛地毯或混纺地毯，色彩最好采用中性色调，图案的构图应力求平衡、大方、淡雅。太花太杂或过于强烈的色彩和图样不宜采用。

2. 地毯污点清除的常用方法

地毯污点清除的常用方法如表 1.8 所示。

表 1.8 地毯污点清除的常用方法

常见污渍	处理方法
泥巴	① 让泥巴自然干燥 ② 用刷子轻轻擦拂 ③ 成碎末后用吸尘器吸净
口香糖	① 用塑胶袋包住冰块将口香糖冷却，使其变硬、凝固 ② 用钝刀片刮除或碾碎后用吸尘器吸除
血渍	① 用餐巾纸擦去血渍 ② 倒些冷水后用干布吸干 ③ 待干后再倒些冷水再吸干，如此反复多次 ④ 干后用刷子刷地毯表面
油漆、颜料	① 用餐巾纸把油漆吸干 ② 以湿布蘸树脂油擦拭，再用清水清洗 ③ 干后用刷子刷地毯表面
焦痕	用刀片将烧焦部分刮除即可；若焦痕较明显，则应请外包商修补
呕吐物或大小便	① 先将脏物清除，以免扩散 ② 用废干布吸干水分 ③ 用冷水清洗后吸干，可加点白醋促进挥发，反复多次，直到没有脏物痕迹与气味为止 ④ 适当喷洒一点空气清新剂 ⑤ 若面积较大，无法立即清除，则可请求外包商处理
橙汁、咖啡、酱油、茶等	① 用废干布或餐巾纸吸干有色液体，尽量控制污染面积 ② 用清水清洗后吸干，再度稀释 ③ 用苏打水配合牙刷清洗 ④ 再用清水清洗，吸干 ⑤ 范围较大可求助外包商
碎玻璃	① 可先用胶带在碎片部位粘一遍 ② 再撒些饭粒，用扫帚清扫 ③ 然后用吸尘器吸，务必使玻璃碎片全部清除干净

任务十七 清洁剂的使用

清洁剂是客房常用的物品，客房区域清洁是一项经常性的卫生工作。它保证了客房设施设备的清洁美观。清洁剂种类繁多，使用清洁剂应使用专门的工具，按操作规范和动作要领进行。

◇ 任务指导

任务名称	清洁剂的使用	学时	2
任务目标	掌握清洁剂的性能与使用要求		
任务要求	① 熟悉清洁剂的性能 ② 能迅速区分不同性能的清洁剂		

续表

任务准备	各种清洁剂各一瓶
学习方法	讲解、示范、实训操作

◇ 任务流程

观察 → 识别 → 使用 → 存放

◇ 任务内容

程序/项目	标准
1. 酸性清洁剂	主要用于卫生间的清洁。酸具有一定的杀菌除臭功效，能中和尿碱、水泥等顽固污垢。酸性清洁剂具有一定的腐蚀性，使用不当会对使用者的肌肤及物品的表面造成损伤，所以在使用前通常要进行稀释，并用清水漂洗。常见的有含柠檬酸、醋酸、盐酸、草酸、硫酸等成分的恭桶清洁剂、洁厕剂、消毒剂等
2. 碱性清洁剂	对于清除油脂类脏垢和酸性污垢有较好效果，但在使用前应稀释，用后应用清水漂清，否则时间长了会损坏被清洁物品的表面
3. 中性清洁剂	主要用于日常轻度水溶性和油溶性污垢。配方温和，不腐蚀和损伤任何物品，具有除污保洁的功效。种类包括多功能清洁剂，中性、全能清洁剂，全能消毒水，玻璃清洁剂，地毯水等
4. 溶剂	溶剂为挥发性液体，广泛用于干洗和局部除渍，能有效地清除怕水物品上的油脂和蜡剂，常用的溶剂有四氯乙烯、三氯乙烯、专业酒精、松节油、汽油、香蕉水
注意事项	① 必须使用正确的浓度。每种清洁剂都有发挥本身最大清洁效果的适当浓度，若稀释倍率过高，则保洁效果减弱；如果浓度过高，不仅不能达到去污的良好效果，反而可能损坏被清洁物。使用者必须严格按照清洁剂产品使用说明书上的要求正确将清洁剂稀释成合适比例的浓度。稀释清洁剂时，应当用量杯以正确的比例稀释 ② 必要时可用温水稀释。使用者最好选用 40℃左右的温水稀释清洁剂，其清洁剂中表面活性剂的去污作用也是最活跃的，污垢容易被清除 ③ 作业后必须擦洗干净。清洁剂含有酸、碱、有机溶剂等，作业后必须立即用清水冲洗干净或用干擦的方法将清洁剂及残留物去除干净。如果清洁面较长时间留有清洁剂成分，不仅容易黏附污垢，还可能破坏清洁的作业面 ④ 不同的清洁剂不可混用。混用洗涤剂无法提高清洁效果，甚至还会对被清洁物体表面造成损害。最典型的错误就是随意将不同的洗涤剂、消毒剂混合使用。例如，将含氯的消毒水与洗衣液、洗衣粉合用；将漂白剂与含酸的洁厕剂混用，前者碱性，后者酸性，中和之后，清洁作用就被抵消了；将漂白粉与含氨类清洁剂合用，这样做会导致产生氯气，氯气轻则会刺激人的眼、鼻、喉等器官，重则可损伤人的心肺组织，当空气中的氯气含量达到一定浓度时会危及人的生命

◇ 任务测试

班级：__________ 姓名：__________ 时间：__________

序号	考核内容	考核要点	评分标准	配分	得分
1	识别	鉴于颜色和气味辨识各类清洁剂	① 至少能识别 5 种清洁剂，得 9 分 ② 能识别 8 种清洁剂，得 12 分 ③ 能识别 10 种清洁剂，得 15 分	15	

续表

序号	考核内容	考核要点	评分标准	配分	得分
2	使用	针对任何一种清洁剂，知晓其适用范围、使用规范	① 至少能知晓5种清洁剂的适用范围和使用规范，得9分 ② 能知晓8种清洁剂的适用范围和使用规范，得12分 ③ 能知晓 10 种清洁剂的适用范围和使用规范，得15分	15	
共计				30	

考核时间：　　年　　月　　日　　　　　　　　　　考评教师签名：＿＿＿＿＿＿

项 目 小 结

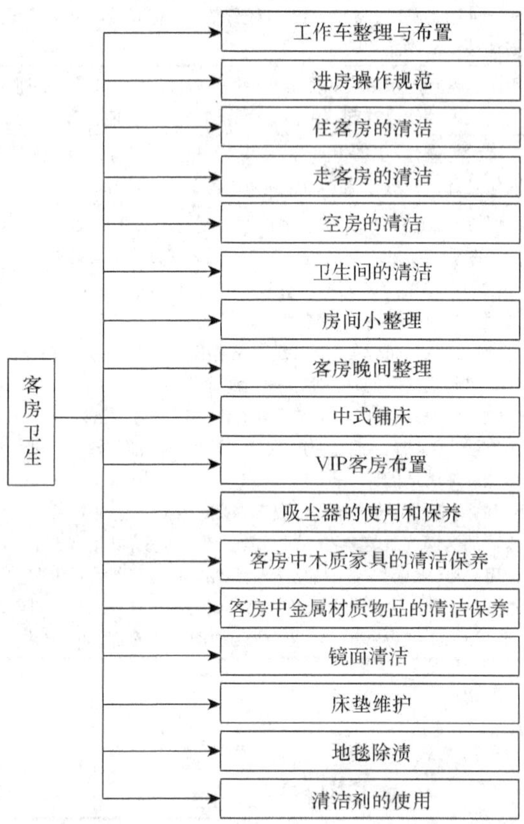

项目二

对客服务

学习目标

1. 了解对客服务项目的设立依据。
2. 掌握对客服务的基本内容。
3. 熟悉优质的对客服务的内涵。
4. 掌握对客服务项目的操作规范。

客房部最重要的任务不仅要做好客房卫生，还要做好对客服务工作。对客服务是指在客人入住过程中提供各种直接的、面对面的服务，以及为满足客人需求而提供的各种服务项目。对客服务要求做到周到、安全、方便、有效。优质的对客服务不仅能满足客人对入住客房的功能需要，也能满足客人的心理需要，它是酒店服务的重要组成部分，在很大程度上体现了酒店的管理水平，也直接影响着客人对酒店的整体评价。

本项目包括 11 个任务，学生通过实训可以全面掌握对客服务整个过程中不同阶段、不同服务内容的技能要求。

任务一　楼层迎宾服务

当客人到达酒店客房区域，楼层迎宾服务是提供客房服务的开始，它不仅构成客人对客房服务的第一印象，也影响着接下来的对客服务。楼层迎宾服务是直接向客人提供面对面的服务过程。因此，客房服务员不仅需要掌握各种间接服务的操作技能，还需要重视对客接待服务能力的提升。因为迎宾服务直接面对的是具有不同特点和需要的客人，所以要求客房服务员具有更强的灵活性和应变能力。在该项任务的学习与掌握中应特别注意这一点。

◇ 任务指导

任务名称	楼层迎宾服务	学时	2
任务目标	掌握楼层迎宾服务的内容与接待流程		
任务要求	掌握客人抵店时引领带房的程序、标准和操作要领		
任务准备	① 实训场地：楼层服务台、客房 ② 行李若干件、钥匙 ③ 模拟客人		
学习方法	讲解、示范、实际操作、情景模拟		

◇ 任务流程

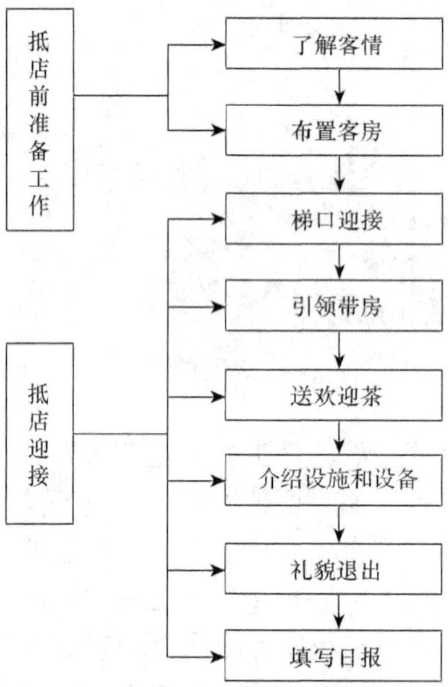

◇ 任务内容

程序/项目	标准
1．梯口迎接	① 以规范的仪表和站姿站立在服务台或梯口 ② 当客人出梯厢时，面带微笑，热情问候：“您好！欢迎光临。” ③ 主动向客人询问房号，并帮助客人提拿行李
2．引领带房	① 引领客人时应走在客人的左前方或右前方两三步的位置，手势示意前行方向 ② 到门口时告诉客人：“您的房间到了，请稍候。” ③ 按进房规范敲门确认房内无人 ④ 迅速开门，并侧身站立门外，请客人先进房 ⑤ 进房后放置好客人的行李
3．介绍设施和设备	① 询问客人是否需要介绍酒店的设施和设备情况 ② 简洁而准确地介绍酒店的主要设施和设备

续表

程序/项目	标准
4．礼貌退出	① 询问客人是否有其他需要，并对客人提出的问题进行解答 ② 通报自己或客房服务的联系电话；向客人示意如有需要随时愿意向客人提供服务 ③ 向客人致意后，面向客房轻轻关上房门，礼貌地离开客房
注意事项	① 辨别客人是第一次入住酒店还是常客，以提供灵活而有针对性的服务 ② 介绍设施和设备时要注意观察客人的反应，不应滔滔不绝，不考虑客人的感受 ③ 如果客人没有特殊要求，介绍时就应尽可能简明扼要

◇ 任务测试

班级：__________ 姓名：__________ 时间：__________

序号	考核内容	考核要点	评分标准	配分	扣分	得分
1	梯口迎接	① 考核形式：情景模拟 ② 仪容、仪表和仪态 ③ 主动问候、热情服务 ④ 主动帮助客人	① 以规范的仪表和站姿站立在服务台或梯口（3 分） ② 当客人出梯厢时，面带微笑，热情问候："您好，欢迎光临。"（5 分） ③ 主动询问客人房号，并帮助客人提拿行李（2 分） ④ 着装规范，面带笑容（10 分）	20		
2	引领带房	① 引领规范，大方得体 ② 进房规范	① 引领客人时应走在客人的左前方或右前方两三步的位置，手势示意前行方向（5 分） ② 到门口时告诉客人："您的房间到了，请稍候。"（5 分） ③ 按进房规范敲门确认房内无人（5 分） ④ 迅速开门，并侧身站立门外，请客人先进房（3 分） ⑤ 进房后放置好客人的行李（2 分）	20		
3	介绍设施和设备	① 根据客人的情况进行设施和设备介绍，注意介绍时要随时观察客人的反应和需要，与客人及时交流，做到服务灵活 ② 语言表达自然、流利，普通话标准	① 询问客人是否需要介绍酒店的设施和设备情况（5 分） ② 简洁而准确地介绍酒店的主要设施和设备（15 分） ③ 语言表达准确、得体、自然、流利（10 分）	30		
4	礼貌退出	① 礼貌回答客人的提问 ② 掌握客房服务员必需的知识，如当地交通、旅游景点，以及酒店设施、客房设备等	① 询问客人是否有其他需要，并对客人提出的问题进行解答（5 分） ② 通报自己或客房服务的联系电话；向客人示意如有需要随时愿意向客人提供服务（5 分） ③ 向客人致意后，面向客房轻轻关上房门，礼貌地离开客房（10 分）	20		
5	应变能力	个人在整个过程中的表现	① 明显带有死记硬背的痕迹（扣 10 分） ② 表达和表现过程中不注意与客人交流，无视客人的需要（扣 10 分）	20		
共计				100		

考核时间：　　年　　月　　日　　　　考评教师签名：__________

【辅助学习】

对客服务项目设立的依据

客房部在设立对客服务项目时，要考虑诸多方面的因素，主要包括以下几个方面。

1. 国家标准和行业标准

国家标准和行业标准既是评定某一酒店是否符合其星级要求的主要标准，又是各酒店客房部在设立服务项目时考虑的最主要因素。

2. 国际惯例

标准化是指在经济、技术、科学和管理等社会实践中，对重复性的事物和概念，通过制定、发布和实施标准达到统一规范，以获得最佳秩序和社会效益。目前，我国酒店行业中实施的《旅游饭店星级的划分与评定》（GB/T 14308—2023）为国家标准，而行业标准有《星级饭店客房用品质量与配备要求》（LB/T 003—1996）、《旅游饭店用公共信息图形符号》（LB/T 001—1995）等。因此，酒店是否符合相应的星级要求，要想纳入评定体系范畴就必须参照标准，把标准作为酒店设立客房服务项目时的重要依据。

3. 本酒店客源市场的需求

满足客人的需求应始终是酒店努力的方向。酒店的类型不同，客源市场也不同，因此不同的客源市场对客房服务有不同的要求。在一些以接待国内会议为主的酒店，客人普遍有午休的习惯，因此，早晨的客房清扫、下午的客房小整理就会受到客人的喜欢；在一些以接待首长为主的酒店，“客到、茶到、毛巾到”的服务就显得非常重要，而对于大部分商务酒店来说，则可以省去这些服务。

4. 其他因素

其他因素也会对客房服务项目的设立及其具体的服务内容有一定的影响。这些因素有酒店的类型、硬件条件、房价、成本费用及劳动力市场等。

任务二 VIP 客人接待服务

VIP 客人是指有较高身份地位或因各种原因对酒店有较大影响力的客人，酒店对这些住店客人给予较高的礼遇接待。通过“VIP 客人接待服务”任务训练，学生需要了解 VIP 客人接待的相关知识，掌握客房服务环节中的从 VIP 客人抵店前的准备、客房布置、入住接待，到 VIP 客人离店送别的一个完整过程的服务内容和操作标准。

◇ 任务指导

任务名称	VIP 客人接待服务	学时	2
任务目标	掌握 VIP 客人接待的服务内容和操作标准		
任务要求	掌握客人抵店时引领带房的程序、标准和操作要领		
任务准备	① 实训场地（建议在全真的实训环境中进行） ② 茶具、香巾、水果、名片、鲜花（已造型）等 ③ VIP 客人接待通知书、总经理欢迎信 ④ 模拟客人及大堂副理、主管、领班、接待服务员的角色		
学习方法	讲解、示范、小组情景模拟、实际操作		

◇ 任务流程

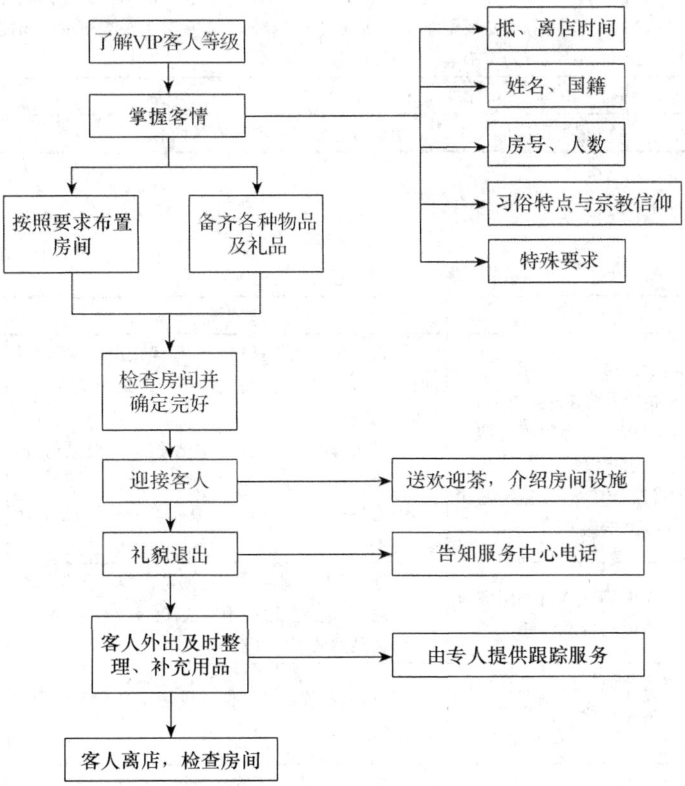

◇ 任务内容

程序/项目	标准
1．抵达前的准备工作	① 根据 VIP 客人接待通知单了解 VIP 等级 ② 房务中心接到 VIP 客人接待通知单以后确认房号，抵达时间、人数，习俗特点与宗教信仰，是否有特殊要求等 ③ 行政管家和楼层主管落实接待各项工作和注意事项 ④ 领班应立即派优秀服务员做好 VIP 客房的清洁准备工作 ⑤ 服务员在接受工作后对 VIP 客房做好彻底的清洁工作，并准备好相应的茶具及香巾

续表

程序/项目	标准
2. 布置房间	客房服务员根据 VIP 客人接待的服务内容和操作标准布置房间，备齐各种物品、礼品。（实训内容及要求参见项目一任务十“VIP 客房布置”）
3. 检查房间	① 服务员做好 VIP 客房布置工作后，领班必须对房间进行检查 ② 由主管对 VIP 客房再次进行检查 ③ 由房务中心将检查结果报大堂副理
4. 抵达迎接	① 根据接待规格，由部门经理、部门主管、领班等到电梯口迎接等候 ② 大堂副理或其他管理人员引领 VIP 客人进入房间 ③ 楼层领班或服务员及时做好端茶送巾服务 ④ 楼层领班或服务员向 VIP 客人介绍房间设施与服务，并告知服务中心电话 ⑤ 向 VIP 客人致意，面向 VIP 客人微笑退出房间
5. VIP 客人住宿期间	① 房务中心要特别留意 VIP 客人的电话 ② 服务员与领班特别注意 VIP 客房的卫生，当 VIP 客人外出时及时进房整理、补充用品 ③ 房务中心要留意 VIP 客人的洗衣要求，不管有无快洗要求，均按快洗处理 ④ 注意为 VIP 客人更换或添加水果
6. VIP 客人离店	VIP 客人退房离店后检查房间
注意事项	根据不同的 VIP 客人等级确定接待标准和服务内容

◇ 任务测试

班级：__________ 姓名：__________ 时间：__________

序号	考核内容	考核要点	评分标准	配分	扣分	得分
1	抵达前的准备工作	① 以 3～4 人为一组，事先在教师指导下准备好接待用品，如插花、模拟总经理欢迎信、水果篮或水果盘等 ② 根据 VIP 客人接待通知单了解 VIP 等级	① 根据 VIP 客人接待通知单确认房号，抵达时间、人数，习俗特点与宗教信仰，是否有特殊要求等（3 分） ② 准备总经理欢迎信（由小组事先模拟制作）（3 分） ③ 准备茶具、香巾、水果（若干品种）、名片等（4 分）	10		
2	布置房间	根据 VIP 客人接待的服务内容与操作标准布置客房	① 根据 VIP 客人接待的服务内容与操作标准进行客房布置，但时间不宜长（5 分） ② 物品摆放正确（5 分）	10		
3	检查房间	由本组其他学生模拟领班在 10min 内完成检查，并记录检查结果	检查房间布置是否到位，设备及卫生情况是否良好（10 分）	10		
4	抵达迎接	由本组学生分别扮演 VIP 客人和服务人员进行现场的情景模拟。注意尽可能在真实环境中完成	① 规范站立在梯口迎接等候（4 分） ② 主动问候、热情接待，并引领 VIP 客人进入房间（4 分） ③ 端茶送巾服务（4 分） ④ 介绍房间设施与服务，并告知服务中心电话（4 分） ⑤ 向 VIP 客人致意，面向 VIP 客人微笑退出房间（4 分）	20		
共计				50		

考核时间： 年 月 日 考评教师签名：__________

【相关知识】

VIP 客人接待涉及酒店不同部门的许多环节。要做到准确、周到、高效、高品质地完成接待服务，首先必须加强沟通，通过“VIP 客人接待通知书”（图 2.1）确保各服务环节对客人的基本情况、接待规格和服务要求的准确了解，并根据它来组织安排服务人员和服务工作。

VIP 客人接待通知书

姓名	国籍	身份	到达时间及航班、车次	离店时间及航班、车次	安排房号	陪同姓名	房号

接待规格：

1．迎送　A．大堂副理□　B．部门经理□

　　C．副总经理□　D．总经理□

2．入住　A．总台登记□　B．客房登记□

　　C．陪同登记□　D．团体迎候□

3．看望　A．大堂副理□　B．部门经理□

　　C．总经理□

4．鲜花　A．花束□　B．花篮□

5．水果　A．果盘□　B．果篮□

6．饮料　A．一次性□　B．折扣□

　　C．全免□　D．每天□

7．点心　A．巧克力□　B．蛋糕　一般□　生日□

8．用车　A．折扣□　B．全免□　C．专车□

9．用餐　A．标准收费____元　B．优惠收费____%

　　C．全免□　早餐____元　午餐____元　晚餐____元

　　D．专座□

10．用房　A．折扣□____%　B．套房□　C．全免□

11．其他

接待人：　检查时间：

填表人：　批准人：　日期：

图 2.1　VIP 客人接待通知书

【辅助学习】

对客服务的程序与主要内容

根据客人在酒店的活动规律，对客服务的完整过程包含四个阶段，即客人抵店前的准备工作、客人抵店时的迎接服务、客人入住过程中的日常服务和客人离店送别服务。

1. 客人抵店前的准备工作

客人抵店前的准备工作一定要充分、周密，要求做到：①认真了解客人情况。楼层服务台接到总台传来的接待通知单后，应详细了解客人的人数、国籍、抵离店时间、宗教信仰、风俗习惯和接待单位对客人生活标准的要求、付费方式、活动日程等信息，做到情况明、任务清。②布置好房间。要根据客人的风俗习惯、生活特点和接待规格，调整家具设备，配备齐日用品，补充小冰箱的食品饮料。对客人宗教信仰方面忌讳的用品要暂时撤换，以示对客人的尊重。同时，还要对室内家具、水电设备及门锁等再次进行全面检查，发现有损坏失效的，要及时保修更换。

2. 客人抵店时的迎接服务

客人抵店时的迎接服务的主要程序和内容：①梯口迎接。在客人乘电梯上楼进房间时主动而热情地问候。②分送行李。此处主要是指团体客人的行李。楼层服务员负责协助行李员将客人行李分送进房。③引领带房。了解客人的房号，帮助客人提拿行李，引领客人到客房并帮助客人开门请客人入住。④端水送巾。对入住客人及时送茶水、饮料或香巾。⑤介绍设施和设备。对房内设施情况，设备的使用方法进行介绍。

对客迎接服务具有很大的灵活性，通常不同的酒店会根据客人的不同接待规格和特殊要求进行有针对性的设置。此外，在不设置楼层服务台的酒店，普通客人的入住迎接服务一般由行李员完成。

3. 客人入住过程中的日常服务

客人入住的日常服务工作量大、涉及面广，是对客服务质量的关键环节。日常服务的主要内容包括客房卫生清洁服务、洗衣服务、微型酒吧服务、叫醒服务、租借物品服务、留言服务、客房用餐服务、访客接待服务、擦鞋服务、托婴服务等。如今，越来越多的酒店设置了具有个性化、针对性的对客服务项目，如四季、万豪、君悦等国际著名品牌酒店向客人提供 24h 贴身管家服务。

4. 客人离店送别服务

客人离店送别服务是最后一个对客服务阶段，其主要程序和内容：①行前准备工作。服务员应掌握客人离店的准确时间，检查交办的事是否完成，要主动询问客人意见，提醒客人收拾好行李物品并仔细检查，不要遗忘在房间。②送别。客人离房时要送到电梯口并热情道别。对老弱病残客人，要护送下楼至大门或上车。③善后工作。客人走后，服务员要迅速进房检查是否有客人遗留物品，是否有设备损坏、物品丢失，是否有未入账的酒水饮料等付费卖品。如果发现要根据规定进行及时而妥善的处理。

任务三 洗衣服务

客人在酒店住宿期间，常需要酒店提供洗衣服务，尤其是那些商务客人和入住时间较长的客人。洗衣服务是一项容易引起客人投诉的服务项目。原因主要有两个：一是服务环节多，涉及楼层服务、房务中心、洗衣房的业务，工作衔接容易出错造成服务质量问题；二是客衣种类复杂，客人对洗涤质量的要求又很高，服务过程中容易检查不仔细，采用不正确的洗涤方法，从而对洗涤衣物造成损坏。因此，在洗衣服务过程中只有每个环节、每个岗位的员工都做到规范服务，严格执行操作程序和标准才能有效地避免差错，向客人提供满意的服务。本任务只针对楼层客房服务员的洗衣服务，不涉及洗衣房员工的业务。

◇ 任务指导

任务名称	洗衣服务	学时	2
任务目标	掌握洗衣服务的操作流程与服务内容		
任务要求	掌握收取客衣的程序、标准和操作要领		
任务准备	① 实训场地（建议在模拟客房或全真的实训环境中进行） ② 衣物、洗衣袋、笔、洗衣单、客衣洗涤登记表 ③ 模拟客人与客房服务员的角色		
学习方法	教师讲解、示范；学生进行情景模拟、实际操作		

◇ 任务流程

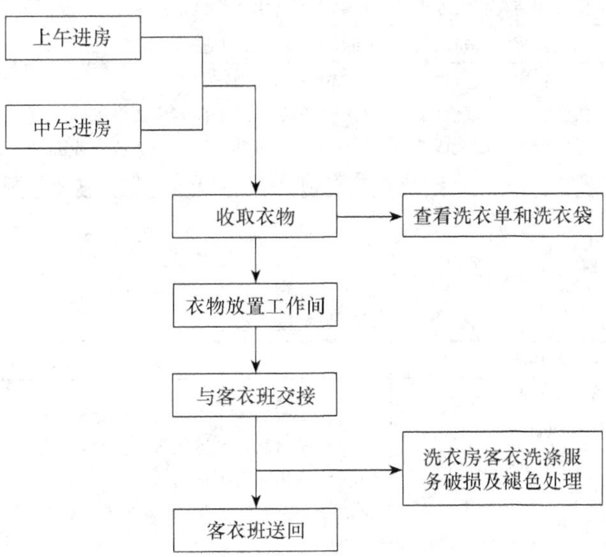

◇ 任务内容

程序/项目	标准
1．收取	① 客房清洁员每天早上 9:30 开始检查当日所清洁的住客房（一般 9:30 检查客人不在房内的住客房，10:30 后检查客人在房内的住客房。客人在不在房内可看工作间内的客房状态灯）。发现门口挂着“请收客衣”牌的房间，可按照进房程序进入客房收取客衣 ② 所有装在洗衣袋内并有洗衣单的客衣，要检查房号是否填写正确，然后将洗衣袋口扎好，送到工作间。同时通知洗衣房收取，并报明楼层 ③ 中午 12:00 前必须到早上未能检查的房间再次收取客衣，然后按②处理 ④ 服务员应把 12:00 前未能收取客衣的“请勿打扰”“双锁”的房间上报房务中心。房务中心文员应做好相关记录 ⑤ 洗衣房员工拿上“客衣洗涤登记表”后上楼层收取。收取时必须与相关服务员共同到楼层工作间，根据实际情况做好签认工作
2．快洗及特殊要求的洗衣服务	① 客人要求快洗或有特殊洗涤要求的客衣，房务中心应通知楼层服务员及时进房收取 ② 按进房程序入房，进房后要用规范的礼貌用语向客人问好，了解清楚客人的洗涤要求，并在洗衣单上注明 ③ 立即通知洗衣房人员前去收取。收取后在“客衣洗涤登记表”上登记 ④ 17:00 以后所有的客衣由服务员直接收取到房务中心，登记后由房务中心文员交给洗衣房
3．破损及褪色处理	① 洗衣房员工发现可能有破损或褪色等其他原因，应书面通知客人，开具客衣确认单 ② 楼层员工发现客人已经签名确认的确认单后，应及时通知房务中心文员做好记录，同时通知洗衣房派人收取
4．送入客房	① 客衣洗好后，由洗衣房员工将洗好的客衣及洗衣袋送至客房 ② 洗衣房员工根据洗衣登记单核对房号后逐包送入客房，并在洗衣登记单上登记，然后将账单交房务中心文员入账 ③ 如遇客房状态为“请勿打扰”，洗衣房员工必须在洗衣登记单上标明，并将未送入房的客衣与楼层中班交接，同时报房务中心做好记录或做好跟进工作 ④ 房务中心员工根据客人要求通知相关服务员将客衣送入房。进房时必须按照进房程序入房 ⑤ 如客人不在房间内，洗衣房员工应把打包的衣服放于行李柜处，挂件挂入衣柜内。注意不要把衣柜门全部关闭 ⑥ 洗衣房将当日洗衣汇总及账单交房务中心，以供入账
5．处理投诉	交洗的客衣如有破损或客人投诉，应及时查明情况，向领班或主管报告后妥善处理
注意事项	① 所有进房必须严格按照进房程序入房 ② 快洗客衣和经确认的客衣由洗衣房员工尽快到客房部员工处收取 ③ 员工个人原因造成的客衣延误收取等情况，客衣的加快服务费用将由员工个人赔付 ④ 员工个人原因造成的房号差错等情况，部门将按照《员工手册》处置

◇ 任务测试

班级：＿＿＿＿＿＿　　　　姓名：＿＿＿＿＿＿　　　　时间：＿＿＿＿＿＿

序号	考核内容	考核要点	评分标准	配分	扣分	得分
1	收取	① 进入客房收取客衣 ② 填写洗衣单 ③ 二次进入客房收取客衣 ④ 处理“请勿打扰”客房的客衣方法	① 进房收取客衣的时间不符合要求扣 2 分 ② 未按进房程序进入客房收取客衣扣 2 分 ③ 洗衣单填写不正确扣 2 分 ④ 遗漏“请勿打扰”客房的交接记录扣 1 分	10		

续表

序号	考核内容	考核要点	评分标准	配分	扣分	得分
1	收取	⑤ 楼层服务员与洗衣房员工客衣交接	⑤ 洗衣房和客房部员工未做好洗衣的交接工作扣 1 分 ⑥ 其他扣 2 分	10		
2	快洗及特殊要求的洗衣服务	① 快洗或特殊要求客衣的收取 ② 17:00 以后所有的客衣的收取	① 未及时收取客人的快洗客衣扣 2 分 ② 未按进房程序入房扣 2 分 ③ 未了解清楚客人的洗涤要求，并在洗衣单上未注明扣 2 分 ④ 未及时通知洗衣房人员前去收取扣 2 分 ⑤ 其他扣 2 分	10		
3	破损及褪色处理	① 有可能破损或褪色的客衣的确认 ② 有可能破损或褪色的客衣的收取	① 发现可能有破损或褪色的客衣未及时与客人确认扣 3 分 ② 未及时通知洗衣房派人收取客衣扣 2 分 ③ 其他扣 5 分	10		
4	送入客房	① 送还洗好的客衣 ② 洗涤费用入客账 ③ 遇“请勿打扰”客房时客衣的送还	① 未及时送还客衣至客房扣 2 分 ② 客衣被送错房间扣 2 分 ③ 送还洗衣后未及时在洗衣登记单上做好登记扣 1 分 ④ 未及时将账单交房务中心文员入账扣 2 分 ⑤ 未做好“请勿打扰”客房的客衣交接工作扣 1 分 ⑥ 其他扣 2 分	10		
5	处理投诉	交洗的客衣如有破损或客人投诉的处理	① 交洗的客衣如有破损或客人投诉未及时查明情况扣 3 分 ② 未及时向领班或主管报告扣 3 分 ③ 其他扣 4 分	10		
共计				50		

考核时间：　　年　　月　　日　　　　　　　　　　考评教师签名：________

【相关知识】

1. 洗衣种类

洗衣服务可分为水洗、干洗、熨烫三种；从时间上可分为正常洗和快洗两种。正常洗多为上午交洗，晚上送回；如为下午交洗，则次日送回。快洗不超过 4h 便可送回，但要加收 50%的加急费。

2. 客衣赔偿

按照国际惯例，酒店方面原因造成衣物缺损，赔偿金额一般以洗涤费用的 10 倍为限。我国洗涤费用便宜，即使按 10 倍赔偿，客人也不满意。所以要求经手员工认真负责，不能出差错，否则会遭到投诉，给酒店造成经济损失和名誉影响。

3. 客衣洗涤登记表

客衣洗涤登记表如表 2.1 所示。

表 2.1　客衣洗涤登记表

日期	房号	件数	收衣时间	收衣人	送衣时间	洗衣房	金额	输单人

4. 衣物洗涤标识

服装销售时一般附有各种洗涤标识，说明洗涤时用什么洗涤剂及洗涤熨烫方法等，其目的是让消费者根据衣物性能合理地进行使用和保管，以期达到较长使用寿命。洗涤标识是人们应该了解的生活常识，而对客房服务员和洗衣房的员工来说更是必须掌握的业务知识。

洗涤标识详见《纺织品维护标签规范符号法》（GB/T 8685—2008）。

【辅助学习】

客房优质服务

目前无论国内还是国外，应采用标准化服务还是个性化服务是一个争论不休的话题，但人们的共识是标准化是基础，个性化是趋势。采用个性化服务还是标准化服务还与酒店的档次有关，中低档酒店倾向标准化服务，高档酒店倾向标准化服务和个性化服务的统一。

1. 标准化服务

对于标准化服务，服务业的经营者和管理专家们虽经过长期的探索，但至今仍缺乏权威性的定义。可能是标准化服务的内容太丰富，无法用几句话来准确概括。一般认为，标准化服务就是最大限度地满足客人的正当需求，为客人提供舒适、洁净的客房，并提供宾至如归的一流服务。

2. 个性化服务

由于住客来自不同的国家和地区，其民族、宗教、风俗习惯等方面有较大差异，又有年龄、性别、文化修养、职业、消费水平等区别，仅靠规范服务不可能充分满足所有客人的要求。酒店是以出售服务为特征的经营性企业，按这一行业的宗旨和信条，客人的要求永远是对的（违反法律的除外），酒店尤其是一流酒店必须千方百计满足客人的各种需求，包括那些偶然的、特殊的需求，让客人满意，使他们成为回头客。

个性化服务通常是指服务员以强烈的服务意识去主动接近、了解客人，设身处地地揣度客人的心理，从而有针对性地提供服务。个性化服务分为两个层次：第一层次是被动的，由客人提出非规范需求；第二层次是主动的，是按工作标准提供的标准化服务。

要达到优质服务水平，酒店员工尤其是一线员工必须有高度的责任心，有强烈的服务意识，处处以客人为重。

任务四 微型酒吧服务

为满足客人在房间享用酒水饮料的需求，同时增加酒店客房收入，中高档酒店的客房必须配备小冰箱或小酒吧，存放一定数量的饮料和干果，供客人自行取用。收费单放在柜面，一式三联，上面注明各种饮料、食品的储存数量和单价，请客人自行填写耗用数量并签名。在小酒吧的服务与管理中，服务员需要按规定认真做好核对、检查、酒水补充等工作。

◇ 任务指导

任务名称	微型酒吧服务	学时	1
任务目标	掌握微型酒吧的布置与退房检查流程		
任务要求	了解微型酒吧服务的内容和标准，会检查、补充酒水		
任务准备	① 实训场地（建议在模拟客房或全真的实训环境中进行） ② 客房微型酒吧、酒水价目表、笔 ③ 模拟客人与客房服务员的角色		
学习方法	讲解、示范、情景模拟、实际操作		

◇ 任务内容

程序/项目	标准
1. 日常检查	① 员工每天清洁房间时必须检查小酒吧的消费情况 ② 发生小酒吧消费后应将使用情况报给房务中心，由房务中心文员开具账单并入账
2. 退房的检查	① 如果前厅结账处通知房务中心某客房退房，房务中心文员必须通知相关员工，由该员工负责查房 ② 早上 7:30 前由房务中心文员负责检查；7:30～8:30 由楼层早班员工负责检查；8:30 以后由相关清洁员负责检查

续表

程序/项目	标准
2．退房的检查	③ 员工查房后，应立即将检查结果通知总台及房务中心，房务中心文员须做好记录 ④ 如发现小酒吧消费，应将消费品名称、数量通知总台入账，同时报房务中心，房务中心文员做好记录后负责跟总台核对 ⑤ 如有其他消费也应将消费品名、数量通知总台入账，同时报房务中心，由房务中心文员做好记录后跟总台核对 ⑥ 如果要求房务中心入账，必须开具杂项入账单；并注明具体发生情况。清洁员清洁后必须将所消耗的物品补入
3．其他检查	① 按保质期定期更换小酒吧的物品；每月确定 3 天为小酒吧检查日 ② 不定期检查洋酒是否挥发，如有挥发应及时更换
4．补充	① 小酒吧内的消耗品必须及时补入 ② 员工根据自己的报账记录填写领用单到房务中心领取所需小酒吧物品
注意事项	① 如果遇到“请勿打扰”“双锁”或无法进入的房间，应及时通知房务中心，由房务中心文员电话联系房内客人以确认是否可以入内，如房内无人接听，房务中心文员须联系大堂副理处理。注意员工不得擅自进入房间 ② 员工在清洁客房时必须查看小酒吧使用情况是否与发生的费用相符，如有不符，应及时通知房务中心，否则该费用由该员工自理。房务中心文员按实际数开具账单，员工到房务中心凭单领取 ③ 如遇到“请勿打扰”“双锁”或无法进入的房间，清洁员未及时查房或由自己的差错造成的逃账，由该员工自赔（一般按进价） ④ 如发现清洁员虚报账目，应及时进行处罚

【相关知识】

星级酒店客房微型酒吧标准

2006 年 3 月，国家旅游局[①]正式发布了《星级饭店访查规范》（LB/T 006—2006）。星级酒店访查是指具备检查资格的专业人员受各级旅游星级酒店评定机构委派，以普通客人身份入住酒店，针对已评定星级酒店落实和执行星评标准的情况进行检查，或在不通知酒店管理方具体检查时间的情况下，以“神秘客人”的形式对酒店质量进行暗访的一系列检查活动。《星级饭店访查规范》是这一检查活动的依据。《星级饭店访查规范》的评分标准分为前厅、客房、餐饮、其他服务、安全设施及特殊人群设施、酒店总体印象、员工要求等 7 个大项，满分为 610 分。《星级饭店访查规范》已成为我国星级酒店评定体系中的重要构成，具有专业性、权威性和指导性，因此它应该成为星级酒店制定服务规范、确定服务程序与标准的重要依据。根据《星级饭店访查规范》，客房微型酒吧项目是否达到标准主要通过以下 19 个方面进行评估。

1）每天检查客房微型酒吧。

2）及时补充微型酒吧被耗用的物品。

① 现为中华人民共和国文化和旅游部。

3）用洁净的杯子更换宾客使用过的杯子。

4）微型酒吧干净整洁。

5）小冰箱安装稳固，使用方便。

6）小冰箱清洁无异味。

7）小冰箱运行状态良好，无明显噪声。

8）微型酒吧备有足够品种的饮料与速食品。

9）提供微型酒吧价目表。

10）价目表上的食品、酒水与实际提供的相一致。

11）小冰箱中的物品摆放整齐，且标签朝外。

12）所有食品与酒水都没有超过有效使用期。

13）各种玻璃器皿清洁、没有缺口、搭配合理。

14）玻璃器皿都放置在杯垫上。

15）配备搅拌棒与杯垫。

16）配备餐巾（布质、纸质均可）。

17）配备冰桶与冰夹。

18）同时配备软木螺钉旋具与开瓶器。

19）适时给冰桶补充冰块。

任务五 送茶服务

送茶服务是指客人入住时客房服务员热情、主动地进房送上欢迎茶，并向客人表示问候的一项服务。虽然，现代酒店服务的发展使传统的“客到、茶到、毛巾到”的做法有所变化，但在高星级酒店的重要客人接待中，送茶服务仍然是一项体现热情、体贴和礼遇规格的服务项目。

◇ 任务指导

任务名称	送茶服务	学时	1
任务目标	掌握送茶服务的操作流程		
任务要求	掌握送茶服务的程序、标准和操作要领		
任务准备	① 实训场地（建议在全真的实训环境中进行） ② 茶具等 ③ 模拟客人及客房服务员的角色		
学习方法	讲解、示范、情景模拟、实际操作		

◇ 任务流程

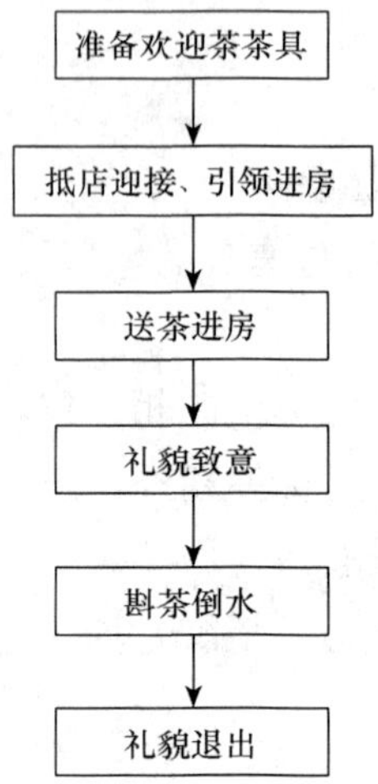

◇ 任务内容

程序/项目	标准
1. 送茶的装盘要求	① 装盘时托盘内要保持平滑，托盘垫巾要保持洁净 ② 杯子在托盘中均匀分布，以保持托盘平衡
2. 送茶的一般顺序	① 先来宾、后主人；先女士、后男士；先长辈、后晚辈；先领导、后陪同 ② 如来宾较多，为主宾送茶后，可按顺时针方向为其他人服务
3. 送茶的要求	① 送茶时，左手的托盘要保持平稳，用右手服务 ② 从正面服务，要求服务员略弯腰，将托盘置于身前略高于茶几处，从托盘上派送 ③ 如需要侧身服务，应直立，将托盘转至身体左侧，从客人的右手处进行服务 ④ 送茶时，一般先把托盘外侧的杯子送给客人，以保持托盘的平稳 ⑤ 落杯时，用右手拇指抵住杯盖，食指挽住杯柄的套圈，中指指尖抵住杯底，从指尖处轻轻将杯子放下。注意不要让杯子发出声响 ⑥ 杯子放下后，应将杯柄轻轻转到靠客人右手处，以便客人取用 ⑦ 右掌伸平，指尖向下并微微倾斜，指向杯子，向客人示意，配合礼貌敬语，请客人用茶
4. 送茶的礼貌敬语	××女士/先生，请用茶
5. 退出	① 送完茶后，应面对客人倒退三步，然后注视客人，诚恳地询问客人是否需要其他服务 ② 如客人需要，应立即提供服务 ③ 如客人不需要服务应礼貌地向客人道别，并祝客人在酒店居住愉快，然后退出 ④ 退出房间时使用敬语，如“××女士/先生，祝您在本酒店居住愉快”

◇ 任务测试

班级：__________ 姓名：__________ 时间：__________

序号	考核内容	考核要点	评分标准	配分	扣分	得分
1	准备	茶具、托盘的准备	① 装盘时托盘内要保持平滑，托盘垫巾要保持洁净（10 分） ② 杯子在托盘中均匀分布，以保持托盘平衡（10 分）	20		

续表

序号	考核内容	考核要点	评分标准	配分	扣分	得分
2	送茶进房	托盘进房	① 托盘平稳（10分） ② 进房规范（10分）	20		
3	对客服务	注意送茶时的对客服务要求	① 观察客人的性别，判断其身份，决定敬茶的顺序（5分） ② 送茶时左手的托盘要保持平稳，用右手服务（5分） ③ 从正面服务，要求服务员略弯腰，将托盘置于身前略高于茶几处，从托盘上派送（5分） ④ 如需要侧身服务，应直立，将托盘转至身体左侧，从客人的右手处进行服务（5分）	20		
4	倒茶敬茶	注意倒茶与敬茶的服务要求与操作规范	① 落杯时，用右手拇指抵住杯盖，食指挽住杯柄的套圈，中指指尖抵住杯底，从指尖处轻轻将杯子放下。注意不要让杯子发出声响（10分） ② 杯子放下后，应将杯柄轻轻转到靠客人右手处，以便客人取用（5分） ③ 右掌伸平，指尖向下并微微倾斜，指向杯子，向客人示意，配合礼貌敬语，请客人用茶（5分）	20		
5	礼貌退出房间	送茶后，向客人致意，礼貌退出房间	① 送完茶后，应面对客人倒退三步，然后注视客人，诚恳地询问客人是否需要其他服务（5分） ② 如客人需要，应立即提供服务（5分） ③ 如客人不需要服务，应礼貌地向客人道别，并祝客人在酒店居住愉快，然后退出（5分） ④ 退出房间时使用敬语，如"××女士/先生，祝您在本酒店居住愉快"（5分）	20		
共计				100		

考核时间：　　年　　月　　日　　　　　　　　考评教师签名：________

【相关知识】

1. 茶叶的分类

茶自古以来就是人们喜爱的饮品。我国产茶地区很广，制茶方法各不相同，因此茶叶品种繁多，划分方法也比较复杂。例如，按商品茶的分类和加工，茶叶大体可分6类：红茶、绿茶、乌龙茶（青茶）、黄茶、黑茶和白茶。

（1）红茶

红茶是鲜叶经过萎凋、揉捻、发酵和烘干等几道工序加工制成的。红茶的品质特征是红叶红汤，香甜味醇。红茶按制作方法又可分为小种红茶、工夫红茶和红碎茶。我国著名的红茶有祁门红茶、荔枝红茶等。

（2）绿茶

绿茶是鲜叶经杀青（炒或蒸）、揉捻、干燥（炒、烘或晒）三道工序制成的。绿茶的品质特征是干茶外观翠绿，汤色碧绿，叶底嫩绿。绿茶的干燥方法可分为炒青、烘青和晒青。

我国著名的绿茶有龙井茶、碧螺春等。

（3）乌龙茶（青茶）

乌龙茶是鲜叶经萎凋（晒或晾）、做青、杀青、揉捻和烘干等工序而制成的。乌龙茶兼具有红茶和绿茶的品质特征，冲泡后，汤色金黄，香气滋味兼有绿茶的鲜浓和红茶的甘醇，叶底为绿叶，叶缘为红色。我国著名的乌龙茶有铁观音、文山包种茶、冻顶乌龙茶等。

（4）黄茶

黄茶的加工分为杀青、揉捻、闷黄、干燥四道工序，在制茶过程中，经过闷堆渥黄，因而形成黄叶、黄汤。我国著名的黄茶有君山银针、蒙顶黄芽、莫干黄芽等。

（5）黑茶

黑茶加工时要求鲜叶要有一定的成熟度，一般为一芽三四叶或一芽五六叶。初制工艺一般包括杀青、揉捻、渥堆和干燥等四道工序。制好的黑茶除可直接冲泡饮用外，大多作为压制紧压茶的原料，压制成黑砖茶、青砖茶、康砖茶、圆茶等。黑茶主要产于湖南、湖北、四川、云南和广西等地区，产量仅次于绿茶和红茶，是我国的第三大茶类。

普洱茶原料粗老，加工时堆积发酵时间较长，使叶色呈暗褐色。普洱茶主要产于云南省，普洱散茶的加工关键是发酵。普洱茶加工完成后，味道不苦不涩。

（6）白茶

白茶属微发酵茶，制作白茶时的基本工艺流程是萎凋、晒干或低温烘干。白茶可分为白毫银针、白牡丹、贡眉、寿眉。虽然福建以外也有地方生产白茶，但公认的白茶原产地为福建的福鼎及政和，这两地产的白茶品质都得到了业内人士的一致认可。

2. *沏茶方法*

（1）沏茶时间

沏茶时间短，茶汁不能完全泡出；沏茶时间长，茶汤会有闷浊滋味。日常沏茶提倡边泡边饮为佳。一般红、绿茶以冲泡 5min 为宜；红碎茶、绿碎茶因经揉切作用，颗粒细小，茶叶中的成分易溢出，冲泡 3～4min 即可；乌龙茶因沏茶时先要用沸水浇淋壶身以预热，且茶水比较大，因此第一次冲泡时间可缩短为 1min，第二次冲泡时间为 1.5min，第三次冲泡时间为 2min，第四次冲泡时间为 2.5min，依次递增，以使茶汤不会先浓而后淡；紧压茶，为获得较高浓度的茶汤，用煎煮法煮沸茶叶的时间应控制在 10min 以上。

（2）茶水比

茶水比是指茶叶与水的比例。不同的茶水比，沏出的茶汤香气高低、滋味浓淡各异。若茶水比过小（沏茶的用水量多），茶叶在水中的浸出物绝对量则大，由于用水量大，茶汤味淡、香低；若茶水比过大（沏茶的用水量少），因用水量少，茶汤则过浓，而滋味苦涩，同时不能充分利用茶叶浸出物的有效成分。因此，沏茶的茶水比应适当。由于茶叶的香味、成分含量及其溶出比例不同，以及个人饮茶习惯的不同，对香味、浓度的要求不同等因素，对茶水比的要求也不同。不同的茶类也有不同的沏茶方法。一般认为，冲泡绿茶、红茶、花茶的茶水比以 1∶50 为宜（用普通玻璃杯、瓷杯沏茶，每杯约置 3g 茶叶，可冲入不低于 150mL 的沸水）。品饮铁观音、武夷岩茶等乌龙茶类，因对茶汤的香味、浓度要求高，茶水比可适当放大，以 1∶20 为宜（3g 茶叶，冲入 60mL 以上的水）。

（3）沏茶水温

沏茶水温的高低是影响茶叶水溶性内含物溢出和香气挥发的重要因素。水温过低，茶叶的滋味成分——香味就不易充分逸出；水温过高，特别是闷泡，则易造成茶汤的汤色和茶叶暗黄，且香气低。除此之外，用沸腾过久的水沏茶，茶汤的新鲜风味也要受损。因此，沏茶究竟用沸水，还是用温水，要因茶而异。不同茶类对沏茶水温的要求也不同。一般来说，细嫩的高级绿茶，以水温 85℃左右的水冲泡为宜；乌龙茶宜用 90～95℃的水冲泡；红茶（如滇红、祁红等）可用沸水冲泡；普洱茶用沸水冲泡，才能泡出其香味，且要即冲即饮，沏水后以浸泡 2～3min 为佳，勿超过 5min，以保持茶香；一般绿茶、红茶等，也宜用刚沸的水沏茶；而原料粗老的紧压茶类，不宜用沸水沏，需用煎煮法才能使水溶性物质较快溶解，以充分提取茶叶内的有效成分，保持鲜爽味；调制冰茶时，宜用 50℃的温水沏茶，以减少茶叶中的蛋白质和多糖等高分子成分溶入茶汤，也防止在茶汤中加入冰块时出现沉淀物。

任务六 设备物品增补与借用服务

客人在入住酒店的过程中，可能会提出设备物品增补与借用的需要。其中，增补的物品通常是客房内的消费用品、毛巾、床上用品等，不需要客人签收；当客人借用电源接线板、熨衣板及熨斗等设备物品时则需要填写“客人用品借用登记表”，并签字。这项服务要做到及时、准确。

◇ 任务指导

任务名称	设备物品增补与借用服务	学时	1
任务目标	掌握物品增补与借用的流程		
任务要求	掌握客房设备物品增补与借用的程序、服务标准和操作要领		
任务准备	① 实训场地（建议在全真的实训环境中进行） ② 电源接线板、熨斗等 ③ 模拟客人、大堂副理、主管、领班及接待服务员的角色		
学习方法	讲解、示范、情景模拟、实际操作		

◇ 任务流程

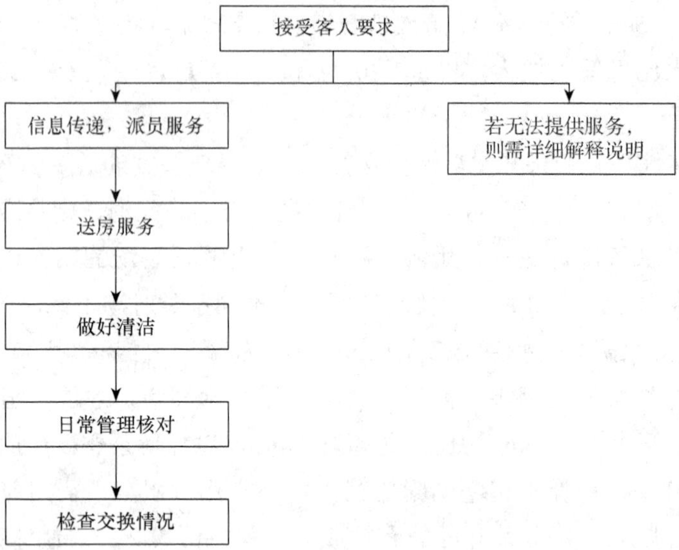

◇ 任务内容

程序/项目	标准
1．信息传递	① 房务中心文员接到客人的要求后，必须在“电话接听一览表”上记录客人所需的物品、数量及房号 ② 通知相关服务员，清晰地描述客人所需的物品
2．送房服务	① 服务员按要求准备客人所需的物品 ② 将客人所需的物品在 10min 内送入客房（小件物品应用托盘） ③ 进房时按照进房程序入房，进房后必须礼貌地向客人问候 ④ 属于借用范畴的物品，服务员要填写“客人用品借用登记表”，并请客人签名 ⑤ 按客人要求将物品摆放妥当 ⑥ 退出时，应面对客人，后退三步；与客人告别后，方可退出房间
3．记录	① 房务中心文员及时将出借的物品记录于“客人借用物品本”上 ② 房务中心夜班须将出借的物品记录于第二天日班当班领班的房态表上 ③ 日班领班应督促员工及时将外借物品收回并归还相关区域保存
4．日常管理	① 租借物品通常由房务中心保管 ② 房务中心文员必须经常检查和补充备用的外借物品，确保数量准确，并加以编号 ③ 房务中心文员补充备用的外借物品时必须加以编号 ④ 房务中心文员应经常检查备用的外借物品，确保工作正常、物品清洁 ⑤ 楼层领班必须经常检查和补充区域内备用的外借物品，确保数量适当、物品清洁

【相关知识】

客人用品借用登记表如图 2.2 所示。

客人用品借用登记表

Article of Loan Sheet

客人姓名　　　　　　　　　　房间号码

Guest Name________________ Room No.__________

日期________________ 时间__________

Date________________ Time __________

物品名称

Article Description ________________

归还日期/时间：　□ 两小时（2h）　□ 24 小时（24h）　□ 退房时（C/O）

Return Date/Time:

经办人 ________________ 客人签名__________

Handled By________________ Guest Signature __________

备注：如果物品在租借期间有任何丢失或损失，将照价赔偿。

Note: If any items failed to return or damaged before you check out, we will charge to you accordingly.

提示：在客人结账离店前，未归还或损坏租借物品，酒店将向客人收取相应费用。

图 2.2　客人用品借用登记表

任务七　擦鞋服务

酒店客房内通常备有擦鞋纸或用海绵等材料制作的小型擦鞋器，方便客人自己擦鞋。有的高档酒店会在公共区域配备擦鞋机。真正的擦鞋服务是为客人人工免费擦鞋。在设擦鞋服务的酒店，客房壁橱中放置了标有房间号码的鞋篮，并在服务指南中告知客人。客人如果需要擦鞋，就按服务指南上的提示，将鞋放在篮内或放在房间门口。这些鞋由客房服务员收集到工作间，被免费擦拭好后送回客房。

虽然这项服务只是客房服务中的一个细微环节，技能操作也很简单，但如果不严格执行操作规范，动作马虎，也会因小失大，给客人带来很大的不便。

◇ 任务指导

任务名称	擦鞋服务	学时	1
任务目标	掌握擦鞋服务的要领		
任务要求	掌握擦鞋服务的程序、标准和操作要领		
任务准备	皮鞋、鞋篮、鞋油、鞋刷		
学习方法	讲解、示范、实际操作		

◇ 任务流程

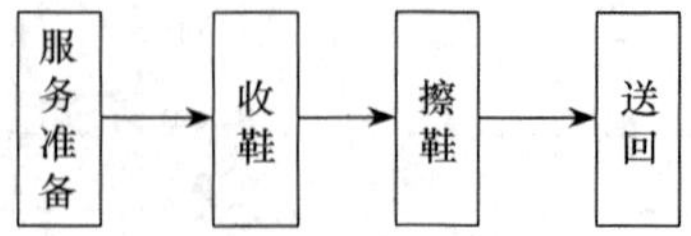

◇ 任务内容

程序/项目	标准
1．提供服务	① 客人提出要求或做房时，如果发现鞋篮内有客人放置的皮鞋，就应提供免费擦鞋服务 ② 如果碰到雨雪天客人从外面回来，应主动帮助客人擦鞋
2．擦鞋	① 擦鞋服务应在工作间内完成，收取鞋子时应用小纸条写清房号放入每只鞋内，以防送错 ② 擦鞋时，要根据客人鞋子的颜色、质地选择适当的鞋油 ③ 擦好后的鞋子（皮鞋）应有光泽、无污迹
3．送回	① 鞋子擦干净后，要按进房程序进入房间并及时送回鞋子 ② 送回前必须将鞋内写着房号的小纸条取出 ③ 将鞋当面交给客人或放在客人容易发现的位置 ④ 擦好后的皮鞋，应放置在鞋篮外面
注意事项	为了避免损坏，对于麂皮、布面或一些难处理的鞋子，酒店不提供擦鞋服务，并应礼貌地与客人沟通以取得客人的谅解

任务八　叫醒服务

在大多数酒店，叫醒服务是由酒店总机受理并完成的服务。如果总机在提供叫醒服务时客人没有接听电话，一般会派客房服务员到该客人房门口敲门叫醒客人。

◇ 任务指导

任务名称	叫醒服务	学时	1
任务目标	掌握叫醒服务的流程		
任务要求	掌握叫醒服务的程序、标准和操作要领		
任务准备	模拟客房设施		
学习方法	讲解、示范、情景模拟、实际操作		

◇ 任务流程

信息传递 → 敲门通报 → 提供叫醒服务

◇ 任务内容

程序/项目	标准
1. 前提	如总机没能叫醒客人，客房部可提供此项服务
2. 协助叫醒	房务中心接到总机通知后，派客房服务员到该房门口，按门铃或按进房程序进房，叫醒客人
3. 问候语	对客人礼貌地说：“××先生/女士，很抱歉打扰了您，我是客房服务员，协助总机为您提供叫醒服务，现在是×点×分，祝您今天过得愉快”
4. 退出	客人表示明白后，道“再见”，后退三步，离开房间
5. 处理“请勿打扰”房	如门口有“请勿打扰”的灯亮着或挂着“请勿打扰”牌，员工应立即通知房务中心和总机，由总机联系大堂经理，采取相应措施。客房服务员切忌不管不顾仍然敲“请勿打扰”房的门。如有以上情况，该员工将承担一切后果，同时将被部门按照酒店的《员工手册》加以处置

任务九 托 婴 服 务

托婴服务就是为外出活动办事的客人提供短时间的照管婴幼儿的有偿服务。这项服务并不是住店客人的普遍需要，因此酒店并不配备专职人员从事此项工作，但托婴服务常会受到一些长住客和度假客人的欢迎。看管照顾婴幼儿的工作责任重大，决不能掉以轻心。凡是担负此项工作的客房服务人员必须有责任心、正派、可靠，且受过专门训练，掌握照管婴幼儿的基本知识和技能，并略懂外语。

◇ 任务指导

任务名称	托婴服务	学时	1
任务目标	掌握托婴服务的流程及注意事项		
任务要求	掌握托婴服务的程序、标准和操作要领		
任务准备	案例、视频		
学习方法	讲解、案例讨论		

◇ 任务流程

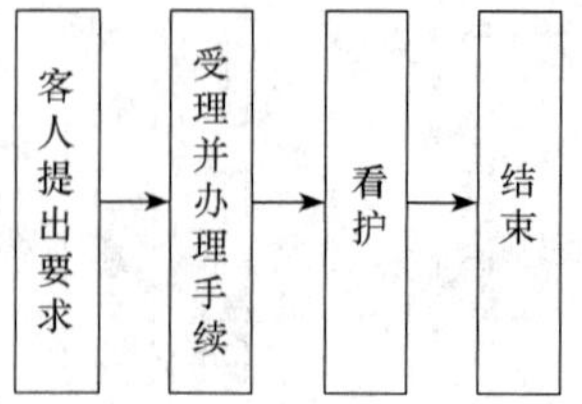

◇ 任务内容

程序/项目	标准
1．提出需要	客人需要托婴服务必须提前两小时提出，以便让相关员工准备
2．受理	① 接受托婴服务时必须问清孩子的情况和家长的各项要求，包括喂食、喝水、玩耍、洗澡、排便、睡觉及需要服务的时间等，并且应该请家长预先留下电话，以备紧急情况时使用 ② 了解托婴时间。如果托婴服务所需时间较长或直到深夜，接受服务时可要求委托人加付部分交通费用，以便员工返回 ③ 如果需要可以准备部分玩具（可到部门仓库借取，但必须注意消毒。）
3．服务	托婴服务时员工应面带微笑，轻柔地招呼孩子，吸引孩子的注意力，博取好感，然后尽可能融入角色，把孩子当作自己的亲人
4．计价	① 托婴服务结束后应让客人在标明服务价格和时间的“杂项入账单”上签字，然后将账单送交房务中心入账 ② 事先与委托人商议好的交通费用可交由该员工带走
注意事项	托婴服务工作一般由具有相关知识和经验的员工担任

【相关知识】

托婴服务申请表如图 2.3 所示。

客人姓名：　　　　　房号：　　　　　日期：　　　　　时间：

尊敬的客人：

应您的要求，我们安排了托婴服务，具体事项与您确认如下。

婴儿姓名：________　婴儿年龄：________

托管时间：由________时________分至________时________分

请您在所需的项目上打“√”

早餐：是□　否□

午餐：是□　否□

晚餐：是□　否□

托婴服务的最初两小时是按________收费。

所有费用都在前台收银处直接结算，非看护疏忽所造成的事故，酒店不承担任何赔偿。

经理签名：　　　　　　　　　　　　　　　　客人签名：

注：表单一式三联，客人一联，前台收银一联，客房部留存一联。

图 2.3　托婴服务申请表

任务十 离店查房

离店查房工作既有助于客人和酒店利益不受损失，也是酒店客房销售和正常运转的保障。离店查房要求服务员在客人离店后迅速进房检查，及时了解是否有客人的遗留物品，客房设备、物品是否有损坏或丢失，是否有未入账的酒水等客房消费。这项工作关键在于要做到细致和高效。

◇ 任务指导

任务名称	离店查房	学时	2
任务目标	掌握离店查房的要领及流程		
任务要求	掌握客人离店查房的程序、标准和操作要领；熟悉发现问题的处理方法		
任务准备	酒店客房或模拟客房（建议在全真实训环境中进行）		
学习方法	讲解、示范、情景模拟、实际操作		

◇ 任务流程

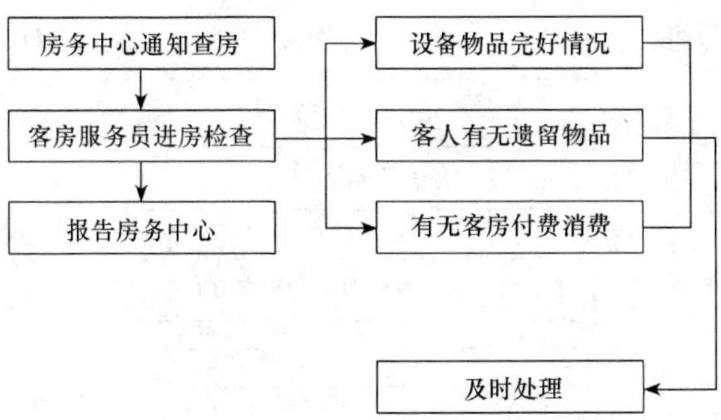

◇ 任务内容

程序/项目	标准
1．通知查房	房务中心接到总台退房通知后，准确无误地做好记录并迅速通知相关楼层服务员进行查房
2．进房检查	楼层服务员接到查房通知后，应立即进房检查。 ① 在 3min 内完成 ② 按顺时针或逆时针方向检查所有房内设施设备、物品是否完好，有无缺失 ③ 检查有无客人遗留物品，如有应及时处理 ④ 检查客房小酒吧的消耗情况
3．报告房务中心	① 在表单上记录退房时间、房号、酒吧消耗内容、赔偿内容 ② 将查房结果告知房务中心
注意事项	① 上报的费用消费情况应准确无误 ② 团队查房应统一上报，不能查一间上报一间

任务十一 贴身管家服务

所谓“贴身管家服务”（butler service），实际上是更专业和私人化的“一站式”酒店服务，它是集酒店前厅、客房和餐饮等部门的服务于一体的服务。下榻酒店的 VIP 客人将得到一位指定的专业管家专门为他（她）服务。VIP 客人的一切服务需要，诸如拆装行李、入住退房、客房服务、清晨叫早、订餐、送餐、洗衣、订票、安排旅游和秘书服务等，都由这位贴身管家负责。

◇ 任务指导

任务名称	贴身管家服务	学时	2
任务目标	掌握贴身管家服务的内容与流程		
任务要求	掌握贴身管家服务的内容、操作流程及标准		
任务准备	贴身管家服务案例（建议在全真实训环境中进行）		
学习方法	讲解、示范、情景模拟、实际操作		

◇ 任务流程

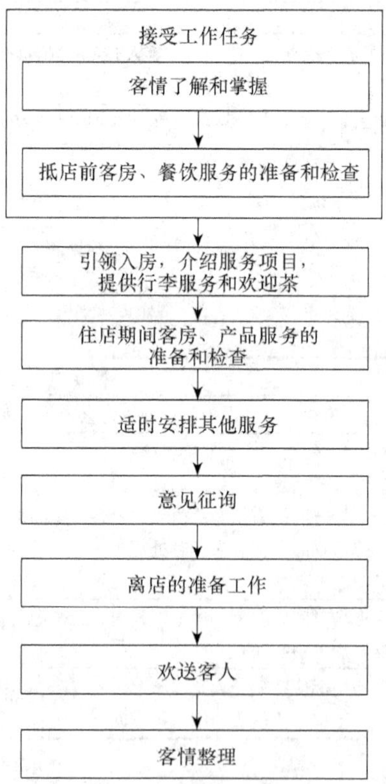

◇ 任务内容

程序/项目	标准
1．抵店前	① 掌握客人的抵店时间、车次、航班等，做好接站的准备工作 ② 提前检查酒店的车辆安排和状况 ③ 了解和检查预订、保留的房间，检查客史记录，了解客人喜好 ④ 客人抵店前两小时检查房间、水果盘和赠品的摆放 a．房间的布置符合客人的喜好和生活起居习惯 b．注意客人安全，隐私保密 c．及时与相关部门沟通，确保客人的喜好得到尊重 ⑤ 贴身管家在车次到达前 30min 在候车厅内迎接客人 ⑥ 接到客人后简单明了地做自我介绍，引领客人上车 ⑦ 在车内为客人办理快速入住，向客人介绍城市、酒店及景区的概况 ⑧ 与客人建立联系（手机短信）
2．住宿期间	① 及时和酒店联系，相关人员提前 10min 到大厅迎候客人，客人到后做简单介绍，引领客人至房间，介绍酒店设施及房间情况 ② 客人进房后送欢迎茶、欢迎香巾 ③ 与各部门密切配合，安排客人的房间清洁、整理和夜床服务及餐室准备的检查、点单、餐中服务 ④ 根据客人需求，每日为客人提供房内用餐服务、洗衣服务、叫醒服务、商务秘书服务、用车、日程安排、当日报纸、天气预报、会务商务会谈、休闲等服务 ⑤ 做好客人喜好的观察和收集，妥善处理客人的意见和建议 ⑥ 做好酒店各部门的沟通，满足客人的愿望 ⑦ 24h 为住店客人提供细致、周到的服务
3．离店前	① 掌握客人离开的时间 ② 为客人安排车辆，提供叫醒服务和行李服务 ③ 了解客人对酒店的满意度，确保客人将“满意”带离宾馆
4．离店后	① 做好客人档案管理 a．公司、职务 b．联系地址、电话及电子邮箱 c．意见或投诉 d．对客房、餐饮、娱乐、商务等喜好做好记录 e．未来的预订 f．名片 ② 做好客人遗留物品的处理
注意事项	① 客人入住前须做足功课 ② 贴身管家并非寸步不离 ③ 注意对客人的尊称，能够用客人的姓名或职务来称呼客人 ④ 客人是否有宗教忌讳 ⑤ 将你的联系方式告知客人，向客人介绍管家的服务职能是 24h 为客人提供服务 ⑥ 注意客人的性格，选择相应的沟通、服务方式 ⑦ 房间的温度、气氛（味、花）及音乐应适宜 ⑧ 客人遗留衣物应洗好并妥善保存 ⑨ 管家需量力而行，如果服务内容超过了自己的能力，有特殊状况发生时，须逐级请示，不能擅自向客人许诺或脱离工作范围 ⑩ 贴身管家必须以真诚打动客人，同时不能忘记这份工作代表酒店，再熟悉的客人也不能完全将其当作朋友。如果掺杂太多私人感情，你的服务就会变得随意

【相关知识】

贴身管家特殊服务的规定如表 2.2 所示。

表 2.2　贴身管家特殊服务的规定

服务项目	操作要求
客人的安全私密服务	电话：要求特殊处理的客人应反馈到总台及楼层并做好保密工作
	登记：①政务接待客人采取免登的形式，需要相关资料并与接待单位联系；②VIP 客人或常住客人可免登入房，或进房后进行登记
行李及熨衣服务	①行李开包：征求客人意见后予以操作；②取衣；③熨烫：征求客人意见后按服装的质地及款式进行操作；④配套、摆挂：对客人的衣物进行统一配套，按类挂好后放入壁橱
休闲安排	①洗浴；②保健按摩；③运动；④棋牌；⑤影像
擦鞋服务	执行客房擦鞋工作程序和操作规范
票务服务	①时刻表（火车、汽车、飞机）；②代办手续
商务秘书服务	①传真；②网络；③打印；④复印；⑤装订

项目小结

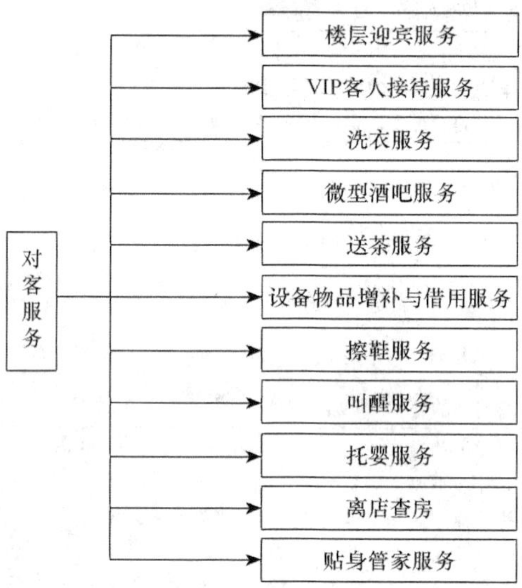

项目三

公共区域清洁管理

学习目标

1. 了解公共区域清洁的相关特性。
2. 熟悉公共区域清洁工具和清洁剂的性能。
3. 掌握公共区域清洁的操作流程及规范。

公共区域是客人和酒店员工共同享有的活动区域，包括室内和室外，客用部分和员工使用部分。公共区域范围广大，不仅涉及住店客人，还涉及用餐、开会、购物、参观游览等的非住店客人，是所有员工工作环境的重要组成部分。

公共区域清洁状况反映了一家酒店的管理水准，客人在这些区域活动时，所见之处应干干净净、气氛优雅、无清洁死角。同时，通过对公共区域内的各种设施设备的维护和保养，可以延长其使用寿命，降低经营成本，所以任何酒店都不能忽视公共区域的清洁管理。

任务一　大 堂 清 洁

大堂是一个几乎没有休息时间的场所，需要日夜不停地清洁。大量的过往客人和短暂停留者不断地带来尘土、足迹、烟灰烟蒂及糖果纸屑，使公共区域的清洁工作增加难度。

◇ 任务指导

任务名称	大堂清洁	学时	1
任务目标	掌握大堂清洁的流程与内容		
任务要求	了解大堂清洁的重要性，掌握大堂清洁的内容和操作规范		
任务准备	吸尘器、干湿抹布若干、清洁剂、水桶、鸡毛掸、刷子等		
学习方法	教师进行讲解与示范，学生分组进行实际操作		

◇ 任务流程

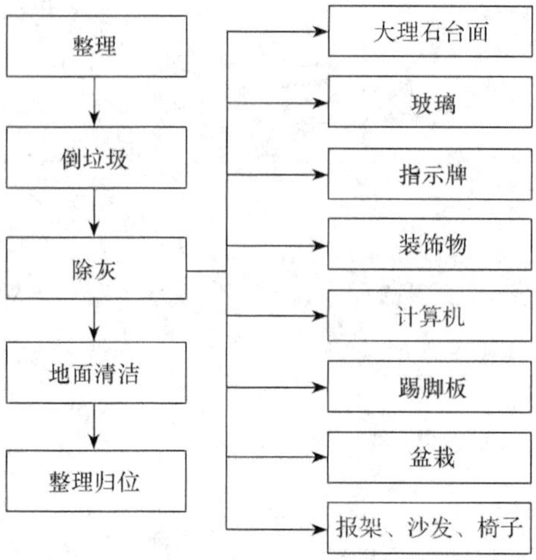

◇ 任务内容

程序/项目		标准
1．整理		① 整理前台、行李架、手推车、报架等 ② 若在整理过程中发现客人遗落的物品，则及时交给领导或失物招领处
2．倒垃圾		① 若烟灰缸内烟蒂超过 3 个，则需更换烟灰缸。首先用干净的烟灰缸盖在需更换的烟灰缸上，然后换上干净的烟灰缸。在倒烟灰时确保烟蒂已熄灭 ② 将垃圾桶内的废弃物品清理到固定的垃圾桶内
3．除灰	大理石台面	① 用干抹布擦拭，并用清洁蜡清洁大理石表面，每天一次 ② 保持台面无尘、无污迹
	玻璃	① 对于玻璃门等易污染的地方，随时用干抹布擦拭，确保无污渍、无手印 ② 定期对玻璃进行彻底清洗，方法可见本项目任务五“玻璃清洁”
	指示牌	① 每天用玻璃清洁剂清洁一次指示牌玻璃表面，保证玻璃表面光亮、无尘、无污迹 ② 用铜油抛亮铜边、铜牌，保持其光亮、无手印
	装饰物	① 对壁画、壁灯灯罩等装饰物进行清洁时要谨慎小心 ② 擦拭时一只手固定装饰物，另一只手先用湿抹布擦拭灰尘 ③ 用干抹布将水渍擦干，保养后务必将水渍全部擦干，避免残留的水渍造成材质损坏 ④ 使用湿抹布擦拭灯罩时，避免碰触灯管或灯泡，以免发生危险 ⑤ 擦拭工作完成后，应检视壁画或装饰物是否悬挂牢固或摆放整齐
	计算机	① 用专用清洁剂和专用擦镜纸擦洗计算机外部、计算机的屏幕，以及放计算机的台面 ② 用干抹布擦净计算机外部的水迹 ③ 保持计算机表面无污迹、无印迹 ④ 擦计算机外壳时要注意断电
	踢脚板	① 每日用干抹布擦干净踢脚板上的尘土 ② 如发现有污迹，戴上手套用蘸有稀释后的清洁剂的百洁布轻轻擦洗踢脚板表面，使其无污迹、无印迹 ③ 用湿抹布擦到干净为止，不可有去污剂残留，以免破坏地板或墙面 ④ 每周用家具上光蜡擦一次踢脚板 ⑤ 如果发现踢脚板破损或不牢固，立即请工程部进行修理或更换

续表

程序/项目		标准
3．除灰	盆栽	① 捡去花盆内的烟蒂杂物 ② 及时剪除枯叶，调换即将凋谢的花草 ③ 一只手托住叶子底部，另一只手用湿抹布轻拭灰尘，以同一方向擦拭，避免遗漏 ④ 擦好后浇水时，溅出的水滴及弄脏的地面应随手揩干、擦净
	报架、沙发、椅子	① 整理好报纸后，要用干抹布轻拭报架 ② 茶几若是玻璃的，则应先用湿抹布擦拭，再斜看有无粘上污渍，若有污渍则喷一点玻璃清洁剂，然后用干抹布擦拭干净 ③ 擦拭木椅子时，要特别注意雕花、镂空部分 ④ 每日用吸尘器吸去沙发边角上的渣子、尘土，使其保持干净 ⑤ 每日检查报架、沙发、椅子等的牢固性，如果发现问题，就及时修理
4．地面清洁	大理石地面	随时对大堂地面进行除尘，保持地面光亮照人，并且定期进行保养
	地毯	随时用吸尘器对地毯进行吸尘，根据脏污程度清洗或更换地毯
5．整理归位		① 将艺术装饰品归位 ② 将被移动过的大厅沙发、座椅、茶几归位 ③ 将被移动鼓起来的地毯拉平归位
注意事项		① 打扫大堂时，时间安排要灵活，以尽量不影响客人为前提 ② 倒烟灰缸时，要注意避免烟灰飞扬，确保烟蒂已熄灭 ③ 要随时关注盆栽内的烟蒂、纸屑等杂物，并及时捡除

◇ 任务测试

班级：__________　　　　姓名：__________　　　　时间：__________

序号	考核内容	考核要点	评分标准	配分	扣分	得分
1	整理	① 整理前台物品、行李架、手推车、报架等，使其各就各位，摆放整齐 ② 对失物进行正确处理	① 行李架、手推车等摆放凌乱扣 2 分 ② 对失物处理不当扣 2 分 ③ 其他扣 6 分	10		
2	倒垃圾	① 倒烟灰时必须确保烟蒂已熄灭 ② 烟灰缸内超过 3 个烟蒂必须更换，更换时要防止烟灰飞出 ③ 垃圾桶清理及时、彻底	① 倒烟灰时，未检查烟蒂是否熄灭扣 3 分 ② 烟灰缸内超过 3 个烟蒂未及时更换扣 2 分 ③ 换烟灰缸时有烟灰飞出扣 2 分 ④ 垃圾清理不及时扣 3 分	10		
3	除灰	① 玻璃、大理石台面要光亮洁净，无痕迹、无污渍 ② 擦装饰物时，要注意固定，避免跌落，造成不必要的损失 ③ 要根据装饰物的材质选用不同的清洁用具、清洁剂和清洁方法 ④ 擦拭计算机时，要用专用擦镜纸和清洁剂，以保护屏幕，并且确保清理时计算机处于断电状态	① 玻璃、大理石台面有污渍或手印等扣 2 分 ② 擦装饰物时未用一只手稳固扣 1 分 ③ 装饰物跌落扣 2 分 ④ 擦拭特定物品时不使用专用清洁用具、清洁剂和清洁方法扣 2 分 ⑤ 踢脚板表面留有清洁剂扣 1 分	10		

续表

序号	考核内容	考核要点	评分标准	配分	扣分	得分
3	除灰	⑤ 擦踢脚板时，要戴上手套，并且要将清洁剂擦干净 ⑥ 擦盆栽时，注意力度，避免折断枝叶 ⑦ 擦拭茶几、木椅时，要注意细小的地方（如雕花、镂空部分） ⑧ 擦拭报架、沙发、椅子	⑥ 擦盆栽力度过大，折断枝叶扣 1 分 ⑦ 木椅的雕花、镂空部分没擦干净扣 1 分	10		
4	吸尘	正确使用吸尘器，认真细致	① 吸尘器使用错误扣 1 分 ② 吸尘有遗漏扣 2 分 ③ 其他扣 2 分	5		
5	地面清洗	① 对大堂硬地面要及时进行除尘和清洗 ② 定期对地面进行彻底清洗和抛光	① 地面有污渍、脚印、水渍等扣 3 分 ② 地面清洁保养不当扣 3 分 ③ 其他扣 4 分	10		
6	整理归位	把挪动过的家具恢复原位	未将挪动过的家具恢复原位扣 5 分	5		
共计				50		

考核时间：　　年　　月　　日　　　　　　　　　　考评教师签名：________

【相关知识】

1. 后台清洁管理

后台清洁可以分为定期清洁和日常清洁两大类。酒店应针对不同的场所和功能制订不同的清洁计划。员工卫生间、员工更衣室为日常清洁，需派专人清洁。

1）各办公室的清洁工作一般在上班前或下班后进行，日常清洁在中午倒一次垃圾，复印室要有人专门负责，因为那里使用率高，来往人员繁杂，各种纸张多，容易积累垃圾和灰尘，有些办公室由于保密或安全的需要，客房部不便于在无人的情况下做清洁工作，对此客房部应排好时间表，与办公室人员协调并取得其同意。在清洁办公室时，一定要注意不可随意翻动桌子上的资料；不可将办公室内的情况、信息等随意告知他人。

2）员工走廊、消防楼梯、员工电梯等员工经常使用和通过的区域不宜在白天进行清洁，白天只需安排人员检查拖扫地面，随时捡起掉到地上的各类碎屑或洒落到地面上的饮料汁或菜汤等，大清洁的时间应用多功能清洁剂配漂白剂并用水稀释，用机器抛光打磨地面后用吸水机吸干地面。对于铺地板革或地板砖的地面，应视情况安排打蜡保养，无须每天打蜡保养，日常需用抛地机抛磨地板就会使其干净光洁如初，员工电梯间白天使用率较高，应每日对其地面进行抛磨，并视情况进行抛洗打蜡。电梯墙面、扶手、天花板、踢脚板处应每夜除尘，再配以日常清洁维护，从而保证员工电梯的清洁卫生。

3）后台区域的各通风口、电灯、空调口应在夜间定期安排清洁及除尘。通道中的消防栓、灭火器应给予日常清洁除尘，保证消防栓内无杂物、无垃圾。

4）员工卫生间、浴室和更衣室的清洁可参照前台相应领域清洁的操作流程进行。

2. 车道及停车场清洁

停车场和车道是酒店的门面，所以对露天停车场和车道的清洁应保持在很高的水准。每天有许多汽车进出，汽车轮胎带着外面道路上的泥沙、油泥等进入酒店的停车场和车道，加上有的司机吸烟、吐痰等，使车道极易受到污染，而白天来往车辆多，不易对车道及停车场做彻底清洁。对此，客房部应组织人员每夜用高压水枪和长把刷对车道和停车场进行冲刷和清洗，并保证有足够的时间让地面在清晨 5 点左右干燥，因为 5 点以后来往车辆会将地面残留水渍和轮胎上的泥沙混在一起在酒店前拖出一道道泥痕。北方冬天较寒冷，若冲刷地面则容易结冰，造成安全隐患，所以地处北方寒冷地区的酒店，夜间应停止冲刷车道和维护停车场，客房部应派专人巡视车道、停车场，随时扫起地面上的沙灰、烟头、碎片和垃圾。地下停车场无须每日冲刷，但应每周冲刷一次，日常应有人维持地下停车场的地面卫生，除对地下停车场定期冲刷外，还应对停车场的墙面（因汽车尾气喷在墙面，污染了墙面）进行冲刷，对排水沟进行定期疏通。

任务二 客用卫生间的清洁与整理

一般酒店为了保证客人能及时使用卫生间和环境整洁，规定员工不得使用客用卫生间。一般客人对某一酒店的评价没有明确的标准，主要是来自客人对酒店内一花一草、一桌一椅的主观感受，而他们对卫生间的感受就更加直接和敏感。因为酒店内客流量较大，卫生间使用频率较高，所以客用卫生间的清洁与整理工作难度较大。

◇ 任务指导

任务名称	客用卫生间的清洁与整理	学时	1
任务目标	掌握客用卫生间的清洁流程与标准		
任务要求	掌握客用卫生间的清洁步骤及需准备的物品；认识到客用卫生间清洁的重要性		
任务准备	卫生间一间、厕刷、拖把、抹布、万能清洁剂、百洁布、空气清新剂、洗手液、卫生纸等		
学习方法	教师进行讲解与示范，学生分别进行实际操作		

◇ 任务流程

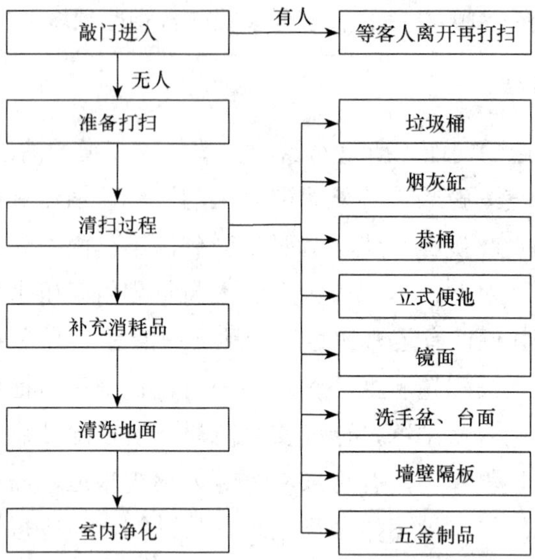

◇ 任务内容

程序/项目	标准	
1. 敲门进入	① 进入卫生间前应敲门三下，确认是否有客人在使用 ② 若房间内有客人，则应等客人离开再打扫	
2. 准备打扫	打扫开始前在门外把手上悬挂好“正在打扫”示意牌	
3. 清扫过程	清理垃圾桶	① 将所有的垃圾倒入指定的垃圾袋中 ② 用适量稀释后的碱性清洁剂刷洗垃圾桶的内外 ③ 用抹布擦干净垃圾桶内外部，使之干净、无污迹，并套上垃圾袋
	清理烟灰缸	① 在倒烟灰缸之前应检查烟蒂是否熄灭 ② 清洗烟灰缸后将内外面均擦干
	清洁恭桶	① 将恭桶清洁剂沿恭桶内部边缘倒入 ② 用恭桶刷刷洗恭桶，直到污迹消失 ③ 用清水冲洗恭桶 ④ 用浸过消毒清洁剂的抹布擦净恭桶座圈，底部和桶盖 ⑤ 用百洁布将恭桶外部由上至下擦干净
	清洁立式便池	① 将清洁剂沿边壁倒入 ② 使用恭桶刷从上水孔至下水孔按顺序刷洗并用清水冲洗 ③ 用浸过消毒清洁剂的抹布将便池外部由上至下擦干净
	清洁镜面	① 将玻璃清洁剂均匀喷在镜面上 ② 用涂水器均匀涂擦镜面，并用刮水器刮清玻璃上的水迹，方法与玻璃的清洁方法相同 ③ 用干抹布擦净镜面的边框
	清洁洗手盆及台面	① 将稀释后的清洁剂均匀喷洒在洗手盆内 ② 用浴缸刷刷洗整个面盆后开水冲洗洗手盆 ③ 用抹布擦干净洗手盆内部

续表

程序/项目	标准	
3. 清扫过程	清洁洗手盆及台面	④ 用蘸有消毒剂的浴缸刷擦洗台面并用抹布擦净 ⑤ 保证台面无水迹、无污迹
	清洁墙壁隔板	① 用蘸有稀释清洁剂的抹布由上至下擦拭板壁 ② 用干净的抹布擦净 ③ 每周用家具清洁蜡擦一次板面 ④ 保证隔板清洁
	清洁五金制品	① 用干抹布蘸万能清洁剂擦金属制品表面 ② 使用干抹布擦干净并擦亮金属制品表面
4. 补充消耗品	① 按规定数量补充面巾纸、手纸、洗手液，倒洗手液时防止外溢 ② 确保客用品配备量充足，摆放整齐 ③ 检查烘手器、皂液器、空调等设备能否正常使用	
5. 清洗地面	① 用稀释后的万能清洁剂从里到外拖干净地面及边角 ② 用干净的湿拖布将地面及边角上的清洁液拖擦干净，注意清洁角落 ③ 用干拖布擦净地面及边角，注意地面不可有水迹，以防客人滑跤	
6. 室内净化	① 检查清洁的程度 ② 摆放鲜花或盆栽 ③ 适量喷洒空气清新剂	
7. 卫生间的服务	① 见客人进门，应微笑问好 ② 为客人指引无人的厕位，并帮客人拉门 ③ 客人洗手前，先开好水龙头，试一下水温，请客人洗手 ④ 客人洗完手后，用毛巾夹递上小毛巾或擦手纸，请客人擦手 ⑤ 关闭水龙头 ⑥ 视情况和需要为客人穿衣服 ⑦ 礼貌送客，为客人拉门，微笑道别	
注意事项	① 通常酒店可根据自己的档次、客流量和洗手间的设备状况确定清扫频率，以保证最基本的清洁规格与水准，并且这个频率可以根据卫生间使用的高峰或低峰进行调节 ② 抹水迹、擦镜子或添补洗手液等小范围清扫一般不会影响客人的行动，但做这些工作时最好回避客人或在客人较少的时候进行 ③ 若进行全面清洁，则必须在洗手间门外竖立牌子，说明关闭原因并指出邻近洗手间所在的位置 ④ 为了保证洗手间的清洁卫生，这种大清洁除在夜间安排一次外，至少还应在白天客人活动最少时（一般是 15:00～16:00）进行一次 ⑤ 绝对不能用客用毛巾擦地 ⑥ 员工卫生间的清洁可参照客房卫生间清洁的操作流程	

◇ 任务测试

班级：＿＿＿＿＿＿　　姓名：＿＿＿＿＿　　时间：＿＿＿＿＿＿

序号	考核内容	考核要点	评分标准	配分	扣分	得分
1	敲门进入	① 开始打扫前应敲门确认是否有客人在使用卫生间 ② 进异性卫生间打扫时敲门声音应确保客人能听到	未敲门直接进入卫生间扣 5 分	5		

续表

序号	考核内容	考核要点	评分标准	配分	扣分	得分
2	准备打扫	在门外把手上悬挂“正在打扫”示意牌	忘记悬挂示意牌扣 5 分	5		
3	清扫过程	① 将垃圾倒入垃圾回收袋并清洁垃圾桶后，套上新的垃圾袋 ② 倒烟灰缸前确保烟蒂已熄灭 ③ 擦洗恭桶、立式便池要细致，无污渍，冲洗干净后用干抹布擦干 ④ 擦洗镜面时清洁剂均匀喷洒，擦洗后镜面无污渍、光亮洁净 ⑤ 用清洁剂擦拭台面和洗手盆，无污渍、无水迹 ⑥ 用清洁剂自上而下擦洗隔板，并定期上蜡 ⑦ 用专用清洁剂擦拭五金器具，要用干抹布擦干净，擦拭后五金器具光亮无指纹	① 遗漏垃圾，未清洁垃圾桶或未更换新的垃圾袋扣 2 分 ② 烟蒂未熄灭便倒进垃圾袋扣 1 分 ③ 恭桶、立式便池清洁不到位扣 2 分 ④ 台面、洗手盆、镜面有污点或水渍扣 2 分 ⑤ 隔板有污点或未定期上蜡扣 1 分 ⑥ 各种金属设备是否光亮干净，否则扣 1 分 ⑦ 其他扣 1 分	10		
4	补充消耗品	① 按规定数量更换或补充消耗品 ② 检查烘手器、皂液器、恭桶、空调、排风系统等设备是否能正常运行。若有损坏则及时报修。添补好洗手液、擦手纸等，注意洗手液不要外溢	① 面巾纸、香皂、卫生纸是否齐全、干净，正常更换，否则扣 3 分 ② 未检查各类设施设备能否正常运行扣 2 分 ③ 发现各类问题未及时报修扣 1 分 ④ 其他扣 4 分	10		
5	清洗地面	① 用拖把蘸已稀释的清洁剂按由里向外顺序拖洗地面 ② 拖洗时注意墙边和角落 ③ 用清水冲洗地面 ④ 最后用干拖布擦干地面	① 拖洗顺序错误扣 1 分 ② 拖洗有遗漏的扣 2 分 ③ 未用清水冲净的扣 1 分 ④ 地面有水迹或发丝扣 2 分 ⑤ 其他扣 4 分	10		
6	室内净化	① 摆放鲜花或盆栽 ② 适量喷洒空气清新剂 ③ 检查各类物品是否摆放整齐	① 物品未摆放整齐扣 2 分 ② 卫生间内有异味扣 2 分 ③ 其他扣 6 分	10		
7	卫生间的服务	① 客人进门应微笑问好 ② 为客人指引空厕位并拉门 ③ 开水龙头，试水温，及时递上擦手小毛巾或擦手纸 ④ 礼貌送客	① 未微笑迎客扣 2 分 ② 未指引空厕位扣 1 分 ③ 未试水温扣 1 分 ④ 未及时递上擦手毛巾或擦手纸扣 1 分 ⑤ 未礼貌送客扣 2 分 ⑥ 其他扣 3 分	10		
共计				60		

考核时间：　　年　　月　　日　　　　　　　　　　　　　　考评教师签名：____________

【相关知识】

瓷砖保养常识

瓷砖保养常识如下。

1）瓷砖日常清洗可选用洗洁精、肥皂等。

2）用肥皂加少许氨水和松节油的混合液清洗瓷砖，可使瓷砖干净、透亮。

3）若瓷砖表面附着茶水、咖啡、啤酒、冰淇淋、油脂等污染物，则应及时擦洗，必要时可用氢氧化钠或碳酸氢钾溶液去污。墨水、水泥等污染物可使用盐酸、硝酸的稀释溶液，而油漆、涂料等污染物使用专用清洁剂。

4）若砖面出现少许轻微的划痕，则可以在划痕处涂上牙膏，用柔软的干布用力擦拭便可修复。若破损严重则应及时更换或请专业人士修补，以免对人身造成伤害。

5）抛光砖应定期打蜡处理，2～3 个月打蜡一次为宜。砖与砖之间的缝隙处可不定期用去污膏清洁，然后用毛笔在缝隙刷一层防水剂，可防止霉菌生长。

【辅助学习】

公共区域卫生的特点

1. 人员流量大，清洁工作不太方便

公共区域的人员流量较大，客人活动频繁，这给该区域的清洁保养工作带来不便和困难。为了便于清洁和减少对来往人员的干扰，公共区域的清洁工作应尽量安排在人员活动较少的时间段进行，特别是客用区域的清洁工作，大量的清洁工作被安排在夜班完成。

2. 涉及范围广，造成影响大

公共区域清洁卫生的范围涉及酒店的每个角落，既包括外围的外墙、花园、前后大门、通道等，也包括室内的大厅、休息室、餐厅、娱乐场所、公共洗手间、电梯、行政办公室、员工休息室、更衣室、餐厅、员工公寓，以及所有的下水道、排水排污管道和垃圾房等。公共区域的清洁卫生的状况被每位经过和进入酒店的客人及潜在客人所感知和传扬，对树立酒店形象有较大的影响。

3. 项目繁杂，专业、技术性强

公共区域清洁卫生工作不仅涉及面很广，还在不同的地点、针对不同的清洁对象，有不同的清洁标准，不同的清洁方法，使用不同的清洁剂，因此其清洁卫生项目繁杂琐碎，如地面、墙面、天花板、门窗、灯具清洁，公共卫生间的清扫，绿化布置、除虫防害等。各类清洁工作具有各自的专业性和技术性，对工作人员也提出了较高的要求。

任务三　客用电梯的清洁与保养

与大堂一样，电梯也是客人使用频繁的场所。不论是升降箱式电梯还是自动扶梯，经过每日大量的客人使用后，都会有一些污染。这就需要公共区域清扫员每天对电梯进行及时的清扫，保持其清洁和卫生。

◇ 任务指导

任务名称	客用电梯的清洁与保养	学时	1
任务目标	掌握客用电梯清洁与保养的操作规程		
任务要求	掌握客用电梯的清洁步骤和要点		
任务准备	警示牌、吸尘器、干（湿）抹布、清洁剂、水桶、刷子等		
学习方法	由教师进行讲解与示范，然后学生分别进行实际操作		

◇ 任务流程

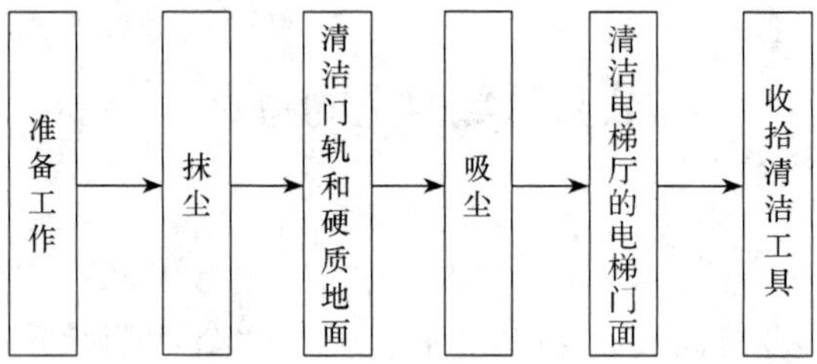

◇ 任务内容

程序/项目	标准
1. 准备工作	① 在需要清洗的电梯口，放置“暂停使用”警示牌 ② 使电梯暂停工作，门保持开启 ③ 准备好洗涤剂和打扫工具
2. 抹尘	① 先用湿抹布再用干抹布对天花板、灯具及轿厢四壁进行除尘 ② 用干抹布擦拭楼层显示屏、数字按钮、电话机等 ③ 关上电梯门，用干抹布擦拭电梯门内侧 ④ 用玻璃清洁剂擦拭电梯轿厢内玻璃 ⑤ 对电梯内不锈钢门和框进行擦尘和上光
3. 清洁门轨及硬质地面	① 用小扫帚或刷子清理出门轨内的碎片或灰尘，再用潮湿的抹布清洁轨道内部 ② 对电梯内的硬质地面进行清洁 ③ 清洁后拖干地面
4. 吸尘	用吸尘器对电梯内地毯进行吸尘，若有必要则需更换后清洗
5. 清洁电梯厅的电梯门面	用干抹布清洁电梯门的外侧
6. 收拾清洁工具	清洁工具收拾妥当，电梯恢复正常运行状态
注意事项	① 电梯打扫工作持续时间要短，尽量避免给客人带来不便 ② 时间选择也要避开客流高峰期 ③ 清洁电梯时，要选择客人进出较少的楼层，以免影响客人和增加噪声 ④ 大型酒店里的自动扶梯的清洁工作一般安排在晚间进行，粘在扶梯踏阶上的油污与口香糖必须去除，金属部分应加以擦拭，扶手应无灰尘、无污迹，玻璃灯罩应擦亮 ⑤ 员工电梯、货梯等的清洁可参照客用电梯的清洁

◇ 任务测试

班级：__________　　　　姓名：__________　　　　时间：__________

序号	考核内容	考核要点	评分标准	配分	扣分	得分
1	准备工作	① 摆放警示牌 ② 电梯暂停运行 ③ 各类清洁器具是否准备齐全	① 未竖立警示牌扣 2 分 ② 清洁剂准备不齐全扣 1 分 ③ 未暂停电梯扣 2 分 ④ 其他扣 5 分	10		
2	抹尘	① 干抹布和湿抹布使用时要分清 ② 对轿厢内玻璃和金属部分进行特殊处理	① 干抹布和湿抹布使用不当扣 2 分 ② 抹尘不细致扣 2 分 ③ 对玻璃和金属处理不当扣 2 分 ④ 其他扣 4 分	10		
3	清洁门轨及硬质地面	① 清扫门轨内碎片或灰尘，并用潮湿抹布擦拭 ② 清洁硬质地面，注意轿厢四角并拖干	① 门轨内有碎片或灰尘残余扣 2 分 ② 硬质地面清洁有遗漏扣 1 分 ③ 清洁后未拖干扣 2 分 ④ 其他扣 5 分	10		
4	吸尘	正确使用吸尘器，吸干净电梯内地毯，若有必要则需更换地毯	① 吸尘不到位扣 1 分 ② 地毯很脏而未更换扣 2 分 ③ 其他扣 2 分	5		
5	清洁电梯厅的电梯门面	用干抹布清洁电梯门的外侧	① 用湿抹布擦拭扣 1 分 ② 擦好后仍有指纹或污迹扣 5 分 ③ 其他扣 4 分	10		
6	收拾清洁工具	工具收拾妥当，电梯恢复正常运行状态	① 未收拾妥当工具就运行电梯扣2分 ② 其他扣 3 分	5		
			共计	50		

考核时间：　　年　　月　　日　　　　　　　　考评教师签名：__________

【相关知识】

电梯日常保养应注意的问题

1．机械部件

1）电梯的曳引机需要油的润滑。在曳引机的外罩上有两个刻度，打开油嘴查看油应在两个刻度中间。如果油低于下面的刻度，就表示应该给曳引机加油。如果不加油，电梯长时间的运行就会得不到很好的润滑，从而导致电梯曳引机和电动机的烧毁。电梯运行时间长了以后应该及时更换油，使曳引机始终保持润滑。

2）电梯轿厢导靴的清洗和润滑。大家都知道导靴在导轨上运行，导靴上面有油杯，要使电梯在运行中不产生摩擦声就必须定期给油杯加油和清洗导靴，并且应打扫干净轿厢。

3）电梯厅门和轿门的保养。电梯故障多出现在电梯厅门和轿门上，所以应注意电梯厅门、轿门的保养：一是门的上坎架上该加油的地方应加油，保持润滑，电梯就不会在运行中和门的开启中发出较大的声音；二是注意电梯的安全触板或光幕型的触板开关线的检查，因为电梯开关门的频率较高，会使开关线受损，这就要求维保人员在每次工作中必须检查此处，该换的就要提前换，不要让用户因门的问题对电梯产品质量产生怀疑。

2. 电器部件

电器部件大致分为控制屏、各安全回路的电器开关等，它是电梯的大脑，也是电梯的中枢神经，电梯的启动、运行和门的开关都由它控制，所以在日常维修和保养工作中一定要把它当作重中之重来对待。在工作中最好不要在控制屏内进行电梯回路的短接。电梯门发生故障时，有人为了图方便就把电梯的门短接，以便查找故障，这样做很危险，短接门出现的事故较多。为什么呢？如果一个人打开厅门把头往里面伸，这时电梯恰好往上或往下运行到此处，而厅门被短接，电梯就不能停下来，于是事故就极可能发生。所以我们在日常的维修和保养工作中千万不要把安全回路短接，如果一定要进行短接，就要查明哪个安全部件出了问题，需要短接哪个安全部件，而且保养或急修好以后，一定要及时把短接线取掉。

【辅助学习】

公共区域卫生的主要内容

公共区域保洁工作的范围较为分散，内容也较多，它包括酒店内除客房和厨房外的客人活动区域和员工区域及庭院的清洁工作，如大堂、楼道、电梯、卫生间、庭院的清洁和地毯的清洗、后台区域的清洁等。

（一）大堂

大堂是一个酒店的门面，是给客人留下第一印象和最后印象的地方。任何一家酒店都会在它的大堂装修和装饰上投入大量的人力、物力和财力，以期望客人一进入酒店就有一种耳目一新之感，留下良好的第一印象；当客人离开时，大堂的舒适环境可能会弥补其在入住期间留下的一些遗憾，也可能会因为大堂的一个卫生污点而使客人在入住期间留下的良好印象全部被抹掉，因此任何档次的酒店都不可忽视对大堂的卫生保洁工作。

大堂清洁内容如下。

1. 地面清洁

大堂地面一般是大理石或地毯，所以应根据不同酒店地面的材质进行适当的清洁。下面介绍大理石地面的清洁。

1）白天用尘拖循环迂回拖擦，维护地面清洁。

2）拖擦过程中应按一定路线进行，到终点时，抖清依附在拖把上的尘灰。

3）避开客人和客人聚集的区域，客人离散后，再补拖，一般以不打扰客人为原则。

4）客人进出频繁和容易脏的区域重点拖，并增加拖的次数。

5）遇下雨或下雪天在大堂门口放置踏垫和“小心路滑”警示牌，并提供保洁袋放湿雨伞，避免水滴滴在地面上。

6）夜间客人较少时对大堂地面进行彻底清扫和磨光，并定期上蜡。操作时应有警示牌或围栏绳。

2. 门庭清洁

1）白天通过巡视，在不影响客人的前提下对玻璃门窗、把手等的浮尘、手印、污渍进行揩擦。

2）晚上或清晨，对门庭指示牌、门窗、台阶等进行细致擦抹。

3）晚上对酒店门口广场或庭院清扫冲洗。

3. 大堂墙面、柱面清洁

1）晚上、清晨或在客人出入较少的时间段对墙面、柱面进行掸擦。

2）定期对墙面、柱面进行上蜡或粉刷。

4. 大堂家具清洁

1）大堂家具包括大堂内所有台、桌、凳、椅、茶几等家具及烟具、灯具、标牌和示意牌、栏杆、立式烟筒、烟灰缸、台灯、服务台、大堂经理台等。

2）白天主要是对家具、标牌、栏杆、台灯进行循环擦灰。

3）及时倾倒并擦拭立式烟筒。

4）勤换客用烟缸，烟蒂不能超过3个。

5）地面上的纸屑应及时捡起，茶几上的水渍等应及时擦净。

6）晚上或清晨，对大堂内所有家具及大理石台面等进行彻底清理。

5. 外围玻璃清洁

1）根据清洁的范围通知有关部门。

2）影响住客的要提前一天派发通知卡。

3）在地面清洁范围内摆放告示牌，以防地面湿滑发生摔倒等意外。

4）清洁完毕后撤走警示牌、通知卡，并做好记录。

（二）公共卫生间

过去卫生间往往不被人们重视，卫生状况不尽如人意，是客人特别是国外客人投诉的主要内容。随着旅游业和酒店业的发展，卫生间的清洁程度越来越受人们重视。卫生间内设备的档次越来越高，卫生保洁投入得也越来越多，它已成为公共区域保洁工作的一项重要内容。一般来说，酒店里的卫生间有客用卫生间和员工卫生间之分，而客用卫生间更被视为反映酒店档次与服务质量的一面“明镜”。

卫生间清洁内容如下。

1）清理卫生间内所有垃圾。

2）擦洗洗手池、台面、镜子、水龙头、厕所隔板、恭桶、立式便池、卫生纸盒、烘手器等。

3）清洗地面和墙面。

4）保养五金器具。

5）添补洗手液、擦手纸、卫生纸等消耗品。

6）检查洗手液器、烘手器等设备的完好情况，发现问题应及时报修。

7）放上鲜花或喷洒空气清新剂。

（三）电梯、自动扶梯

电梯或自动扶梯是客人在酒店内行走的必经途径，24h 不断有客人在使用。电梯里的地毯特别容易脏，四壁也会留下指印和磕碰的痕迹，这些在封闭的环境里特别容易引起客人的注意。因此一般酒店根据使用对象的不同分设客用电梯和员工使用电梯，在没有特殊情况下员工不允许使用客用电梯，目的就是保证客用电梯的环境和客人对整个酒店的印象。

电梯清洁内容如下。

1）清理电梯轿厢内地毯或地面，地毯应多备几块，以便清洁与更换。

2）清理自动扶梯的踏板，特别是纹路下凹的槽内脏物。

3）擦拭电梯梯门、梯内四壁或镜面、天花板、灯具等，必要时要使用特定清洁剂，定期对金属材质部分进行打蜡保养。

4）擦拭自动扶梯的扶栏和玻璃护板。

5）擦拭电梯按钮和楼层指示牌。

6）检查电梯或自动扶梯能否正常运行，如有问题应及时报修。

（四）庭院

多数宾馆、酒店、公寓和写字楼除大楼的主体外，还有部分庭院。庭院包括车道、车场、绿地、花园等，它是客人和员工途经、逗留和休息的场所。做好庭院的清洁，可为客人及员工创造良好的室外环境。

庭院的卫生工作由公共区域清扫员负责（大型酒店配有园艺工专门负责整个酒店的绿化工作），主要包括路面的清洁和绿地的清洁与养护。具体清扫内容如下。

1）清扫花园及停车场地面，每天应用扫帚清扫，及时除去地面上的垃圾，停车场还应用拖布定期擦洗。

2）对于草地、盆景、花木等应按规定进行浇水、施肥、修枝整形、除草灭虫等工作。

3）庭院、花园的地面一般每周应用水冲洗一两次。

4）酒店大门前要不停清扫。门前清扫通常应先喷洒适量水后再清扫，以防起灰尘。

5）对汽车带到门前的泥沙、污渍应及时清理，门前的花盆、花槽、防滑地面毡下的泥沙每天要清理两三次，地毡要定期换洗，门前的地面也要定期用水冲洗，一般每星期应冲洗一两次。

6）保持路面无杂物、烟蒂及纸屑等，及时清理庭院内的果皮箱中的垃圾，定期喷药防止蚊蝇的滋生。

（五）不锈钢和铜器

不锈钢和铜器在星级酒店里被普遍采用，它给酒店增添了色彩。通常，这些器件都必须每天清洁，否则就会失去光泽或粘上污迹。若保养不当，表面还可能变色或出现细微的划痕，从而破坏原设计的效果。因为金属类与空气接触会产生氧化反应，表层好似污垢附着，可用海绵蘸去污液擦拭，把表面处理干净后用保养油涂抹在表层，以防止氧化，并能增加亮度。

（六）地毯

地毯是当前宾馆、酒店、写字楼中地板材料中不可缺少的物品，主要用于客房和餐厅。地毯虽然能够增加豪华感，但是清洗和保养较为困难，经过专业地毯清洗、保养得当的地毯不但可使卫生水平提高，而且可使地毯使用寿命延长。

（七）过道、走廊及休息区

过道、走廊是客人在酒店内移动时的通道，客人在行走的同时也在对酒店进行参观、考察。所以酒店一般会在过道及走廊墙壁上挂一些能反映酒店特色或符合酒店整体风格的照片、名画；也会在过道两侧或走廊尽头摆上鲜花或绿色盆栽，以增添酒店的美观和生机。但这些装饰品如果没有很好的清洁和保养，所起的效果就会适得其反。

休息区是客人们聊天、休息、等人的好地方，当他们坐在沙发上时就会对这个区域的桌、椅、茶几、报架、植物、烟灰缸等进行上下打量，因为这些细节地方最能反映一个酒店真正的管理水平。

因此，过道、走廊及回客区是PA员工的重要工作区域。

（八）酒店后台区域

除了客人活动的前台区域，每家酒店都有后台区域，主要包括员工走廊、员工电梯、员工更衣室、员工卫生间、员工食堂、厨房、库房及各部门的办公室等。

后台区域同前台客人活动区域相比，区域也较大，人员流量大，使用频率高。保持后台区域的清洁，同前台区域一样，也需要大量的时间。

酒店员工每天在前台岗位上工作，为客人提供最好的环境和最优质的服务。因此他们有理由认为他们的工作、休息、更衣、洗澡等场所也应该是清洁的。所以前后台不同的卫生条件会伤害员工的自尊心和工作积极性，这样必然要影响酒店前台的服务质量。合格的客房管理人员应将后台维护得与前台一样清洁，后台的清洁水平往往也能反映客房的管理水平。

任务四　外墙清洁

酒店外墙是酒店的外包装，直接影响酒店的形象。外墙材料诸如水刷石、马赛克、釉面砖、铝合金、玻璃等，主要起两个方面的作用：一是美化环境；二是保护建筑物。但由于长期外露于空间，经日晒雨淋，自然风化，特别是大气污染物使外墙材料产生污垢和风化，墙面上出现或多或少的“雀斑”，甚至“面目全非”。因此，定期清洗建筑物的外表，不但可以使建筑物恢复本来面目，美化环境，而且可以起到保护建筑物的作用。

外墙清洗主要有两种方式：吊板方式和擦窗方式。因为高空作业危险性大，目前很多酒店请专门的保洁公司来负责外墙的清洗工作，但也有酒店配备了专用的各种清洗设备，培养了一批持有登高工作证的工作人员，一般由 PA 组统一指挥、统一管理。

◇ 任务指导

任务名称	外墙清洁	学时	1
任务目标	掌握外墙清洁的规程		
任务要求	掌握外墙清洁的必要常识与技术		
任务准备	绳索、清洁剂、保险带、铲刀、刮水器、抹布、高压冲洗机等		
学习方法	请专门工作人员进行示范，模拟实训		

◇ 任务流程

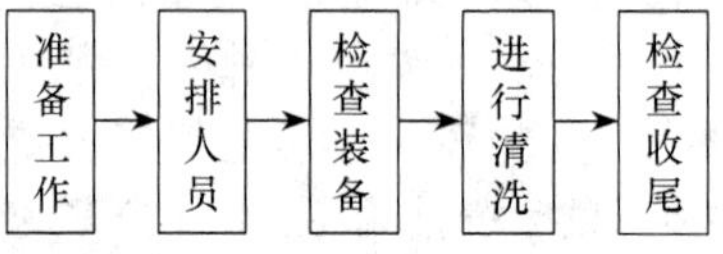

◇ 任务内容

程序/项目	标准
1．准备工作	① 清洗范围内竖立“暂停使用”告示牌或拉好安全围栏，不允许停放车辆及人员行走 ② 准备好各类清洁剂和安全装备
2．安排人员	安排具有登高操作证、年满 18 周岁的男性工作人员
3．检查装备	检查绳索、保险带、供水系统是否正常等
4．进行清洗	① 将事先准备好的中性清洁剂涂擦在外墙的铝板上或玻璃上 ② 用清水冲洗污渍并用刮水器将水迹刮净 ③ 铝板和玻璃上的建筑痕迹必须用铲刀铲清，注意不可将铝板和玻璃刮出印痕 ④ 擦净外墙边角上的导航灯、百叶部分及酒店的牌子
5．检查收尾	① 清洗后的铝板、玻璃无污迹，无建筑痕迹 ② 清洗后的人员安全无恙 ③ 收拾好各类器具
注意事项	① 酒店外墙清洁是一项高危工作，所以对人员的选择要严格把关 ② 在操作开始前对绳索、保险带等物品要进行认真、细致的安全检查 ③ 一定要根据操作规范操作，安全行事

◇ 任务测试

班级：__________　　姓名：__________　　时间：__________

序号	考核内容	考核要点	评分标准	配分	扣分	得分
1	准备工作	① 竖立告示牌或拉好安全围栏，清洗范围内不能出现人或车 ② 清洁剂和安全装备是否准备齐全	① 未竖立告示牌或拉好安全围栏扣 2 分 ② 清洁剂和安全装备准备不齐全扣 2 分 ③ 其他扣 6 分	10		
2	安排人员	人员安排要认真、严格	安排不合格人员扣 10 分	10		

续表

序号	考核内容	考核要点	评分标准	配分	扣分	得分
3	检查装备	① 检查绳索、保险带等佩戴是否正确 ② 高空作业所需用具是否携带齐全	① 绳索、保险带佩戴有误扣 2 分 ② 所需用具遗漏一样扣 1 分 ③ 其他扣 7 分	10		
4	进行清洗	① 要用中性清洁剂涂擦在外墙的铝板上或玻璃上 ② 用清水冲洗污渍并用刮水器将水迹刮净 ③ 用铲刀铲铝板和玻璃上的建筑痕迹时，不可将铝板和玻璃刮出印痕 ④ 在操作过程中时刻注意安全	① 使用清洁剂错误扣 1 分 ② 水渍未基本刮干扣 1 分 ③ 用铲刀时在铝板或玻璃上刮出印痕扣 2 分 ④ 操作时不专心、不注意安全扣 6 分	10		
5	检查收尾	① 检查清洗效果 ② 清洗人员安全 ③ 各类器具收拾妥当	① 操作不当导致安全事故扣 5 分 ② 各类器具未收拾妥当扣 2 分 ③ 其他扣 3 分	10		
		共计		50		

考核时间：　　年　　月　　日　　　　　　　　　　考评教师签名：________

【相关知识】

酒店外墙清洗的必要性

建筑物外墙材料表面或内部由于吸收了水分，在冰冻、解冻的循环过程中易使建筑物受到破坏（水结冰时体积膨胀）。建筑物外表污垢微粒的总表面比原有表面要大得多，因此，在受潮之后，垢壳表面潮湿时间比原表面更长，这就对建筑材料的破坏性增大。

【辅助学习】

公共区域卫生的质量控制

1. 清洁保养制度

（1）日常清洁保养

根据各区域的活动特点和保洁要求，列出所有责任区域的日常清洁基本标准，以便进行工作安排和检查对照。日常清洁保养的一般形式与主要内容如下。

1）大厅及走廊随时保持整洁。早、中班每小时进行一遍地面推尘、倒烟灰、座位整理、扶手与平台抹尘、清除地毯及喷水池中垃圾，夜班进行全面清洁。

2）客用电梯早、中班每 4h 清扫一次，夜班进行全面清洁。

3）客用洗手间早、中班每 1～2h 进行一次整理，下午及后半夜各进行一次全面清洁。

4）餐厅每日营业结束后进行全面清洁保养。

5）多功能厅每日清洁一次，需要时可随时清洁。

6）行政办公室每日下班后清洁一次。

7）员工更衣室每日早、中班各清洁一次。

8）员工通道与电梯每班清洁一次。

9）外围每日早晚清扫两遍，其他时间由外围服务员随时保持其整洁。

（2）服务员分工负责

根据日常清洁标准，将各项工作落实到早、中、夜三个班次；再根据工作量的多少确定各班次所需要的人员并为服务员划分责任区。为了保证工作的实施及便于检查效果，应制定早、中班各责任区服务员的工作流程和时间分配方法，而夜班通常只需列出其工作内容即可。

（3）分期清洁保养计划

分期清洁保养计划与客房的卫生计划类似，但公共区域分块多、各处的使用情况有别、环境要求也不同，所以这一计划以各区分列为宜。

（4）检查督导

与楼层工作一样，检查是保证工作水准的一项必要措施。虽然所有工作区域的规定项目都要检查，但也应注意重点与次序。一般来说，公共区域的检查以客人活动区域为重点，其顺序可以是从前往后、自下而上地进行。客房检查中所采用的顺时针或逆时针式的检查路线在此同样适用。

负责公共区域的主管和领班不仅仅是工作检查者，更应该是工作的协调和组织指导者。他们除了检查日常工作的完成情况，还要更多地了解员工的工作状态和操作细节，其中是否正确使用清洁剂和清洁工具就是一项重要内容。如果这一环没抓好，不但浪费清洁剂和降低工作效率，而且往往达不到应有的清洁保养效果，甚至带来额外的麻烦。例如，洗地打蜡而不立告示牌或拉隔离线，擦玻璃时不带抹布，清洁洗手间脸盆时用坐厕清洁剂等。为了考察和控制公共区域的工作质量，往往要求有书面检查记录和成绩评估，这些将作为奖金分配或培训需求的分析依据。

2. 公共区域服务组

（1）公共区域主管

1）主管全酒店公共区域的清洁卫生工作，对客房部经理负责。

2）督导下属员工的工作。

3）巡视公共区域，检查清洁卫生质量。

4）指导和检查地毯保养、虫害控制、庭院绿化、花卉布置、外窗清洁等专业工作。

5）安排公共区域大清洁计划。

6）控制清洁剂、清洁用品的消耗量。

7）完成“公共区域工作日志”。

（2）公共区域领班

1）督导下属员工的工作。

2）安排下属员工的工作及调配，全面完成各项清洁卫生工作及服务工作。

3）检查公共区域的清洁卫生及服务情况。

4）检查及报告公共区域内设施、设备、用品的损坏情况。

5）检查衣帽间及洗手间的清洁和服务状况。
6）控制清洁剂及清洁用品的消耗。
7）填写领班工作日志。
（3）公共区域清扫员
1）负责领班所安排的区域范围内的清洁工作。
2）正确使用清洁剂及清洁工具。
3）在工作区域内，按要求喷洒药水或放置卫生药品，杀灭虫害。
4）报告在公共区域内的任何失物。
（4）衣帽间、洗手间服务员
1）负责客人的衣帽寄存。
2）负责为如厕的客人备水及纸巾。
3）负责衣帽间及洗手间的清洁卫生。
4）报告拾得的任何失物。
（5）地毯清洁工
1）负责清洁酒店内所有的地毯及家具布料。
2）修补损坏的地毯。
3）定时巡视酒店范围内的地毯状况。
（6）外空清洁工
负责清洁酒店内外的玻璃窗及镜面。
（7）园艺工
1）负责养护酒店所种植的花卉草木。
2）提供布置客房及环境的花卉、盆景等。

3. 公共区域清洁卫生质量标准

（1）大堂清洁卫生质量标准
1）保持地面大理石无脚印、无污渍、无破损、无变形、无水迹、干净、光亮。
2）门窗无破损、无变形、无划痕、无灰尘。
3）玻璃、幕墙、玻璃门无手印及灰尘，保持干净、光亮、完好无损。
4）各处立式烟桶、烟灰缸保持清洁，无烟头灰迹、无痰迹。
5）大堂墙面平整、无破损、无开裂、无脱落、无污迹、无蛛网。
6）大堂家具稳固、完好、无破损、无变形、无脱落、无灰尘、无烫痕。
7）盆景、花木、艺术品无枯枝败叶、无灰尘、无纸屑、无异味、无昆虫。
8）总服务台及各种设备，干净整齐、布局合理、无破损、无灰尘、无污迹。
9）若有水池则应定期清洗，保持池内干净、清澈见底、无垃圾。
（2）公共卫生间清洁卫生质量标准
1）卫生间地面平整、无破损、无污迹、无水迹、无脚印、无毛发、洁净光亮。
2）墙面及天花板保持干燥、无蛛网、无污迹、无裂痕、无脱落。

3）镜子、窗玻璃保持明净、无灰尘、无污痕、无手印、无水迹。
4）金属器具保持光亮、无浮尘、无水迹、无锈斑。
5）卫生设施设备齐全有效、无破损、无污迹。
6）厕位无堵塞、无滴漏、无污迹。
7）各类消耗品摆放整齐、品种齐全、数量充足。
8）保持卫生间内无异味，空气清新。

（3）电梯清洁卫生质量标准

1）电梯内无异味、无杂物。
2）电梯门无手印、无污痕、无变形。
3）玻璃或镜子保持明净，无灰尘、无污痕、无手印。
4）金属器具保持光亮，无浮尘、无锈斑。
5）按钮无污痕，楼层指示牌清晰，灯具无积灰。
6）装饰画无破损、无污痕、稳固完好。

（4）走廊、休息区清洁卫生质量标准

1）墙面平整、无破损、无开裂、无脱落、无污迹、无蛛网。
2）地毯平整、无破损、无褶皱、无污渍、无异味。
3）灯具及饰品完好有效、无灰尘、无污迹。
4）盆景、花木、艺术品无枯枝败叶、无灰尘、无纸屑、无异味、无昆虫。
5）报纸、报架摆放整齐、分类清晰、无破损、无污渍、无灰尘。
6）垃圾桶、烟灰缸及时倾倒更换、无异味。
7）沙发、椅子稳固、完好、无破损、无变形、无脱落、无灰尘、无烫痕。
8）防火楼梯扶手光亮无锈蚀，台阶干净、无积灰、无垃圾。

（5）酒店外观清洁卫生质量标准

1）庭院、花园完好整齐、干净、无垃圾、无杂物。
2）外墙干净美观、无脱落、无污迹。
3）店标及标志正规、完整、无褪色、无变形、无灰尘、无污迹。
4）停车场干净整齐、标线明确。
5）照明灯完好有效、无灰尘、无污迹。
6）绿化区修剪美观、无杂物、无垃圾。

任务五　玻璃清洁

为了保证酒店内部的采光和美观，玻璃在酒店里的使用范围非常大。玻璃也是最容易被污染的地方之一，客人的触摸和灰尘的吸附都会影响它的美观效果。因此，玻璃的清洁保养也是非常关键的。

◇ 任务指导

任务名称	玻璃清洁	学时	1
任务目标	掌握玻璃清洁的规程		
任务要求	掌握玻璃清洁的要点和操作规范		
任务准备	水桶、无毛干湿布、玻璃刮水器、铲刀、报纸、抛光布、抛光剂、步梯等		
学习方法	由教师进行讲解与示范，然后学生分组进行实际操作		

◇ 任务流程

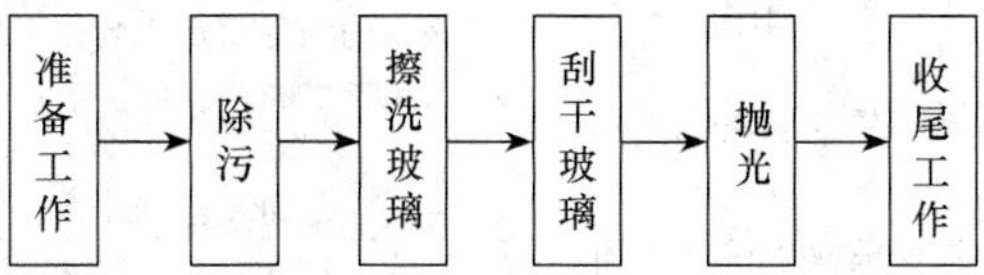

◇ 任务内容

程序/项目	标准
1．准备工作	① 移走窗帘、百叶窗等，或将其系好不要妨碍工作 ② 在需刮洗的玻璃下铺设报废床单或护尘布以保护地板 ③ 按比例稀释清洁剂
2．除污	① 用报纸或干布抹掉表面上的污物 ② 若有漆斑等难除的污渍，则可用铲刀将其去除（但不可将刀刃正对玻璃操作）
3．擦洗玻璃	① 将清洁剂均匀喷洒在玻璃表面，均匀涂抹玻璃 ② 按从上至下、从左至右顺序擦拭 ③ 清洗框架，注意角落 ④ 够不到的地方可借助步梯，但要确保牢固
4．刮干玻璃	① 用玻璃刮水器以从上至下、从左至右的方法刮清玻璃上的污水 ② 每刮一次均用干抹布擦拭刮水器上的污水 ③ 用玻璃涂水器蘸热水洗涤玻璃表面再刮干 ④ 用无毛干抹布将未刮净的水迹及边框擦干直至无尘、无污迹
5．抛光	用抛光剂抛光直至发亮
6．收尾工作	① 收掉铺在地面上的报废床单或护尘布，并送去指定地点 ② 将窗帘或百叶窗恢复原位 ③ 收拾器具和垃圾，恢复正常使用
注意事项	① 擦洗玻璃有时需要登高作业，所以安全问题很重要 ② 为避免操作时一个人爬上爬下，最好小组分工合作 ③ 用铲刀刮油漆或涂料时，铲刀要锋利，但刀刃不能正对玻璃，避免留下划痕

◇ 任务测试

班级：__________　　　　姓名：__________　　　　时间：__________

序号	考核内容	考核要点	评分标准	配分	扣分	得分
1	准备工作	① 窗帘或百叶窗要收拾好，避免影响清洗工作	① 窗帘等未妥善处理影响工作扣 2 分 ② 未在清洗玻璃下方做保护措施扣 2 分	10		

续表

序号	考核内容	考核要点	评分标准	配分	扣分	得分
1	准备工作	② 在需清洗的玻璃下方做好保护措施 ③ 按正确比例稀释清洁剂	③ 清洁剂未稀释扣 2 分 ④ 其他扣 4 分	10		
2	除污	① 一般污物可用报纸或干布擦拭 ② 油漆或涂料等要用铲刀铲除	污物清除不到位扣 5 分	5		
3	擦洗玻璃	① 用清洁剂均匀涂擦玻璃 ② 按从上至下、从左至右顺序擦拭玻璃 ③ 清洗框架，注意角落	① 擦洗过程不细致、有遗漏扣 2 分 ② 擦拭顺序错误扣 1 分 ③ 框架未清洁扣 1 分 ④ 其他扣 6 分	10		
4	刮干玻璃	① 用刮水器按顺序刮清玻璃上的污水 ② 每刮一次均用干抹布擦拭刮水器上的污水 ③ 用玻璃涂水器蘸热水洗涤表面再刮干 ④ 用无毛干布擦干所有水迹	① 玻璃刮水器刮污水操作不当扣 2 分 ② 未用干抹布每次擦拭刮水器上的污水扣 1 分 ③ 未用热水洗涤扣 1 分 ④ 玻璃或框架上留有水迹扣 2 分 ⑤ 其他扣 4 分	10		
5	抛光	用抛光剂和抛光布均匀抛光玻璃表面	未抛光至发亮扣 5 分	5		
6	收尾工作	① 收掉铺在地面上的报废床单或护尘布 ② 恢复窗帘或百叶窗	① 在清理现场留下垃圾或杂物扣 3 分 ② 弄脏窗帘或墙壁扣 2 分 ③ 其他扣 5 分	10		
共计				50		

考核时间：　　年　　月　　日　　　　　　　　　　考评教师签名：________

【相关知识】

1. 窗帘清洁方法

1）清洗软百叶窗帘时，先把窗帘关好，在上面喷洒适量清水或擦光剂，用抹布擦干，即可较长时间保持清洁光亮。至于窗帘的拉绳处，可用一把柔软的鬃毛刷轻轻擦拭。若窗帘较脏，则可用抹布蘸些温水溶开的洗涤剂清洗，也可用少许氨水溶液擦抹。

2）若是滚轴窗帘，则将它拉下成平面，用布擦。滚轴通常是中空的，可用一根细棍，一端系着绒毛伸进去不停地转动除去灰尘。帆布及布或麻制成的窗帘，可用海绵蘸些温水或肥皂溶液进行擦抹，待晾干后卷起来即可，此法省时省力。在清洗奥地利式花边窗时，先用衣物吸尘器吸除花边里的灰尘，然后用一把柔软的羽毛刷轻轻扫过，但一定要小心，别将装饰花边弄破或弄歪。普通布料做成的窗帘可用湿布擦抹，或者按常规放在清水或洗衣机中洗涤。

2. 纱窗清洁妙招

用吸尘器来清理屋内的灰尘或垃圾很方便，但用它来吸纱窗，可能就没有那么好用。纱窗到处都是洞，用吸尘器吸到的都是空气，无法去除灰尘。倘若想用吸尘器来清理纱窗，其实也很简单，只要准备一张报纸就够了。先把报纸摊开，用胶带贴在纱窗上，然后用吸尘器从另外一面吸，这样就可以吸出纱窗上的灰尘。纱窗上的灰尘还可以用海绵来清洗，照样可以达到一干二净的效果。具体方法如下：准备两块海绵，将其中一块按在纱窗反面，将另一块从正面轻拍，这样灰尘就会粘在按住的那块海绵上，纱窗自然也就干净透风了。用久的纱窗会出现松松垮垮的现象，看起来很不美观，这时不妨请电吹风来“帮个忙”。电吹风的暖风热度会让尼龙略微紧缩，可以缓解纱窗的松弛状况。倘若纱窗出现破洞，用指甲油就能修补好。在破洞处涂上厚厚的透明指甲油，指甲油干后自然会凝结，就能把破洞补起来，轻松简单又不留痕迹。

【辅助学习】

清洁器具与清洁剂

客房部使用的清洁用具和设备种类很多，归纳起来分为两大类：清洁器具和清洁剂。在进行清洁保养的过程中，这些器具和化学药品是给客人营造舒适环境不可或缺的工具。所以对器具和化学药品的正确使用，不仅可以达到高效清洁的效果，还可以避免由于不当使用而带来的财产损失；同时能提高个人的工作品质，维护自身的工作安全。

（一）清洁器具

清洁器具分为一般清洁器具和机器清洁设备。

1. 一般清洁器具

（1）扫帚

扫帚主要用于清扫地面那些较大的、吸尘器无法吸走的碎片和脏物。扫帚根据用途、形状和制作材料可以分为长柄扫帚、单手扫帚、小扫帚、头部可以自动转动的扫帚。

（2）畚箕

畚箕，又名簸箕，用于撮起集中成堆的垃圾。畚箕可分为单手操作式畚箕、三柱式畚箕和提合式畚箕三种。

（3）拖把

拖把是用布条束或毛线安装在长柄上的清洁工具。它可以分为地拖和尘拖。地拖又称水拖把，一般在打扫过程中与挤水器和地拖桶配合使用。尘拖又称万向地推，由尘拖头和尘拖架两个部分组成。尘拖主要用于光滑地面的保养工作，它可将地面的沙粒、尘土带走，以减少对地面的磨损。在使用拖把的过程中应根据不同的地面情况选用不同规格的尘拖头。

（4）玻璃清洁器

擦玻璃是一项费时费力的工作，使用玻璃清洁器可提高工效，而且安全可靠、简单易行。玻璃清洁器主要由长臂杆、“T”形手柄和其他配件构成。长臂杆最长可伸至11m左右，可以根据具体情况接上短柄削刮器、水枪、大夹子、刷子等附件以方便清洁；“T”形手柄可以在几秒内装在擦洗器和削刮器上；锋利的剃刀装上特别的手柄，彼此卡紧后就是一把刀子。

（5）其他清洁器具

1）喷雾器：用于喷射清洁剂及蜡水，单手操作即可。

2）油灰刀（刮刀）：用于去除粘固在地板上的口香糖等难以清洁的污垢。

3）百洁布：有粗、细两种，对于清洁卫生间洁具很有效果。

除了上面介绍的几种清洁器具，其他常用清洁用具还有抹布、鸡毛掸子、丝瓜布、铝丝绒等。

2. 机器清洁设备

（1）吸尘器

吸尘器的应用范围很广，可用于清洁地板、家具、帘帐、垫套和地毯等。

1）吸尘器的结构。它主要由主体和附件两部分构成。主体包括电动机、风机和吸尘部分（由过滤器、储尘桶组成）。附件包括软管、接头弯管、塑接管（接长管）、刷头和扁吸嘴等。

2）吸尘器的种类。按照操作原理及构造，吸尘器大致可以分为直立式吸尘器、吸力式吸尘器和混合式吸尘器三类。

直立式吸尘器在地毯上操作非常简单，使用者不用弯腰曲背，但它的吸嘴通常较大，所以在清洁"矮脚"家具底下或其他浅窄的地方时，就不如圆筒形吸尘器方便。此外，直立式吸尘器在操作时发出的声音比吸力式吸尘器发出的声音大。

吸力式吸尘器有多种款式，如圆筒形、长筒形。虽然外形设计存在一定差别，但它们都有一个共同之处，即都有一个长喉管，用来接交各种配件，以配合不同的工作需要。因为这类吸尘器只是靠吸力去吸尘，所以它的发动机功率通常比较大。在清洁方面由于没有电动旋转刷，对清理地毯的效力不是很显著。由于它具备强劲的吸力，对清理地板、家具、帘帐等效果较好，也可较方便地清理"矮脚"家具底下或其他浅窄的地方。

混合式吸尘器外形与吸力式吸尘器大致相同，多采用圆筒式的设计。它除了具有强劲的吸力，还备有电动的振动清洁刷，可随时装上使用，因此在清洁效能方面可以同时发挥直立式吸尘器和吸力式吸尘器两者的长处。

3）吸尘器的使用。

① 使用前必须检查电线有无破损，插头有无破裂或松脱，以免引起触电事故。

② 检查吸尘器头有无隔尘网片，机身耳钩是否损坏或丢失。

③ 拉吸尘器时要一手抓吸尘器吸管，另一手拉吸尘器的把手，这样可方便拉动，避免碰撞其他物体。

④ 检查吸把转动是否灵活，发现有问题时要及时报告维修部检修，以免损坏把头和底部铁盒。

⑤ 吸尘器堵塞时，不要继续使用，以免增加吸尘器的负荷，烧坏电动机。

⑥ 发现地毯上有大件物体和尖硬物体时要捡起来，如果用吸尘器吸会损坏内部机件或造成吸管堵塞。

⑦ 吸尘后要检查吸尘器的轮子是否缠绕上杂物，若有则要及时清理并加油。

⑧ 吸尘器每天使用完毕后，必须清理集尘袋，擦干净机身，将机头与机身分拆摆放好。

（2）洗地毯机

洗地毯机工作效率高，省力、省时、节电、节水，其机身结构及配件由玻璃钢和不锈钢制成，可用于清洗纯羊毛、化纤、尼龙、植物纤维等地毯。洗地毯机主要由两个吸力泵、污水箱、净水箱、强力喷射水泵、电动机等构成，采用真空抽吸原理。洗地毯机在操作时，强力喷射、振荡刷洗、真空抽吸三个动作同时进行。

（3）洗地机

洗地机又称擦地吸水机，它具有擦洗机和吸水机的功能，可将擦洗地面的工作一步完成，适用于对酒店的大厅、走廊、停车场等面积大的地方进行清洗，是提高酒店清洁卫生水平不可缺少的工具之一。

洗地机的使用步骤：①洗地机使用前要先检查各个部件是否完好；②当打开吸水机开关时，应注意查看污水箱是否保持密封，以防污水外溢；③清洗工作完毕，将吸水系统剩余清洁液抽至污水箱内，便于倾倒；④每次使用后，应把各种配件清洗干净，晾干后妥善保存起来。

（4）吸水机

吸水机外形常见的有筒形和车厢形两种，机身由塑料或不锈钢材料制成，分为固定型和活动型两种。吸水机主要部件是真空泵、蓄水桶和吸水刷。吸水机的功能是对洗刷后地毯进行抽吸，使残存于地毯中的污物彻底清除。吸水机的使用方法和吸尘器的使用方法基本相同，接通电源即可操作，蓄水桶吸满水后要及时放掉。

（5）打蜡机

打蜡机又称打光机，主要用于地板及光整地面上蜡后打光。打蜡机以电动机为动力，经变速机构带动刷盘旋转，将上蜡地面打光。打蜡机有单刷机、双刷机、三刷机和上蜡打光机四种，其中单刷机使用最广。单刷机的速度有慢速、中速、高速和超高速。慢速及中速单刷机较适用于洗擦地板，高速单刷机则适用于花岗石、大理石等平整硬质地面的抛光。

（6）高压冲洗机

高压冲洗机用于外墙、广场、地面、汽车和垃圾房、停车场和其他需要进行高压冲洗的地方。

（7）吹干机

吹干机适用于吹清洗后的地毯和起蜡后的硬质地面。

除了上述各类机器设备，各酒店要根据自己的规模、承受能力等条件配备不同的清洁机器。

（二）清洁剂

在进行清洁保养过程中，清洁剂是必不可少的工具之一。因为它的使用可以达到如下效果：①使清洁工作更加容易；②消除或减少尘污的附着力；③防止物件因受热、受潮、受化学污染或摩擦而遭受损坏；④延长物品的使用寿命；⑤美化物品的外观等。但是清洁剂一般是化学药品，若对这些化学药品缺乏一定的认知而不当使用，则会对使用者和使用对象产生严重后果。

1. 清洁剂的种类

一般清洁剂包括三种类型：酸性清洁剂、中性清洁剂和碱性清洁剂。清洁剂的化学性质通常用 pH 值（氢离子浓度指数）来表示。

1）酸性清洁剂：柠檬酸、醋酸、盐酸、硫酸、草酸、恭桶清洁剂。

2）中性清洁剂：多功能清洁剂、洗地毯剂。

3）碱性清洁剂：碳酸氢钙、碳酸钠、氢氧化钠、氨水、次氯酸钠漂白剂、过硼酸钠漂白剂、玻璃清洁剂、家具蜡、起蜡水。

2. 常用清洁剂介绍

1）万能清洁剂。万能清洁剂是一种中性清洁剂，在使用过程中如加入沐浴露可以增加润滑作用和芳香气味。调和使用可用于浴室脸盆、恭桶、浴缸等的清洗，以去除附在浴缸、脸盆上的油脂、水垢及肥皂残余物等。

2）玻璃清洁剂。玻璃清洁剂用以清理玻璃、镜子的污渍灰尘；也可加入酒精以增加挥发性，使用后洁净明亮并可防止灰尘吸附。

3）地毯清洁剂。

① 地毯清洁剂用于地毯清洗或局部污渍清理，依地毯材质及脏污程度选用各种类别的药剂，可使地毯颜色亮丽、洁净芳香。

② 地毯清洁剂依地毯污渍的程度可稀释 10～20 倍使用。

③ 注意地毯接缝处要钉上铁钉，以防止地毯缩水。

4）除锈水：用于清除铁锈污渍，避免触及衣物造成腐蚀。

5）酒精：用于电话机消毒和清理轻微黏胶，但必须是医用酒精。另外，应避免触及木器油漆，以免造成泛白痕迹；擦拭印刷品也会造成字迹褪色。

6）瓷洁剂：用于恭桶、瓷砖等污垢的清理，要避免触及不锈钢物品或花岗石地板。

7）去油剂（化油剂）：用于清洗一般污渍、油渍，若污渍、油渍的面积较大，则可以与万能清洁剂掺和使用。

8）漂白水：瓷砖缝、浴帘等发霉漂白用；茶杯、茶壶、盘子、洗脸盆水塞等漂白用；水杯的清洁杀菌用。在清理过程中应避免溅到衣物或眼睛，若沾到不锈钢应立即冲水。但漂白水禁止与瓷洁剂混合使用，以防产生气爆。

9）三合一清洁剂：属于中性清洁剂，一般不会造成损坏，可用于清理黏胶、纤维质污点以及粘在地毯上的口香糖，效果良好。

10）碧丽珠：用于打蜡磨亮家具，倒在专用抹布上，均匀涂抹家具后用力擦亮，但避免用量过多，会造成湿黏；房门等木器不宜上蜡，以防发霉。

11）铜油：用于擦亮铜器用品，均匀涂抹后用力擦亮；镀铜用品不可使用，以免破坏保护膜。

12）香蕉水：油漆的调和剂，可用于黏胶的清理及玻璃、镜面污渍清理；但不可擦拭塑胶、家具、亚克力等制品，会腐蚀表面。

13）地毯芳香剂：用以清除地毯霉味，增加芳香，倒在专用抹布上，均匀涂抹后擦亮，但避免用量过多，会造成湿黏。

14）不锈钢保养油。用于不锈钢门等大面积的不锈钢清理，表面污渍的清理，形成保护膜后要将多余的油渍擦干净，并依序喷洒均匀后再用力擦拭，以保持光亮。

15）不锈钢金属防护剂。此为水溶性乳化剂，对于锈蚀、斑点清洁效果显著，保养后不使金属表面起磨痕或刮伤，能保护金属表面，并能有效防止手印痕迹及水斑等。

16）不锈钢清洁光亮剂、地板亮光蜡：大理石、PVC（polyvinyl chloride，聚氯乙烯）等各种地板打底时使用，能让地板平坦、耐用而且保养容易，洁亮持久。地板要彻底清理干净并风干后才能上蜡；平日可用磨光机抛光，以增加地板亮度。

17）地面蜡。地面蜡有面蜡和封蜡之分。

① 面蜡（地面抛光剂）：主要用于地面的清洁保养，其品种有油性（溶剂型）与水性（水基型）两种。它们都能为地面留下一层保护层，因此被称为面蜡。油性蜡用于木材等多孔质地面，待溶剂挥发后会留下一个蜡质保护层。它易变暗，但只要经常打磨即可恢复光泽。水性蜡则适用于少孔塑料地板、花岗岩和云石等。它是一种混合了蜡与聚酯物的乳状液体，干后能留下一个坚硬的保护层同时具有防滑的作用。

② 封蜡（底蜡）。它其实是一种填充剂，使用后能通过渗透将一些细微的孔隙封住并在地表形成一层牢固的保护层，以防止污垢、液体、油脂甚至细菌的侵入。根据使用情况的不同，封蜡层有效的时间也不同。

封蜡有油性封蜡和水性封蜡两种。油性封蜡一般用于木质地面，也可用于水泥地、石料地；水性封蜡一般用于塑料地板、橡胶地砖、大理石和水磨石地面等。

18）洁夫液：用于清洁墙面或不锈钢表面污渍，使用时要用浅色抹布，清洁后会有白色粉末，注意用湿布擦干净。

19）起蜡水：用于需再次打蜡的大理石和木板地面，可将陈蜡及脏垢浮起而达到起蜡功效。起蜡水的碱性较强（pH＝10～14），所以起蜡后必须反复清洗地面后才能再次上蜡。

任务六　地毯清洗

地毯总给人高雅、华贵、气派的感觉。地毯的质地、图案、花色间接反映了使用者的文化底蕴、审美层次和欣赏品位，但被污染弄脏的地毯，可能会让人沮丧。酒店如果要给客人营造舒适的气氛，就必须保持地毯洁净、清新、松软而富于弹性。因此，掌握正确清洗地毯的方法非常必要。

◇ 任务指导

任务名称	地毯清洗	学时	1
任务目标	了解地毯的特性，掌握地毯清洁的规程		
任务要求	掌握水抽清洗地毯的步骤和清洁器具的使用方法		
任务准备	地毯清洁剂、吸尘器、带电子打泡箱的洗地毯机、烘干机、围栏若干和告示牌等		
学习方法	由教师进行讲解与示范，然后学生分别进行实际操作		

◇ 任务流程

准备器具 → 吸尘 → 清洗地毯 → 烘吹拨松

◇ 任务内容

程序/项目	标准
1．准备器具	① 在准备清洗的地方，竖立“暂停使用”告示牌 ② 准备好各类洗涤剂和洗涤器具 ③ 检查洗地毯机、烘干机等能否正常使用
2．吸尘	用吸尘器全面吸尘
3．清洗地毯	① 将地毯清洁剂按说明书上的比例稀释后注入电子打泡箱内 ② 打开泡箱开关，将泡沫均匀地喷洒在地毯上 ③ 10～15min 后，待污渍溶解脱离地毯，再开机操作 ④ 用洗地毯机抽洗，控制洗地毯机的走向，由里至外，保持适当的速度，在地毯上来回刷 3～4 次，上下行距互叠 10cm 左右 ⑤ 用手刷处理地毯边缘、角落和机器推不到之处 ⑥ 在清洗地毯的同时，用吸水机吸净已洗完的地毯
4．烘吹拨松	① 用地毯烘干机烘干地毯（烘干机的使用方法与吸尘器类似） ② 用吸尘器进行拨松吸尘 ③ 工作完毕，用清水冲洗泡箱和地毯刷
注意事项	① 可根据地毯的使用情况和脏污程度决定对地毯进行彻底清洗保养的频率 ② 若清洗大面积地毯，以防缩水，可在四周及接缝处用钉子固定 ③ 地毯清洗干净未完全吹干之前要盖好保护单

◇ 任务测试

组别：＿＿＿＿＿＿　　姓名：＿＿＿＿＿　　时间：＿＿＿＿＿＿

序号	考核内容	考核要点	评分标准	配分	扣分	得分
1	准备器具	① 竖立“暂停使用”告示牌或拉好安全围栏 ② 各类清洁剂是否准备正确、齐全 ③ 各类清洁器具是否准备齐全 ④ 检查各类器具能否正常使用	① 未竖立“暂停使用”告示牌或拉好安全围栏扣 1 分 ② 清洁剂准备不齐全或不正确扣 2 分 ③ 清洁器具准备不齐全扣 2 分 ④ 对器具未进行检查扣 1 分 ⑤ 其他扣 4 分	10		
2	吸尘	① 正确使用吸尘器 ② 按照一定顺序方向前进，注意墙边、角落，避免遗漏	① 吸尘器使用不规范扣 1 分 ② 未按一定顺序方向进行吸尘扣 1 分 ③ 有遗漏扣 2 分 ④ 其他扣 1 分	5		

续表

序号	考核内容	考核要点	评分标准	配分	扣分	得分
3	清洗地毯	① 按清洗剂的配比标准合理使用清洗剂 ② 不得混用清洗剂 ③ 去污要彻底，对重垢和油垢先做特殊处理再清洗 ④ 为了防止地毯缩水，用钉子固定地毯四周和接缝处 ⑤ 清洗过程中尽量别把地毯弄太湿，避免水往地毯下渗透 ⑥ 地毯的边、角、口要清洗 ⑦ 地毯清洗干净后要盖好保护单 ⑧ 清洗后的地毯要彻底抽干，不发花，无黑条印迹，无残留地毯毛 ⑨ 遵守操作时间，工作完毕后现场要保持整洁	① 清洗剂不按标准稀释扣 2 分 ② 混用清洁剂扣 3 分 ③ 去污不彻底、留有污点，每点扣 1 分，超过五处扣 10 分 ④ 清洗前未固定地毯和接缝处扣 2 分 ⑤ 地毯的边角清洗不完整扣 2 分 ⑥ 未及时盖好保护床单扣 2 分 ⑦ 清洗后的地毯未彻底抽干，存在发花、黑条印迹或有残留地毯毛扣 2 分 ⑧ 清洗工作完毕后，现场未收拾整洁扣 2 分	25		
4	烘吹拨松	① 正确使用烘干机烘干地毯 ② 用吸尘器均匀吸净并拨松地毯	① 烘干机使用不当扣 2 分 ② 吸尘器未均匀操作扣 2 分 ③ 地毯表面未整理妥当扣 1 分 ④ 其他扣 5 分	10		
共计				50		

考核时间：　　年　　月　　日　　　　　　　　　　　　　　考评教师签名：________

【相关知识】

干泡清洗地毯（适用于纯毛地毯）

使用设备、工具：带地毯刷和打泡器的单盘擦地机、地毯梳或耙梳、吸尘器。

使用料剂：地毯高泡清洁剂。

操作方法如下。

1）用吸尘器全面吸尘。

2）对重垢和油垢部分先进行局部处理。

3）稀释地毯泡沫清洁剂，注入打泡箱。

4）用手刷处理地毯边缘、角落和机器推不到之处。

5）用装有打泡器、地毯刷的单盘扫地机，以干泡刷洗地毯。

6）作用一会儿，多次重复。

7）用地毯梳或耙梳梳起地毯纤毛，这对地毯的外观非常重要，尤其是纤维较长的棉绒地毯，而且有加快地毯干燥的作用。

8）等地毯毛完全干透后，再用吸尘器吸去污垢和干泡结晶体。

任务七　大理石地面的清洁与保养

大堂地面的铺砌和四周环境的装潢及装饰物的摆设，往往关系到酒店留给客人的第一印象。大堂客流量大，地面、家具及装饰物极易受尘埃污染，这些方面的清洁保养，将直接反映酒店形象和服务素质。

保持好地面的清洁光亮、一尘不染，对硬地面进行打蜡保养是不可缺少的，蜡水可有效填补地面看不见的微孔，防止污渍的侵入，并且能在地面表面形成一层有效的保护膜，既能防水、防尘土，又能防止因摩擦损坏昂贵的石板地面。为地面抛光打蜡能够使地面产生一种光亮、洁净、豪华、大方的感觉。

◇ 任务指导

任务名称	大理石地面的清洁与保养	学时	1
任务目标	掌握大理石特征及清洁保养的规程		
任务要求	掌握大理石地面的清洁保养的步骤和操作规范		
任务准备	洗地机一台、吸水机一台、墩布车一台、地拖一把、起蜡水、封蜡、钢丝绒、涂蜡拖把、上光蜡、喷蜡器等		
学习方法	由教师进行讲解和示范，然后学生分组进行实际操作		

◇ 任务流程

清洁地面 → 除旧蜡 → 清洗地面 → 吸干地面 → 上第一层蜡 → 抛光 → 上第二层蜡并抛光 → 上第三层蜡并抛光

◇ 任务内容

程序/项目	标准
1．清洁地面	① 在工作区域周围竖立“暂停使用”“小心路滑”告示牌提醒客人 ② 将所需打蜡地面上的所有家具和物品搬离 ③ 清扫果壳纸屑，碰到口香糖等黏胶类垃圾要用刮刀刮干净
2．除旧蜡	① 用拖把将起蜡水按 1∶10 比例兑水并均匀涂抹于待洗地面上 ② 均匀地将稀释后的起蜡剂洒在需要上蜡的地面上 ③ 等候 10～20min，待起蜡水与地面充分反应后，将黑色磨光垫放入起蜡机进行起蜡 ④ 用洗地机磨洗，直至陈蜡及脏垢浮起 ⑤ 用钢丝绒擦除墙角边陈蜡

续表

程序/项目	标准
3．清洗地面	① 用洗地机清洗地面，按一定方向有顺序地进行以避免遗漏 ② 用清水过清地面，根据需要决定漂洗次数（因为起蜡水是强碱性，残留在大理石上会影响打蜡效果，所以要确保清洗干净）
4．吸干地面	① 用吸水机吸干地面 ② 若有部分地面还比较湿则可用干拖布推干，推完一块再推另一块，依次进行，避免遗漏 ③ 等待地面完全干透
5．上第一层蜡	① 用拖把或喷蜡器将第一层蜡（大理石地面适合用水性蜡）均匀涂抹于地面上 ② 涂抹时从前往后退，循序渐进 ③ 蜡要喷得薄而均匀，为避免遗漏，每行可互叠 10cm 左右
6．抛光	① 待蜡层风干后抛光，用抛光机轻度打磨，使蜡面平滑牢固 ② 抛光时推进速度不能太快，保持在 50m/min 的速度 ③ 抛光时，上下行距应互叠 10cm 左右，以免漏抛光
7．上第二层蜡并抛光	① 第一层蜡抛光约 4h 后才能按同样的方法涂蜡 ② 一定要等蜡层干透后再抛光，否则会使蜡面层起糊
8．上第三层蜡并抛光	① 第二层蜡干透（4～8h）后再涂上一层很薄的面蜡 ② 蜡干后同样的方法抛光即可
注意事项	① 为了使上了蜡的地面能保持较长时间的洁净和光亮，应在酒店大堂入口处铺设防尘防水地毯，这样既可以将灰尘和污水隔断带入大堂，又可以增添大堂的规范和雅致 ② 每天各班次用静电尘推和抹布及时将客人带入大堂内的灰尘和污水清理掉，从而使清洁效果更完美 ③ 起蜡操作时，不得待溶液变干，要带湿吸除才行 ④ 每次上蜡要厚薄均匀，否则会有花斑 ⑤ 上的蜡一定要干透后才能抛光，因为蜡未干透成型就抛光会使地面起花 ⑥ 上几层蜡视地面情况而定，一般是上一层封蜡、一层面蜡，要求高的上三层蜡 ⑦ 地面打蜡后要防止水的溅滴和冲洗，日常清洗只能用溶剂型清洁剂

◇ 任务测试

班级：____________　　　　姓名：__________　　　　时间：____________

序号	考核内容	考核要点	评分标准	配分	扣分	得分
1	清洁地面	① 清理开始前应先竖立告示牌或拉围栏 ② 搬移家具时要轻拿轻放 ③ 清扫果皮纸屑应注意力度 ④ 用刮刀清除地面的黏胶类污垢	① 未竖立告示牌扣 2 分 ② 搬移家具有损坏或影响客人行动扣 2 分 ③ 清扫时动作过大扣 1 分 ④ 黏胶类污垢未清除或操作不规范扣 1 分 ⑤ 其他扣 4 分	10		
2	除旧蜡	① 起蜡水应均匀涂抹 ② 磨洗时应认真细致，避免遗漏 ③ 起陈蜡要彻底	① 起蜡水涂抹不均匀扣 2 分 ② 磨洗时有遗漏扣 2 分 ③ 起陈蜡不彻底扣 2 分 ④ 其他扣 4 分	10		
3	清洗地面	经多次漂洗直至起蜡水和污垢完全清除，否则会影响上蜡效果	地面清洗不到位扣 5 分	5		
4	吸干地面	用吸水机和干拖布分区域吸干地面，直至干透后才可上蜡	① 地面吸干不到位扣 3 分 ② 地面未完全干透就打蜡扣 3 分 ③ 其他扣 4 分	10		

续表

序号	考核内容	考核要点	评分标准	配分	扣分	得分
5	上第一层蜡	① 蜡的种类选择正确 ② 喷蜡要均匀	① 蜡的种类选择错误扣 1 分 ② 喷蜡不均匀扣 2 分 ③ 其他扣 2 分	5		
6	抛光	① 要等蜡层风干后才可抛光 ② 抛光速度不可太快 ③ 抛光时，要细致、均匀、不可遗漏	① 蜡层未风干就开始抛光扣 2 分 ② 抛光速度太快扣 2 分 ③ 抛光有遗漏扣 2 分 ④ 其他扣 4 分	10		
7	上第二层蜡并抛光	① 抛光 4h 后才可上第二层蜡 ② 操作规范同上	未等满 4h 就上第二层蜡扣 5 分	5		
8	上第三层蜡并抛光	要等第二层蜡干透后才可再上一层蜡，方法同上	第二层蜡未干透就上第三层蜡扣 5 分	5		
共计				60		

考核时间：　　年　　月　　日　　　　　　　　　　　　　　　考评教师签名：＿＿＿＿＿＿

【相关知识】

1. 地面的分类

地面铺设采用的材质不同，所营造的氛围也不一样，清洁的方法更不一样。地面按其性质可划分为硬地面、软地面两种。

1）硬地面分为有孔硬地面和无孔硬地面：有孔硬地面包括铺设花岗岩、水泥、云石、汉白玉等的地面；无孔硬地面包括铺设大理石、瓷砖、通体砖、水磨石等的地面。

2）软地面分为有孔软地面和无孔软地面：有孔软地面包括铺设地毯、草垫、竹毯等的地面；无孔软地面包括铺设木地板、塑胶、橡胶及漆过的草垫、竹毯等的地面。

2. 实木地板的保养方法

1）应防止尖、硬、重的物体撞击地板，尽量避免有钉皮鞋在上行走或拖移重、硬的家具，防止造成拖痕、凹陷等损坏。

2）避免强烈阳光照射地板，防止地板拱起。

3）防湿防潮。如遇水渍，应及时擦干，拖地板时应把拖把尽量拧干。地板延伸到阳台上的，应注意在阳台墙上采取防渗漏措施，封闭的窗框应涂硅胶密封，以防雨水渗漏。

4）新地板打蜡后渗透较快，应注意蜡质渗透完后及时上蜡。一般新铺地板每月打蜡一次，过段时间，木材组织已浸透了蜡质，则可以 3～6 个月打蜡一次。

5）为了防止地板因长期穿鞋践踏失去光泽，应选用特制的地板清洁剂擦拭。这类专用清洁剂能形成保护层，使地板免受磨损、光洁如新。

6）长期不住人的房间，应定期开窗通风，以防地板霉变。涂漆地板用久后如果发现经常走动处的油漆磨损剥落，应及时进行局部补添。

项目小结

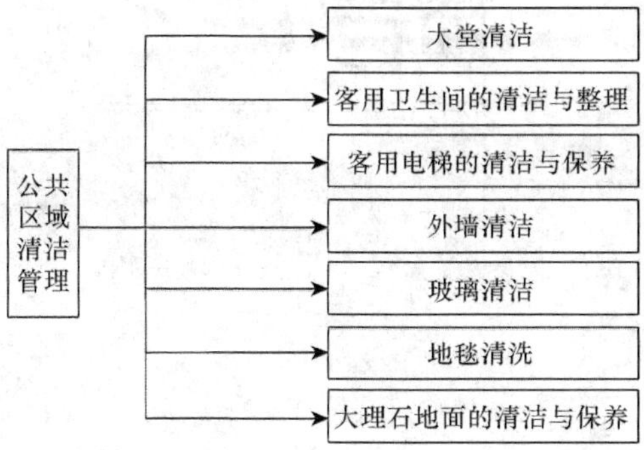
公共区域清洁管理
大堂清洁
客用卫生间的清洁与整理
客用电梯的清洁与保养
外墙清洁
玻璃清洁
地毯清洗
大理石地面的清洁与保养

项目四

房务中心

学习目标

1. 了解房务中心在日常工作中的地位、作用。
2. 熟悉房务中心的工作内容。
3. 掌握房务中心的工作流程。

房务中心是酒店客房部的一个重要岗位。房务中心与前厅总服务台相似，都属于客房部的职能岗位，它的日常管理工作由楼层主管直接负责。从管理的角度来讲，房务中心工作的优与劣，会影响住店客人的整体满意度。它是客房部的“神经中枢”，也是连接前厅与楼层的重要纽带，还是重要的“服务调度中心”“信息处理中心”。

任务一 服务信息传递及处理

房务中心是客房部的信息传递中心，也是客房部的管理中心，客人信息、员工信息都会在此汇集，其信息处理的有效性直接与酒店的服务质量相关联。

◇ 任务指导

任务名称	服务信息传递及处理	学时	1
任务目标	掌握服务信息传递及处理的规程		
任务要求	熟练掌握服务信息传递处理程序，熟练处理类似事件		
任务准备	布置场景、准备案例		
学习方法	讲解、示范、角色演练		

◇ 任务流程

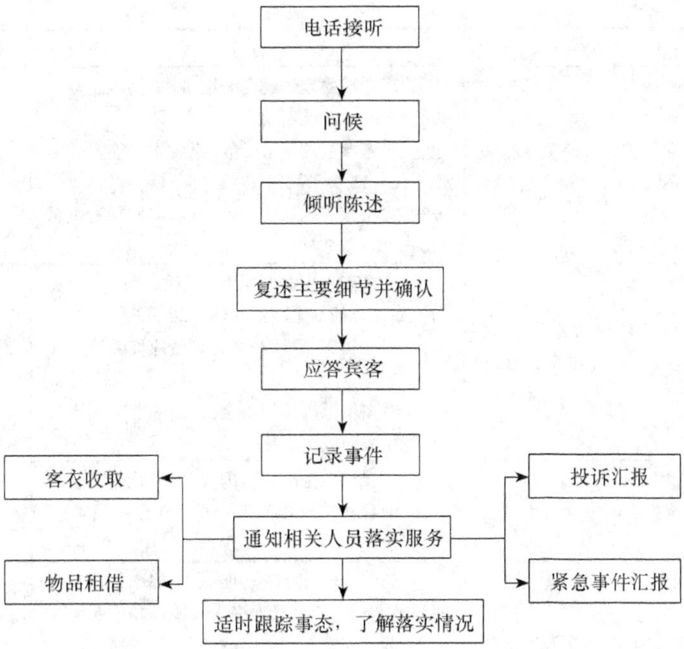

◇ 任务内容

程序/项目	标准
1．接听	① 电话铃响三声之内提起电话筒 ② 用礼貌用语清晰、热情地问候，报清部门和身份并表示愿意为对方提供服务，如“您好！房务中心，我是××，可以为您效劳吗？” ③ 仔细倾听对方的陈述，且复述主要细节以获确认 ④ 接听所有来电均如此
2．应答	① 简洁、准确、耐心地应答客人 ② 不能当时应答的问题需向客人致歉，及时上报请示后尽快回复客人 ③ 与客人道别时需称呼和感谢对方 ④ 说“再见，先生/女士，谢谢您的来电。”另外，要确认对方挂断后方能挂上电话
3．记录	① 将不同来电迅速、准确地记录在相应的工作簿和工作报表上 ② 都需写明来电方、来电内容，以及落实人、落实情况等 ③ 记录整个服务的发生、发展和结果
4．落实	① 及时通知相关人员提供服务或解决问题 ② 准确说明所需提供的服务或需解决的问题，记录该员工的姓名和部门 ③ 如遇到本岗位难以处理的问题应立即上报当值主管，请示后行事 ④ 适时跟踪事态，了解落实情况 ⑤ 将事情的落实情况记录在相应的工作报表上

◇ 任务测试

班级：__________ 姓名：__________ 时间：__________

序号	考核内容	考核要点	评分标准	配分	扣分	得分
1	案例准备	准备符合考核主题相关案例	① 对考核主题了解充分准确，案例准备恰如其分（15～20 分） ② 对考核主题了解一般，准备案例能符合主题（10～15 分） ③ 对考核主题认识一般，准备案例贴近主题（10 分以下）	20		
2	案例分析	分析客房事故发生的各类原因，提出事故处理方法	① 能准确分析案例原因，按照处理程序，提出恰如其分的处理方法（15～20 分） ② 能分析案例原因，对处理程序能熟练掌握（10～15 分） ③ 对案例原因认识不全面，一般能掌握事故处理程序（10 分以下）	20		
3	情景模拟	依据案例进行角色演练	① 情景模拟生动、准确（20～30 分） ② 情景模拟较为熟练（10～20 分） ③ 情景模拟生硬，表现一般（10 分以下）	30		
4	应变测试	处理教师对案例添加的各种特殊场景的设置	① 熟练、准确回答教师提问，提出恰如其分的处理方法，应变能力突出（20～30 分） ② 圆满回答教师提问，按照处理程序提出准确的处理方法，应变能力较好（10～20 分） ③ 对教师提问能做出一般解释，应变能力一般（10 分以下）	30		
共计				100		

考核时间： 年 月 日 考评教师签名：__________

任务二 账 务 处 理

房务中心不仅是信息集散与处理的地方，还担负着物品的保管、补充、酒吧销售的任务，所以账务处理是客房中心非常重要的管理环节。

◇ 任务指导

任务名称	账务处理	学时	1
任务目标	掌握账务处理的规程与内容		
任务要求	熟练掌握账务处理的程序，熟练处理类似事件		
任务准备	布置场景、准备案例		
学习方法	讲解、示范、角色演练		

◇ 任务流程

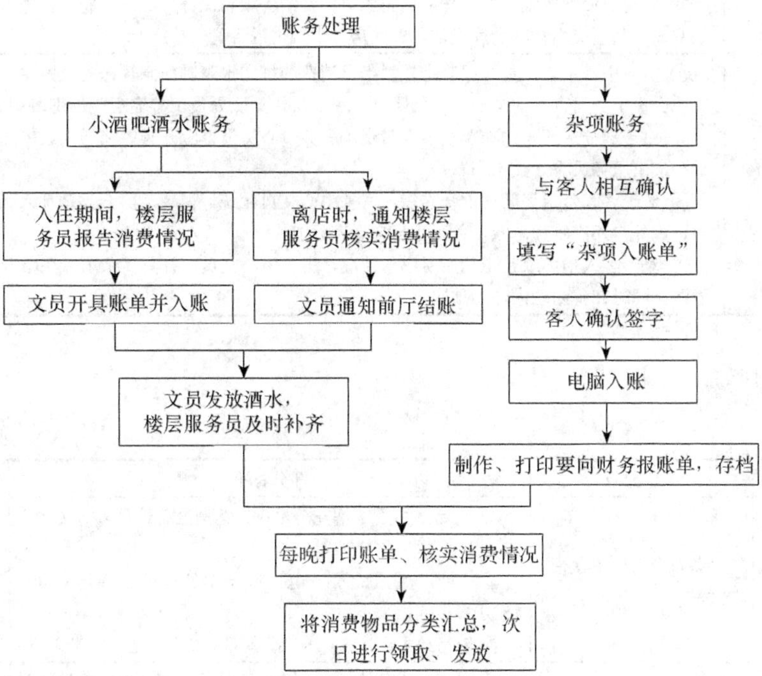

◇ 任务内容

程序/项目	标准
1．报告与确认	① 楼层服务员在清洁客房时，发现客房内有小酒吧消费，应及时将消费情况报告房务中心 ② 客人退房时，由前厅结账处通知房务中心。房务中心文员联系相关服务员检查客房。服务员一旦发现有消费，就应将消费情况报告房务中心 ③ 所有杂项账务首先应与客人相互确认
2．入账	① 房务中心文员按服务员所报告的情况开具小酒吧账单，根据账单入账 ② 房务中心文员将消费情况通知前厅结账处并做好记录，由前厅结账处负责入账或收取 ③ 房务中心文员经过确认后必须开具“杂项入账单”。单据上写明日期、客人房号、消费品名、数量、总额、员工姓名等。如果可能，要请客人在“杂项入账单”上签名。根据账单的内容、金额、账单号入账，标明特殊情况
3．小酒吧账单处理	① 房务中心文员每日应到前厅结账处取回由前厅结账处负责入账后开具的账单 ② 若前厅结账处告知该客人已退房离开，对于未收到费用的消费，则应开具小酒吧账单，并注明逃账，经前厅结账处员工确认签名后，带回房务中心做账 ③ 房务中心中班文员每日晚上应打印当日消费的小酒吧对账单，根据现有账单查对、核实当日小酒吧消费情况 ④ 核对无误后逐一抄写小酒吧挂账单，挂账单为一式两份，将其中一份于当日夜审前交于前厅结账处，另一份由结账处员工签名后带回房务中心存档 ⑤ 填写小酒吧明细消费表，包括消费品名、数量、金额、账单号。标明特殊情况，留房务中心存档

续表

程序/项目	标准
3．小酒吧账单处理	⑥ 填写小酒吧明细报表，按品名将当日消费的各项物品分类汇总。将小酒吧账单的黄联与该报表归在一起，交由物料仓库领取、补充房务中心内的备量
4．杂项账单处理	① 房务中心中班文员每日晚上根据当日消费的打印报表制作杂项账务挂账单，一式两份，并将其中一份于当日夜审前交于前厅结账处，另一份由结账处员工签名后带回房务中心存档 ② 对于部分房间内的布草被客人带走，房务中心文员也应开具“杂项入账单”，并在账单上注明逃账，由服务员将之交于布草房 ③ 对于客人带走房间内的洗衣袋，房务中心文员应统一记录，除开具杂项入账单并在账单上注明逃账外，还应统计总数，并于次日向仓库领取 ④ 对于客人损坏或带走酒店财物的情况，房务中心文员应开具“杂项入账单”，并根据账单金额入账，同时在备注栏内注明原因

◇ 任务测试

班级：＿＿＿＿＿＿　　姓名：＿＿＿＿＿　　时间：＿＿＿＿＿＿

序号	考核内容	考核要点	评分标准	配分	扣分	得分
1	案例准备	准备符合考核主题相关案例	① 对考核主题了解充分准确，案例准备恰如其分（15～20 分） ② 对考核主题了解一般，准备案例能符合主题（10～15 分） ③ 对考核主题认识一般，准备案例贴近主题（10 分以下）	20		
2	案例分析	分析客房事故发生的各类原因，提出事故处理方法，掌握事故处理程序	① 能准确分析案例原因，按照处理程序，提出恰如其分的处理方法（15～20 分） ② 能分析案例原因，对处理程序熟练掌握（10～15 分） ③ 对案例原因认识不全面，一般能掌握事故处理程序（10 分以下）	20		
3	情景模拟	依据案例进行角色演练	① 情景模拟生动、准确（20～30 分） ② 情景模拟较为熟练（10～20 分） ③ 情景模拟生硬，表现一般（10 分以下）	30		
4	应变测试	处理教师对案例添加的各种特殊场景的设置	① 熟练、准确回答教师提问，提出恰如其分的处理方法，应变能力突出（20～30 分） ② 圆满回答教师提问，按照处理程序提出准确的处理方法，应变能力较好（10～20 分） ③ 对教师提问能做出一般解释，应变能力一般（10 分以下）	30		
			共计	100		

考核时间：　　年　　月　　日　　　　考评教师签名：＿＿＿＿＿＿

【相关知识】

客房杂项收入报表如表 4.1 所示。

表 4.1 客房杂项收入报表

年 月 日

项目种类	本日累计		本月累计		本年累计		项目种类	本日累计		本月累计		本年累计	
	数量	金额	数量	金额	数量	金额		数量	金额	数量	金额	数量	金额
雪碧							鲜花						
可口可乐							水果						
新奇士							茶叶						
椰子汁							赔偿金						
蒸馏水													
巧克力													
快餐面													
开心果							小计						
燕窝口服液							备注：						
西洋参含片													
麻将													
扑克													
电动牙具													
会议													
小计													
合计本日累计金额			合计本月累计金额				合计本年累计金额						

制表人： 审核人：

【辅助学习】

客房对客服务的模式和房务中心的设置与职责

1. 对客服务的模式

由于受不同设施、设备和人力条件的限制，在对客服务的模式上，各酒店采用了不同的形式。国外酒店以采用房务中心模式居多，而我国过去多采用楼层服务台的形式。前者注重用工效率和统一调控，后者突出面对面的对客服务。不同的客房服务模式在客房部的岗位设置和人员配备量上有较大区别。各个酒店应根据自身的条件和特点，选择不同的服务模式。

（1）楼层服务台

酒店客房区域内各楼层的服务台称为楼层服务台或楼面服务台，它发挥着前厅部总服务台驻楼面办事处的职能，24h 设专职服务员值台，服务台后面设有供客房服务员使用的工作间。楼层服务台受客房部经理和楼层主管的直接领导，同时在业务上受总服务台的指挥。作为一种传统的接待服务组织形式，楼层服务台有其弊端但也有其特有的优势。

楼层服务台可以根据客人的需要，及时提供规范性和针对性相结合的面对面服务，突出了人情味，更能使客人感到亲切方便，而且有利于做好楼面的安全工作，及时有效地处理突发事件。同时，还有利于及时准确地了解房态，有利于客房销售工作。但楼层服务台通常需要 24h 为客人提供服务，因此岗位和人员数量要求较多，提高了酒店人力成本，也不利于根据工作灵活地调配和安排人员。

（2）房务中心

为了使客房服务符合以“暗”的服务为主的特点，保持楼面的安静，尽量减少对客人的干扰和降低酒店的经营成本，越来越多的酒店采用房务中心的服务模式。客房楼层不设服务台，而是根据每层楼的房间数目分段设置工作间。工作间不担任接待客人的任务。客人住宿期间需要找客房服务员时，可以直接拨内线电话通知房务中心。房务中心实行 24h 值班制，在接到客人要求提供服务的电话后，通过酒店内部的呼叫系统通知客人所在楼层服务员上门为客人服务。

作为从国外引进的一种服务组织形式，房务中心在实际运转中也有其利弊，研究其利弊对提高客房管理水平，同时进一步完善这种形式使之更适合我国旅游酒店的客房管理工作都具有重要的意义。

房务中心的优点主要体现在以下两个方面：首先，它突出“暗”服务，给客人营造了自由、宽松的入住环境；同时，使客房楼面经常保持安静，减少了对客人的干扰。这符合当今酒店服务行业“需要时服务员就出现，不需要时就给客人多一些私人空间”的趋势。其次，有利于降低成本，提高劳动效率。从客房管理工作的角度看，采用房务中心的模式加强了对客服务工作的统一指挥性，提高了工作效率，强化了服务人员的时效观念。服务信息传递渠道畅通，人力、物力得到合理分配，有利于形成专业化的客房管理队伍。尤为重要的是，采用房务中心的形式大大减少了人员编制，降低了劳动力成本，这在劳动力成本日益提高的今天尤其重要。但采用房务中心的模式同样也存在一些不足。例如，由于楼层不设专职服务员，给客人的亲切感较弱，弱化了服务的直接性。遇到一些会议客人、团体客人时，他们的服务要求一般比较多，让客人不停地拨打房务中心的电话，必定会不耐烦。如果有些客人出现一些急需解决的困难，服务的及时性必将受到影响。另外，采用房务中心的模式对楼层上的一些不安全因素无法及时发现和处理，在某种程度上影响了住客的安全。

（3）服务模式选择依据

虽然说房务中心的设置更多地体现了国际酒店业的主流和趋势，但酒店到底选择哪种服务模式，还是要根据酒店自身的实际情况并考虑客人的需要来确定。比较理想的服务组织形式应该既能体现酒店自身的经营特色，又能受到绝大多数客人的欢迎。在实际运作时，下面两个因素可供参考。

1）考虑本酒店的客源结构和档次。若酒店客源结构中外宾、商务散客占绝大多数，则可以采用房务中心的模式；若酒店以接待会议团队客人和内宾为主，则采用楼层服务台的模式更合适；若客源构成比较复杂，则可考虑将两种模式结合起来。例如，白天设楼层服务台，晚上由房务中心统一指挥协调，只是应在服务指南中向客人说明。

2）考虑本地区的劳动力成本的高低。经济发达地区劳动力成本较高，酒店相对采用房务中心的组织形式就比较多；反之，则采用楼层服务台的比较多。当然，目前现代化酒店的经营模式大多采用房务中心的设置，除在行政楼层设置服务台以体现更高规格和档次的接待服务外，一般楼层通常不设置服务台。

2. 房务中心的设置与职责

房务中心是现代酒店客房管理的主导模式，是酒店客房管理的神经中枢。它一般设置在酒店员工更衣室与员工电梯之间的隐蔽处，主要通过电话的形式为酒店的住客提供周到的服务。一般情况下，房务中心应该具有同时接听两个以上电话的能力，大型酒店可以采用小型交换机来保证信息运量。房务中心的主要职能是对酒店客房进行统一化、综合化和全面化管理。一般情况下，凡是与酒店客房部有关的工作信息，都会在第一时间先传达到房务中心，然后经过房务中心的工作人员的初步处理再具体传达到其他工作人员，这种方式可以提高工作效率。房务中心的设置，使其成为和酒店其他后台部门类似的封闭式的管理部门（不直接面对住客），这对工作人员的素质提出了较高的要求。工作人员要时刻关注房态，做好各类物品的登记与发放，制作住房报表，及时满足客人要求，安排清扫工作等。

任务三 钥匙管理与控制

酒店是典型的住宿单位，其建筑物较为复杂，一方面要保障客人的人身财产安全，另一方面要维护自身的利益，这就需要制定完善的钥匙使用制度，并进行严格管理，防止各种紧急事故的发生。

◇ 任务指导

任务名称	钥匙管理与控制	学时	1
任务目标	掌握钥匙管理的规程		
任务要求	熟练掌握钥匙的申领程序，熟练处理类似事件		
任务准备	准备好案例		
学习方法	讲解、示范、角色演练		

◇ 任务流程

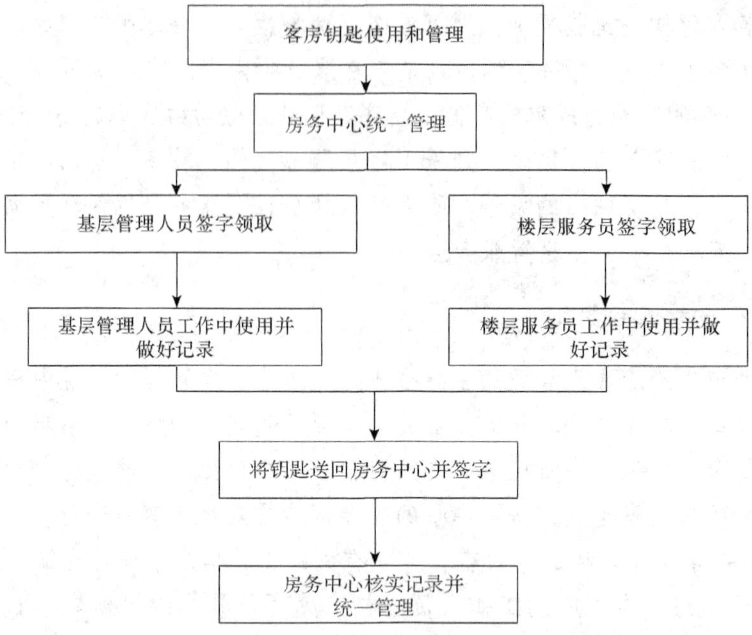

◇ 任务内容

程序/项目	标准
1．领取	① 房务中心文员应根据员工所在区域发放相应的钥匙、磁卡，并在客房部“钥匙领用登记本”上记录，由员工签收 ② 非正常工作需要的钥匙领用必须经客房部客房经理的批准
2．使用	① 钥匙磁卡执行“谁领取、谁使用、谁负责”的原则 ② 钥匙磁卡必须由专人负责 a．经理卡由客房经理负责保管 b．主管钥匙磁卡、卫生班钥匙磁卡及各库房钥匙由房务中心当班文员负责分发、收回、保管 c．楼层客房的钥匙和楼层服务间的钥匙，每天须由楼层服务员上班前从房务中心领取，下班后送回房务中心，并在“客房钥匙交接登记表”上签字。钥匙、磁卡需存放于坚固的锁匙柜中，房务中心文员须严格执行收发签字制度，交接班时进行核对 ③ 夜间 23:00 以后，不准随便使用客房和楼层服务间的钥匙 ④ 服务员工作期间须做到钥匙不离身，严禁将钥匙乱丢、乱放等 ⑤ 服务员严禁利用工作之便，随意进出客人房间等 ⑥ 楼层主管需对员工的操作进行督导、检查
3．归还	① 员工和主管下班时将钥匙、磁卡交给房务中心文员，并在房务中心“钥匙领用登记本”上做好交还记录，并由房务中心文员签收，确认无误后方可离开 ② 各班下班后，房务中心文员负责检查钥匙交还情况，如果员工或主管工作结束尚未交钥匙、磁卡，房务中心文员就要负责了解情况，催交直至收齐，并将情况反馈给房务中心主管
注意事项	① 房门钥匙丢失，须马上报告主管、领班，并要在第一时间内寻找 ② 房门钥匙无法找到时，部门要做相应的处理，避免发生安全事故 ③ 房内钥匙丢失后应追查、处理丢失钥匙的责任人

续表

程序/项目	标准
注意事项	④ 钥匙、磁卡领用执行“谁领取，谁使用，谁负责”的原则，领用人员必须将钥匙佩带在身 ⑤ 钥匙、磁卡不得乱放或转借他人 ⑥ 不准将钥匙、磁卡交给维修人员、送餐员或其他无关人员开门 ⑦ 如果维修人员需开门维修，那么员工必须验看维修单，住房维修必须由员工陪同 ⑧ 员工做房，必须做一间，开一间，不得将数间房同时开着 ⑨ 做完房，必须将门关上（无论住房、空房），并需轻轻试推，以确认门是否上锁 ⑩ 做房时，临时离房也需将该房门关好，绝对不准门虚掩式开着的情况发生

◇ 任务测试

班级：__________　　姓名：__________　　时间：__________

序号	考核内容	考核要点	评分标准	配分	扣分	得分
1	案例准备	准备符合考核主题相关案例	① 对考核主题了解充分准确，案例准备恰如其分（15～20 分） ② 对考核主题了解一般，准备案例能符合主题（10～15 分） ③ 对考核主题认识一般，准备案例贴近主题（10 分以下）	20		
2	案例分析	分析客房事故发生的各类原因，提出事故处理方法，掌握事故处理程序	① 能准确分析案例原因，按照处理程序，提出恰如其分的处理方法（15～20 分） ② 能分析案例原因，对处理程序熟练掌握（10～15 分） ③ 对案例原因认识不全面，一般能掌握事故处理程序（10 分以下）	20		
3	情景模拟	依据案例进行角色演练	① 情景模拟生动、准确（20～30 分） ② 情景模拟较为熟练（10～20 分） ③ 情景模拟生硬，表现一般（10 分以下）	30		
4	应变测试	处理教师对案例添加的各种特殊场景的设置	① 熟练、准确回答教师提问，提出恰如其分的处理方法，应变能力突出（20～30 分） ② 圆满回答教师提问，按照处理程序提出准确的处理方法，应变能力较好（10～20 分） ③ 对教师提问能做出一般解释，应变能力一般（10 分以下）	30		
共计				100		

考核时间：　　年　　月　　日　　　　考评教师签名：__________

【相关知识】

钥匙领用表如表 4.2 所示。

表 4.2　钥匙领用表

钥匙名称	领用		归还		钥匙名称	领用		归还	
	姓名	时间	姓名	时间		姓名	时间	姓名	时间

续表

钥匙名称	领用		归还		钥匙名称	领用		归还	
	姓名	时间	姓名	时间		姓名	时间	姓名	时间
备注									

发放人： 日期

【辅助学习】

房务中心的业务特点

1. 劳动强度大，劳动技术含量较低

房务中心 24h 昼夜运作，是酒店运营时间最长的部门之一。酒店一般会按年均开房率和员工的理论人均日工作量配置员工，人员机动性不大。在一年中的业务高峰期，有许多时间段客房的入住率是高于年平均入住率的。因此在这些时段中，员工工作时间更长，劳动强度更大，员工的工作时间与房况的卫生整洁状况有直接联系。工作需要细致才能做好。客房部的员工相比于其他部门（前厅、餐饮、娱乐）员工，劳动强度相对较大。

2. 工作琐碎，随机性大

房务中心的服务项目多而琐碎，包括卫生整洁、物品补充、设备维修和随时根据客人要求提供的服务项目，多达几十项。在提倡个性化服务的今天，许多服务要随客人喜好要求而定，事先难以掌握。

3. 业务面广，协助性强

房务中心管理范围大，工作涉及前厅、营销、餐饮、娱乐、公共卫生、工程、保安等，只有与各部门保持良好的协作关系，才能提供高效优质的服务。酒店业务活动之所以称为团队活动，也是从上述的各部门协作性强而界定的。

任务四　客房遗留物品处理

住店客人退房之际，容易将个人物品遗漏在酒店。酒店有责任为客人保管遗留物品，并将其归还给客人。

◇ 任务指导

任务名称	客房遗留物品处理	学时	1
任务目标	掌握客房遗留物品处理的规程		
任务要求	熟练掌握客房遗留物品处理程序，熟练处理类似事件		
任务准备	准备好案例		
学习方法	讲解、示范、角色演练		

◇ 任务流程

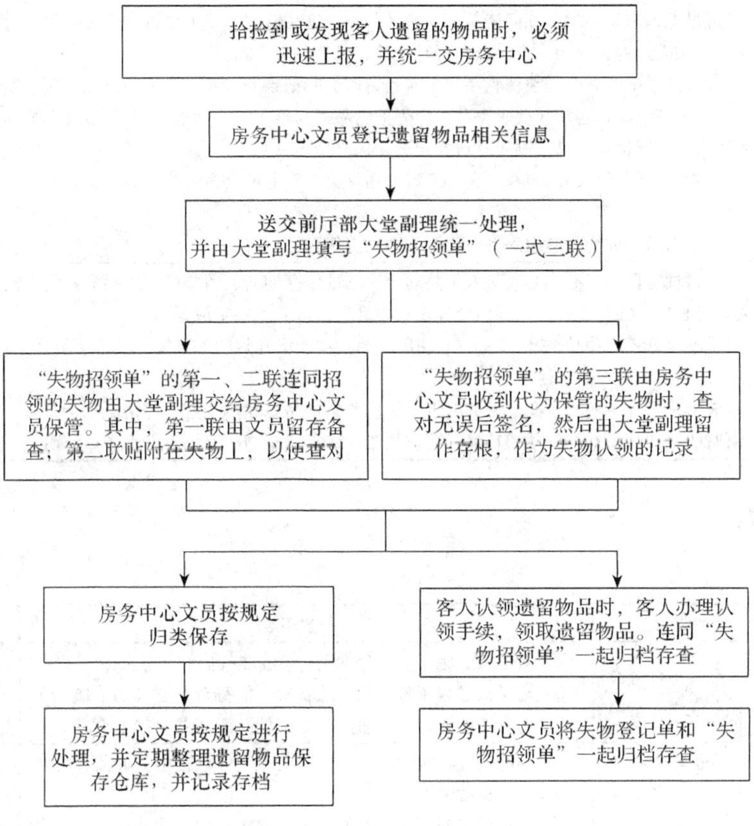

◇ 任务内容

程序/项目	标准
1．发现	① 当客人办理结账手续时，楼层服务员查房发现客人遗留物品，应立即通知房务中心文员，由其联系客人取回 ② 若客人已离店，无法联系到，楼层服务员则应立刻将物品送至房务中心，填写“客人遗留物品登记表”，并在交班本上记录房号、物品名称、房务中心经手人姓名 ③ 清洁走客房时发现遗留物品，楼层清洁员应在“楼层清洁员工作日报表”上遗留物品栏内填写清楚，并立即汇报房务中心文员及楼层主管

续表

程序/项目	标准
2．登记	① 员工将遗留物品交房务中心后，房务中心文员必须将实物与“遗留物品登记核实表”核对 ② 核对准确后，再将遗留物品的日期、房号、物品名称、数量及拾获人姓名填写在“客人遗留物品登记表”上 ③ 将各遗留物品的信息填写在挂牌上，编号，以备查找
3．保管	① 遗留物品的保存期按物品的价值不同也有所不同：贵重物品保存半年，一般物品保存 3 个月；食品保存三天至一个月。一般物品需经整理后封好存入遗留物品柜中；贵重物品经登记后，交客房部经理签收并由部门文员保管；危险物品应立即交安保部处理 ② 遗留物品中的衣物等物品交洗衣房清洗，洗好后将其包装好贴上标签后存放 ③ 遗留物品存放于专用地点，每次开门后应将钥匙封存，并签上封存人的姓名、时间
4．认领	① 失主前来认领遗留物品，必须要求失主说明失物之情况，并验明证件，由失主在“客人遗留物品登记表”上签名后取回该物 ② 凡通过他人来认领的，须问清楚客人姓名、遗失物品情况、遗失位置、遗失时间，所有资料相符才可把物品交给代领人，并记录该人身份证，同时让其签名 ③ 凡客人通过电话来查询遗留物品的，若登记本上所记录的确实与客人所述相符则立即把结果告知客人，并询问客人处理意见，若客人要求寄回，则先把物品寄回给客人，然后把账单副本汇给客人，要求客人把款项汇回酒店；若属贵重物品，则应尽可能让客人来取 ④ 遗留物品认领或代领后应在“客人遗留物品登记表”上记录客人的姓名、有效证件号码，请客人签名并注明，以表示了结此事 ⑤ 客人签名后的失物挂牌由房务中心回收并妥善保存
5．处理	① 在每月规定日由房务中心夜班人员整理一次已过保存期的遗留物品，将物品赠给拾捡者，并在“客人遗留物品登记表”上签字注销，由部门经理在“物品出门单”上签字放行 ② 对于不可返还的物品，如书、杂志、使用过的衣物或已开封的食品等，在过保存期后统一销毁，并在“客人遗留物品登记表”上签字注明 ③ 以 3 个月为一个期限，在安保部的陪同下将遗留物品处理掉，其全部情况记录在册，存档备案 ④ 所有的遗留物品处理结果或转移情况均须在“客人遗留物品登记表”上予以说明

◇ 任务测试

班级：____________　　姓名：__________　　时间：____________

序号	考核内容	考核要点	评分标准	配分	扣分	得分
1	案例准备	准备符合考核主题相关案例	① 对考核主题了解充分准确，案例准备恰如其分（15～20 分） ② 对考核主题了解一般，准备案例能符合主题（10～15 分） ③ 对考核主题认识一般，准备案例贴近主题（10 分以下）	20		
2	案例分析	分析客房事故发生的各类原因，提出事故处理方法，掌握事故处理程序	① 能准确分析案例原因，按照处理程序，提出恰如其分的处理方法（15～20 分） ② 能分析案例原因，对处理程序熟练掌握（10～15 分） ③ 对案例原因认识不全面，一般能掌握事故处理程序（10 分以下）	20		
3	情景模拟	依据案例进行角色演练	① 情景模拟生动、准确（20～30 分） ② 情景模拟较为熟练（10～20 分） ③ 情景模拟生硬，表现一般（10 分以下）	30		
4	应变测试	处理教师对案例添加的各种特殊场景的设置	① 熟练、准确回答教师提问，提出恰如其分的处理方法，应变能力突出（20～30 分）	30		

续表

序号	考核内容	考核要点	评分标准	配分	扣分	得分
4	应变测试	处理教师对案例添加的各种特殊场景的设置	② 圆满回答教师提问，按照处理程序提出准确的处理方法，应变能力较好（10～20 分） ③ 对教师提问能做出一般解释，应变能力一般（10 分以下）	30		
共计				100		

考核时间：　　年　　月　　日　　　　　　　　　　考评教师签名：__________

【相关知识】

客人遗留物品登记表如表 4.3 所示。

表 4.3　客人遗留物品登记表

房号		签名	
入店日期		离店日期	
物品名称			
拾物位置		拾物者	
交客房部日期时间		客房部编号	
客人取回日期时间		部门经手人	
备注：			

失物认领表如表 4.4 所示。

表 4.4　失物认领表

物品号码		日期	
认领人姓名		失主姓名	
身份证/护照号码			
地址			
电话号码			
认领物品			
认领人签字			
经手人			
部门			
正本交客房部			
副本交财务部			

任务五　物资/物品的控制

客人在酒店住宿期间，需要酒店提供物品用品服务，以满足日常生活需要。酒店物资/

物品用量巨大，这些用品的用量控制得好坏关系到客人是否满意，关系到酒店的成本费用支出。另外，酒店消耗品造成的垃圾增加了环境保护负担。因此，物资/物品的有效控制是酒店管理的重要环节。

◇ 任务指导

任务名称	物资/物品的控制	学时	1
任务目标	掌握物资/物品控制的规程		
任务要求	熟练掌握物资/物品控制的标准及程序		
任务准备	布置场景、准备案例		
学习方法	讲解、示范、角色演练		

◇ 任务流程

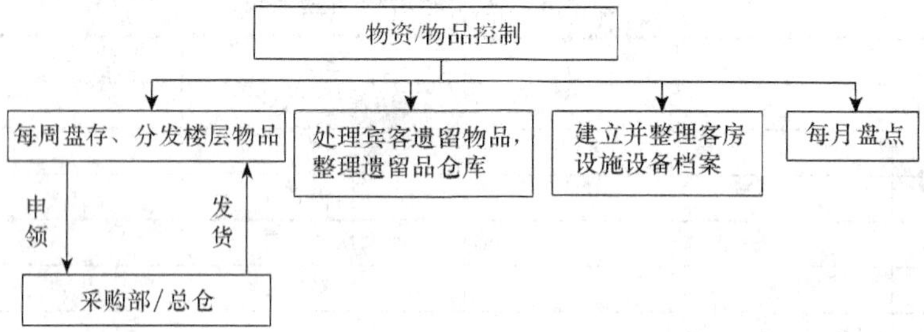

◇ 任务内容

程序/项目	标准
1．财产管理	① 库房保管员负责客房部所有财产的清点、统计和登记工作，建立部门财产二级明细账；各管区负责建立三级账和“客房财产明细卡”，执行一房一卡制度；各管区管理人员应定期检查核对，确保账物相符 ② 部门的财产发生领用、调拨、转移等情况，应按财务部规定填写“财产领用单”“财产调拨单”“财产转移单”，手续完备，登账清楚
2．客用品管理	① 库房保管员负责物料用品的领用、统计和报账工作；客房楼层主管负责检查和督导 ② 库房保管员每周凭各管区班组填写的物料用品领用单发放一次物料用品，并做好耗用情况的结算。每月底，对部门客用品领用、耗用、结存情况进行全面盘点，填写“客房客用品盘存表”，确保数物相符，同时根据月出租率，参照客房生活用品控制率，审核每楼层的月耗量，统计出各楼层实际耗用情况，填写“客房生活用品消耗表”，一并报客房楼层主管审核 ③ 每月初根据上月的实际耗用数向指定的供应部门领取和配足所需的客用供应品 ④ 接到 VIP 客人通知单后，按照等级和布置要求，及时准备礼品和物品的发放、登记工作；客人离店后，做好回收登记和耗用报账工作
3．小酒吧酒水管理	① 库房保管员负责客房小酒吧各类酒水和佐酒食品的领取和发放工作 ② 凭房内酒水单第三联向楼层班组发放酒水和佐酒食品，补足耗用数 ③ 每月底对楼层酒水和佐酒食品的耗用情况进行统计，并按实际耗用数向指定的供应部门领取和配足所需的酒水和食品 ④ 若因客观原因发生漏账情况，则由客房部经理负责签报；若因员工工作过失，造成漏账和报损，则由员工本人负责 ⑤ 客房楼层主管对保管员的工作进行督导和检查

续表

程序/项目	标准
4. 清洁用品、用具管理	① 库房保管员向指定的供应部门领取各类清洁用具和用品，备各楼层领用 ② 凭“物料用品领用单”每周领取一次清洁用具和用品，每月计算一次耗用情况 ③ 客房楼层主管负责进行督导和检查

◇ 任务测试

班级：__________　　姓名：__________　　时间：__________

序号	考核内容	考核要点	评分标准	配分	扣分	得分
1	案例准备	准备符合考核主题相关的案例	① 对考核主题了解充分准确，案例准备恰如其分（15～20 分） ② 对考核主题了解一般，准备案例能符合主题（10～15 分） ③ 对考核主题认识一般，准备案例贴近主题（10 分以下）	20		
2	案例分析	分析客房事故发生的各类原因，提出事故处理方法，掌握事故处理程序	① 能准确分析案例原因，按照处理程序，提出恰如其分的处理方法（15～20 分） ② 能分析案例原因，对处理程序熟练掌握（10～15 分） ③ 对案例原因认识不全面，一般能掌握事故处理程序（10 分以下）	20		
3	情景模拟	依据案例进行角色演练	① 情景模拟生动、准确（20～30 分） ② 情景模拟较为熟练（10～20 分） ③ 情景模拟生硬，表现一般（10 分以下）	30		
4	应变测试	处理教师对案例添加的各种特殊场景的设置	① 熟练、准确回答教师提问，提出恰如其分的处理方法，应变能力突出（20～30 分） ② 圆满回答教师提问，按照处理程序提出准确的处理方法，应变能力较好（10～20 分） ③ 对教师提问能做出一般解释，应变能力一般（10 分以下）	30		
共计				100		

考核时间：　　年　　月　　日　　　　考评教师签名：__________

【相关知识】

客房用品配备一览表如表 4.5 所示。

表 4.5　客房用品配备一览表

物品名称	01	02	03	04	05	06	07	08	09	10	11	12	13	14	15	16	17	18	19	20	21	22	23	24	25	工作间	合计
熨斗																											
熨斗板																											
熨斗钩																											
保险箱																											
鞋拔																											

续表

物品名称	01	02	03	04	05	06	07	08	09	10	11	12	13	14	15	16	17	18	19	20	21	22	23	24	25	工作间	合计
衣刷																											
男式衣架																											
女式衣架																											
西装衣架																											
洗衣袋夹																											
洗衣袋																											
茶盘																											
冰桶																											
冰桶夹																											
电热水壶																											
电视机																											
冰箱																											
文件夹（含文具盒）																											
皮质杂志架																											
台式电话机																											
便签本																											
垃圾桶（书桌下）																											
闹钟																											
垃圾桶（卫生间）																											
手电筒																											
防滑垫																											
布草筐																											
卫生间壁挂机																											
电子秤																											
吹风机																											
风筒袋																											
咖啡勺																											
长面巾纸盒																											
鞋篮																											
逃生图夹板（相框）																											

续表

物品名称	01	02	03	04	05	06	07	08	09	10	11	12	13	14	15	16	17	18	19	20	21	22	23	24	25	工作间	合计
防火通道图（主门后）																											
迷你冰箱																											
迷你吧柜茶盘																											
闹钟																											

任务六　报 表 处 理

报表是酒店运行管理的重要方法，涉及酒店各部门和各个环节，报表既是信息集散途径，又是酒店沟通的重要方式。

◇ 任务指导

任务名称	报表处理	学时	1
任务目标	掌握报表处理的规程		
任务要求	熟练掌握报表的处理规范		
任务准备	布置场景、准备案例		
学习方法	讲解、示范、角色演练		

◇ 任务流程

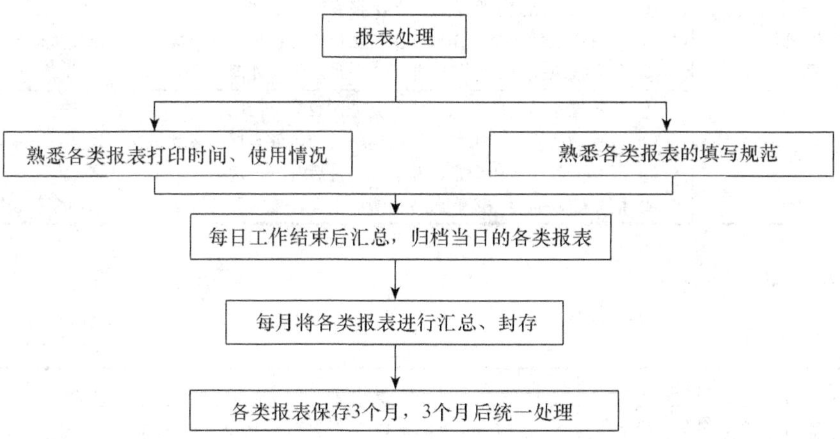

◇ 任务内容

程序/项目	标准
1．每日打印报表类型	早班： ① 到店的 VIP 客人（VIP arrival）名单 ② 到店的机组人员（air crew arrival）名单 ③ 跟踪（trace）名单 ④ 住店的 VIP 客人（VIP in-house）名单 中班： ① 小酒吧（mini-bar）对账单 ② 洗衣服务（laundry）对账单 ③ 杂项（miscellaneous）对账单 ④ 夜床服务表（turn-down report） 夜班： ① 全部房态（all rooms）——夜审前 ② 维修房（OOO rooms）名单——夜审前 ③ 离店的团队和散客（C/O group & individuals）名单——夜审后
2．每日填写的工作报表类型	① 电话接听记录表。记录工作时的即时情况，以及落实、跟踪情况 ② 领班查房表。每日清晨夜审过后，参看计算机按照房号逐一填写即时房态 ③ 主管派工表。每日清晨，按各区域计算实际需要清洁的房间数 ④ 客衣收送登记表。记录客衣送洗的房号、包数、收取人及送入情况 ⑤ 遗留物品登记表及遗留物品核实表。记录遗留物品的登记、上缴、存放、取走、处理情况 ⑥ 请勿打扰房登记表/差异房记录表/开保险箱记录表。即时记录，重要情况立即与大堂经理取得联系。以上表格一式两份，每天 17:30 交与大堂经理，并将其中一份经签名后取回存档 ⑦ 小酒吧明细报表（mini-bar daily report）。记录当日小酒吧消费的明细情况，以备次日及时补充 ⑧ 迷你吧（mini-bar）、洗衣服务（laundry）和杂项（miscellaneous）挂账单。记录当日各项消费情况。以上表格一式两份，每日夜审前交于前厅结账处，并将其中一份经签名后取回存档 ⑨ 钥匙领用签收表。即时记录当日的钥匙领用和签收情况
3．打印报表的处理	① 每日工作结束后将当日的各类报表汇总归档 ② 每月的最后一个工作日，由夜班员工将各类报表分类封存，以便进一步查阅 ③ 所有报表保存 3 个月，并于 3 个月后统一处理
4．填写报表的处理	① 每日工作结束后将当日的各类工作表汇总归档 ② 每月的最后一个工作日，由夜班员工将各类报表分类封存，以便进一步查阅 ③ 所有报表保存 3 个月，并于 3 个月后统一处理 ④ 同时归档储存的还有服务员清洁报表、夜床服务表、客衣收送和汇总表等

◇ 任务测试

班级：__________　　姓名：__________　　时间：__________

序号	考核内容	考核要点	评分标准	配分	扣分	得分
1	案例准备	准备符合考核主题的相关案例	① 对考核主题了解充分准确，案例准备恰如其分（15～20 分）	20		

续表

序号	考核内容	考核要点	评分标准	配分	扣分	得分
1	案例准备	准备符合考核主题的相关案例	② 对考核主题了解一般，准备案例能符合主题（10～15 分） ③ 对考核主题认识一般，准备案例贴近主题（10 分以下）	20		
2	案例分析	分析客房事故发生的各类原因，提出事故处理方法，掌握事故处理程序	① 能准确分析案例原因，按照处理程序，提出恰如其分的处理方法（15～20 分） ② 能分析案例原因，对处理程序熟练掌握（10～15 分） ③ 对案例原因认识不全面，一般能掌握事故处理程序（10 分以下）	20		
3	情景模拟	依据案例进行角色演练	① 情景模拟生动、准确（20～30 分） ② 情景模拟较为熟练（10～20 分） ③ 情景模拟生硬，表现一般（10 分以下）	30		
4	应变测试	处理教师对案例添加的各种特殊场景的设置	① 熟练、准确回答教师提问，提出恰如其分的处理方法，应变能力突出（20～30 分） ② 圆满回答教师提问，按照处理程序提出准确的处理方法，应变能力较好（10～20 分） ③ 对教师提问能做一般解释，应变能力一般（10 分以下）	30		
共计				100		

考核时间：　　年　　月　　日　　　　　　　　　　考评教师签名：__________

【相关知识】

重要客人预报表如表 4.6 所示

表 4.6　重要客人预报表

年　月　日

姓名或团名		国籍	
身份		人数	
来店日期		班次	
离店日期		班次	
接待单位			

具体要求：

备注：

经手人：________

任务七　特殊房态处理

在日常销售活动中，不可避免地会出现重复卖房、遗漏卖房的差错，因此房务部门在日常工作中必须加强核查工作，以防止此类事件的发生。

◇ 任务指导

任务名称	特殊房态处理	学时	1
任务目标	掌握特殊房态处理的技巧与规程		
任务要求	熟练掌握特殊房态的处理程序，熟练处理类似事件		
任务准备	布置场景、准备案例		
学习方法	讲解、示范、角色演练		

◇ 任务流程

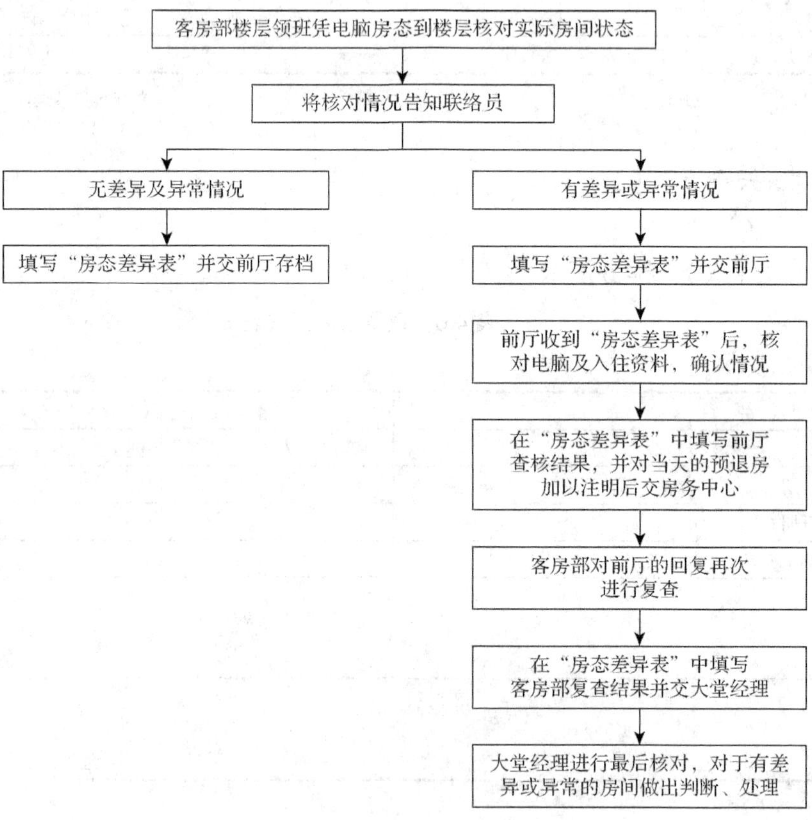

◇ 任务内容

程序/项目	标准
1. 首次查实	员工每日11:30以前应将“请勿打扰”和“双锁”的房间报到房务中心，房务中心文员应在电话接听一览表中单独划出区域加以记录。记录时注意房号要写准确。此类房间早上服务员无法进房收取客衣，如果下午有客衣需要清洗，就需向客人加收快洗衣服务费
2. 再次查实	每日14:00，员工会将当时的“请勿打扰”和“双锁”的房间报到房务中心，房务中心文员应认真倾听并做好记录。记录时应根据“请勿打扰和双锁登记表”注明房号、汇报人姓名并将此类房间上报大堂经理，由大堂经理负责按程序处理
3. 处理	① 房务中心文员应于15:30以前致电大堂经理询问结果，并将结果通知相关服务员 ② 每天17:30左右，房务中心文员应将当日的“请勿打扰和双锁登记表”“房态差异表”一同上交大堂经理，并请当值大堂经理在部门留存的那一份上签名 ③ 房务中心文员每日应将此类表格专门整理并存档

◇ 任务测试

班级：__________ 姓名：__________ 时间：__________

序号	考核内容	考核要点	评分标准	配分	扣分	得分
1	案例准备	准备符合考核主题相关案例	① 对考核主题了解充分准确，案例准备恰如其分（15～20分） ② 对考核主题了解一般，准备案例能符合主题（10～15分） ③ 对考核主题认识一般，准备案例贴近主题（10分以下）	20		
2	案例分析	分析客房事故发生的各类原因，提出事故处理方法，掌握事故处理程序	① 能准确分析案例原因，按照处理程序，提出恰如其分的处理方法（15～20分） ② 能分析案例原因，对处理程序熟练掌握（10～15分） ③ 对案例原因认识不全面，一般能掌握事故处理程序（10分以下）	20		
3	情景模拟	依据案例进行角色演练	① 情景模拟生动、准确（20～30分） ② 情景模拟较为熟练（10～20分） ③ 情景模拟生硬，表现一般（10分以下）	30		
4	应变测试	处理教师对案例添加的各种特殊场景的设置	① 熟练、准确回答教师提问，提出恰如其分的处理方法，应变能力突出（20～30分） ② 圆满回答教师提问，按照处理程序提出准确的处理方法，应变能力较好（10～20分） ③ 对教师提问能做一般解释，应变能力一般（10分以下）	30		
	共计			100		

考核时间： 年 月 日 考评教师签名：__________

任务八 客房报修与跟进

客房服务员在日常清洁活动中应检查客房内设施设备是否完好，如果发现问题，那么必须立即报修工程维修部门，同时在有住客的情况下，跟进维修，清洁现场，确保住店客人设备的有效使用。

◇ 任务指导

任务名称	客房报修与跟进	学时	1
任务目标	掌握客房报修与跟进的规程		
任务要求	熟练掌握客房报修与跟进的程序，熟练处理类似事件		
任务准备	布置场景、准备案例		
学习方法	讲解、示范、角色演练		

◇ 任务流程

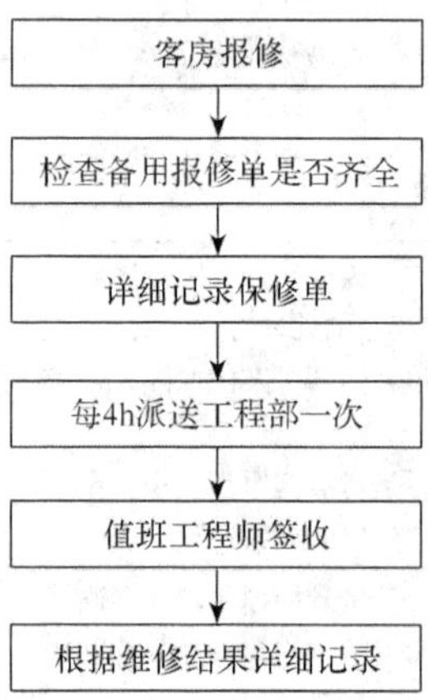

◇ 任务内容

程序/项目	标准
1．准备	检查备用的工程报修单（三联单和“工程报修一览表”）是否齐全
2．记录	① 根据报修人的陈述清晰地填写在报修单上 ② 报修人、报修时间和记录者的姓名均须登记 ③ 将报修内容及报修单编号记录在“工程报修一览表”上 ④ 随时记录维修的解决情况

续表

程序/项目	标准
3．交送	① 报修单需每 4h 派送工程部一次（可酌情而定） ② 紧急报修需立即电话报修（如住客房、预订房和 VIP 房均须报急修），之后应将报修单补填后送至工程部 ③ 工程单送至工程部，须由值班工程师当面签收
4．跟进	① 根据工程维修结果，及时做相应的记录 ② 对于未能及时修复的工程问题须督促，将房态改为维修房直至修复 ③ 难以修复的工程问题须交接至下一班，同时引起重视，向上级汇报

◇ 任务测试

班级：__________　　　　姓名：__________　　　　时间：__________

序号	考核内容	考核要点	评分标准	配分	扣分	得分
1	案例准备	准备符合考核主题相关案例	① 对考核主题了解充分、准确，案例准备恰如其分（15～20 分） ② 对考核主题了解一般，准备案例能符合主题（10～15 分） ③ 对考核主题认识一般，准备案例贴近主题（10 分以下）	20		
2	案例分析	分析客房事故发生的各类原因，提出事故处理方法，掌握事故处理程序	① 能准确分析案例原因，按照处理程序，提出恰如其分的处理方法（15～20 分） ② 能分析案例原因，对处理程序熟练掌握（10～15 分） ③ 对案例原因认识不全面，一般能掌握事故处理程序（10 分以下）	20		
3	情景模拟	依据案例进行角色演练	① 情景模拟生动、准确（20～30 分） ② 情景模拟较为熟练（10～20 分） ③ 情景模拟生硬，表现一般（10 分以下）	30		
4	应变测试	处理教师对案例添加的各种特殊场景的设置	① 熟练、准确回答教师提问，提出恰如其分的处理方法，应变能力突出（20～30 分） ② 圆满回答教师提问，按照处理程序提出准确的处理方法，应变能力较好（10～20 分） ③ 对教师提问能做一般解释，应变能力一般（10 分以下）	30		
共计				100		

考核时间：　　年　　月　　日　　　　　　　　考评教师签名：__________

【相关知识】

报修单如图 4.1 所示。

报修单

酒店
致工程师 No.
日期： AM/PM 时间：
请修理： 地点
1
2
3
部门： 部门主管：

工程部填写：
日期： AM/PM 时间：
备注/材料：

经办人 审查
此项工作已完成 No.
日期 AM/PM 时间

当值工程师签署

图 4.1 报修单

项目小结

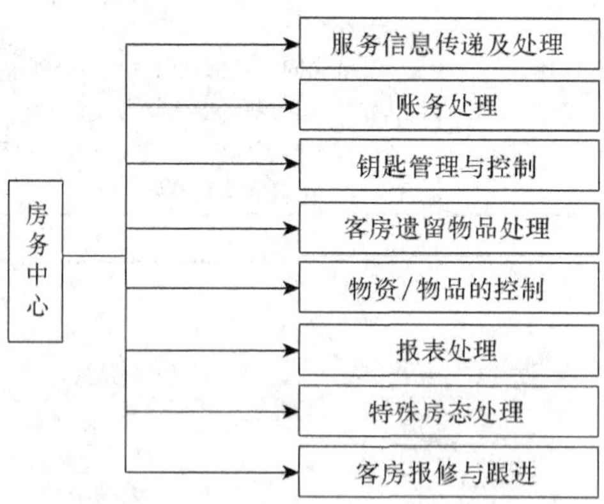

项目五

客房安全

学习目标

1. 了解客房安全的相关常识。
2. 熟悉客房安全事故处理的流程。
3. 掌握客房安全事故处理的规范。

客房安全是整个酒店安全工作的一个重要方面。客房部负责住店客人的起居生活，客房部管理着大量的酒店财产，客房部员工每天都在从事着各种各样的清洁保养和对客服务工作。无论是客人还是酒店员工，安全都是大家共同关心的突出问题。因此，安全管理是客房部工作中的重中之重。

任务一 客人醉酒的处理

客人在住店期间，或因业务招待，或因朋友款待等参与各种社交活动而大量饮酒，回酒店休息时，酒店客房服务员要对客人进行及时的跟踪服务。

◇ 任务指导

任务名称	客人醉酒的处理	学时	0.5
任务目标	掌握客人醉酒的处理规程		
任务要求	熟练掌握客人醉酒的处理程序，熟练处理类似事件		
任务准备	布置场景、准备案例		
学习方法	讲解、示范、角色演练		

◇ 任务流程

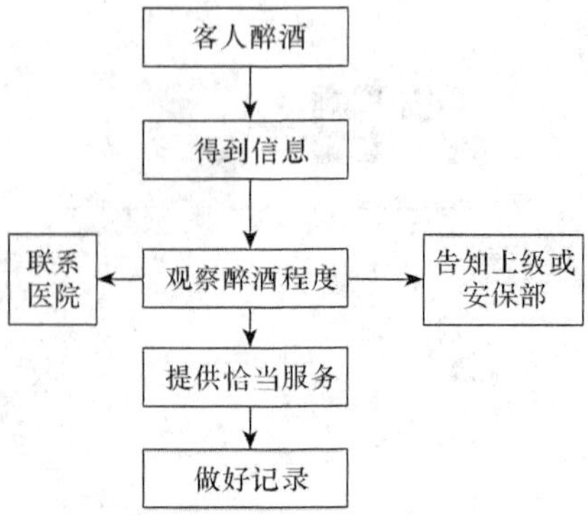

◇ 任务内容

程序/项目	标准
1．发现醉酒客人	① 当发现客人在房内不断饮酒时，客房服务人员应特别留意该客人动态，并通知领班，在适当情况下，与当班其他服务人员或领班借机进房查看，切忌单独进房 ② 客房服务人员有时会在楼层发现醉酒客人，如果证实其为外来游荡的醉客，就应请其离开，通知安保部人员将醉客带离楼层，并控制醉客的行为；若证实其为住店客人，则应通知领班或请同事帮忙，安置客人休息
2．提供恰当服务	① 若客人已饮酒过量，但尚清醒，则应扶客人上床，并将纸篓放在床边，以备客人呕吐，并准备好面巾纸、漱口水，放在床头柜上。对呕吐过的地面及时进行清理 ② 征询意见后，泡一杯茶给客人，放在床头柜上 ③ 安顿客人休息后，房间要留灯，然后轻轻退出房间，关好房门
3．注意安全	① 密切注意房内动静，以防房内物品受损或因客人吸烟而造成火灾 ② 对因醉酒而大吵大闹的客人要留意观察，在不影响其他客人的情况下一般不予干涉。但若发现客人因神志不清而有破坏行为，则应通知安保部、大堂副理。若已造成设备物品损坏，则应做好记录，待客人酒醒后按规定索赔 ③ 若遇到客人倒地不省人事或有发生意外的迹象，则应及时通知大堂副理，同时通知医务室医生前来检查，以保证客人安全 ④ 若醉客纠缠不休则要机警应对，礼貌回避
4．做好记录	在服务员工作日报表上填写醉酒客人房号、客人状况及处理措施

◇ 任务测试

班级：__________　　　　姓名：__________　　　　时间：__________

序号	考核内容	考核要点	评分标准	配分	扣分	得分
1	案例准备	准备符合考核主题的相关案例	① 对考核主题了解充分准确，案例准备恰如其分（15～20 分） ② 对考核主题了解一般，准备案例能符合主题（10～15 分） ③ 对考核主题认识一般，准备案例贴近主题（10 分以下）	20		
2	案例分析	分析客房事故发生的各类原因，提出事故处理方法，掌握事故处理程序	① 能准确分析案例原因，按照处理程序，提出恰如其分的处理方法（15～20 分） ② 能分析案例原因，对处理程序熟练掌握（10～15 分） ③ 对案例原因认识不全面，一般能掌握事故处理程序（10 分以下）	20		

续表

序号	考核内容	考核要点	评分标准	配分	扣分	得分
3	情景模拟	依据案例进行角色演练	① 情景模拟生动、准确（20～30 分） ② 情景模拟较为熟练（10～20 分） ③ 情景模拟生硬，表现一般（10 分以下）	30		
4	应变测试	处理教师对案例添加的各种特殊场景的设置	① 熟练、准确回答教师提问，提出恰如其分的处理方法，应变能力突出（20～30 分） ② 圆满回答教师提问，按照处理程序提出准确的处理方法，应变能力较好（10～20 分） ③ 对教师提问能做出一般解释，应变能力一般（10 分以下）	30		
共计				100		

考核时间： 年 月 日　　　　考评教师签名：

【相关知识】

醒酒方法

① 牛奶醒酒法　② 豆腐解酒法　③ 皮蛋醒酒法　④ 蛋清醒酒法
⑤ 柿子醒酒法　⑥ 米汤醒酒法　⑦ 绿豆醒酒法　⑧ 茶叶醒酒法
⑨ 食盐解酒法　⑩ 糖水醒酒法　⑪ 醋醒酒法　⑫ 藕醒酒法
⑬ 海蜇醒酒法　⑭ 生梨醒酒法　⑮ 萝卜醒酒法　⑯ 番薯醒酒法
⑰ 甘蔗汁醒酒法　⑱ 橘汁醒酒法　⑲ 芹菜醒酒法　⑳ 大白菜解酒法
㉑ 杨桃醒酒法　㉒ 花露水醒酒法　㉓ 中药解酒法

【辅助学习】

客房安全

客房安全是指酒店客房区域应保证客人的人身、财物、正当权益不受侵害，而且也不存在导致这种侵害发生的因素，即酒店客房安全状态是一种既没有危害又没有可能发生危险的状态。客房安全的内涵包括以下 3 个方面。

1）客房安全是指客房区域应保持良好的秩序和状态。在客房范围内，客人、员工的人身和财物及酒店财产安全不受侵害。

2）客房区域应当处于一种既没有危险，又没有可能发生危险的状态。客房存在一些不安全因素，也没有相应的防范措施，即使暂时没有发生事故，也不是真正意义上的安全。例如，客房内的电源插头损坏、电线裸露，浴缸无防滑措施，客房的门锁没有及时修好，钥匙管理混乱，安全通道堵塞，安全门方向无指示标志等。所有这些因素都可能会在一定条件、一定场合、一定时间内突然引发危险，造成人身伤害和财产损失。因此，客房安全是指不发生危险及对潜在危险因素的排除。

3）客房安全不仅包括事实安全，还包括心理安全。事实安全是指不发生并且不可能发生危险的安全状态。心理安全是指客人对酒店安全程度的一种心理感受。

任务二　客人物品失窃的处理

客人在住店期间，本身是出门在外，一般会携带一定数量的财物、个人用品或相关文件等随身物品。由于酒店服务和管理环节的漏洞，容易给偷窃者造成可乘之机，给客人带来一定的损失。酒店方应对这类问题要注意重点防范和及时处理。

◇ 任务指导

任务名称	客人物品失窃的处理	学时	0.5
任务目标	掌握客人物品失窃的处理规程		
任务要求	熟练掌握客人物品失窃的处理程序，熟练处理类似事件		
任务准备	布置场景、准备案例		
学习方法	讲解、示范、角色演练		

◇ 任务流程

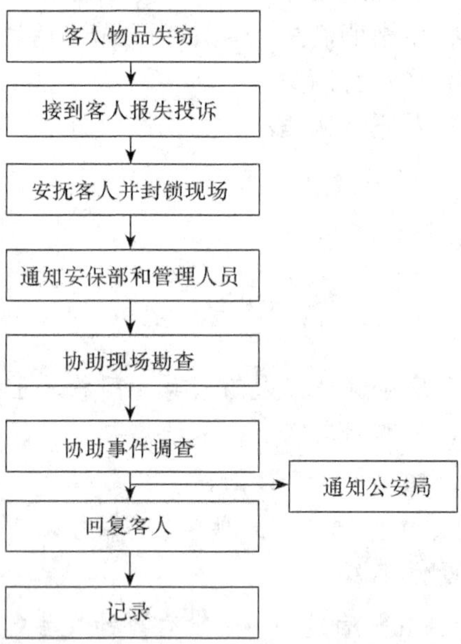

◇ 任务内容

程序/项目	标准
1. 报失	① 接到客人投诉在房间内有财产损失，应立即通知值班经理、安保部和客房部 ② 封锁现场，保留各项证物，会同安保人员、客房部人员立即到客人房间 ③ 用亲切的语言安慰客人，使客人情绪平复，安定

续表

程序/项目	标准
2．勘查现场，了解情况	① 查看现场是否遭到破坏，如果现场完好，立即进行拍照 ② 认真听取失主对现场情况的陈述，查看失主物品被翻动的情况，注意发现有无犯罪分子遗留或抛弃的物品，以及可能留下指纹的纸张、杯子、皮夹等。如有，要戴好手套或用干净的软纸小心提取，然后放入干净的塑料袋或纸盒内以备技术鉴定用 ③ 如果需提取客人物品做鉴定，那么必须征得客人同意 ④ 床上床下，衣柜里外，床头柜、酒柜、电视柜里外，以及沙发、窗帘、浴室、浴室顶棚、冰箱等处都要查到。委婉地征得客人同意后对其箱包、行李进行检查。楼道里的服务车和有关部位也要检查
3．做好访问笔录	① 查验失主护照是否与持照人一致，然后核对所失物品在海关申报单上是否有登记，注意登记的数量、种类、型号是否相符 ② 详细记录以下情况： a．失主的姓名、年龄、性别、国籍、职务、来访目的，来店、离店日期和具体时间及去向等，丢失物品的准确时间，最后见到所失物品的时间 b．丢失物品的准确地点、位置 c．丢失物品的名称、种类、型号、数量、特征、新旧程度、特殊标记、有无上保险等 d．丢失前是否有人来过房间，诸如亲朋探望、打扫房间、工程维修、洗送衣物等情况；失主有无怀疑的具体对象、怀疑的根据等 e．失主有何要求。例如，开具丢失证明或要求酒店赔偿
4．进行调查	① 向安保部调出监控系统的录像，以了解出入此客房的人，便于进一步调查 ② 过滤失窃前曾逗留或到过失窃现场的人员，假如没有，则请客人帮忙再找一遍 ③ 经过分析后，帮助客人寻找，请客人耐心等待或让客人在现场一起寻找 ④ 将详细情形记录下来
5．报警	① 遗失物品确定无法找到，而客人坚持报警处理时，立即通知安保部人员代为报警 ② 待警方到达现场后，让安保部人员协助客人及警方做事件的调查
6．回复客人	① 若找到物品，则应及时交给客人 ② 若找不到物品，则应向客人表示同情和耐心解释；若丢失原因不明，酒店不负责赔偿，则请客人留下电话，以便今后联系
7．记录备查	① 将事情发生的原因、经过和结果记录于值班经理交接本上，以备核查 ② 对此类盗窃意外，除相关人员外，一律不得公开宣布

◇ 任务测试

班级：__________　　　　姓名：__________　　　　时间：__________

序号	考核内容	考核要点	评分标准	配分	扣分	得分
1	案例准备	准备符合考核主题的相关案例	① 对考核主题了解充分、准确，案例准备恰如其分（15～20分） ② 对考核主题了解一般，准备案例能符合主题（10～15分） ③ 对考核主题认识一般，准备案例贴近主题（10分以下）	20		
2	案例分析	分析客房事故发生的各类原因，提出事故处理方法，掌握事故处理程序	① 能准确分析案例原因，按照处理程序，提出恰如其分的处理方法（15～20分） ② 能分析案例原因，对处理程序熟练掌握（10～15分）	20		

续表

序号	考核内容	考核要点	评分标准	配分	扣分	得分
2	案例分析	分析客房事故发生的各类原因，提出事故处理方法，掌握事故处理程序	③ 对案例原因认识不全面，一般能掌握事故处理程序（10 分以下）	20		
3	情景模拟	依据案例进行角色演练	① 情景模拟生动、准确（20～30 分） ② 情景模拟较为熟练（10～20 分） ③ 情景模拟生硬，表现一般（10 分以下）	30		
4	应变测试	处理教师对案例添加的各种特殊场景的设置	① 熟练、准确回答教师提问，提出恰如其分的处理方法，应变能力突出（20～30 分） ② 圆满回答教师提问，按照处理程序提出准确的处理方法，应变能力较好（10～20 分） ③ 对教师提问能做出一般解释，应变能力一般（10 分以下）	30		
共计				100		

考核时间：　　年　　月　　日　　　　　　　　　　　　考评教师签名：________

【相关案例】

9 月 18 日 19 时许，×××大酒店客房服务员向客房部经理报告称: 517 房客人投诉，在房间内丢失人民币 2000 元。接到报失后，客房部经理和客房服务员迅速赶到现场。据了解，客人程某是×市×公司职员，当天下午同妻子入住酒店，晚餐前外出时从密码箱中取出一个装有 2000 元人民币的红纸包，藏在沙发坐垫与靠背间的夹缝中，晚餐后回来，发现房间有人动过，急忙查看后发现红纸包已没有了。程某一口咬定是服务员所为，并气愤地说:“你们服务员可真厉害呀!”

听完客人的叙述，客房部经理一面安慰客人不要着急，一面表示要积极调查此事。据楼层服务员反映: 晚饭后她按工作程序到 517 房给客人开夜床，其他时间没有人进过此房。客房服务员反映: 客人晚饭后在大堂吸烟时不慎将烟灰缸打碎，服务员按规定让其做了赔偿，程某很不情愿，回房几分钟就打电话称被盗。

根据上述情况，客房部经理做了以下分析: 没有他人进房间，首先可以排除外来人员作案；服务员进房间是为做夜床，但二人出入都在一起，从未分开，任何一人都没有作案的条件和动机。另外，客房部经理又想，程某既然觉得房间内不安全，为什么不把密码箱放在总台免费保管而是藏在床下；2000 元为什么不放在密码箱内，而专门取出藏在沙发坐垫与靠背间的夹缝中，是不是刚赔了烟灰缸而故意给酒店找麻烦？要搞清这些问题，关键是确认客人是否真丢了钱。客房部经理征得客人同意，对其夫妇分别进行询问，重点是搞清纸包的特征和放进沙发夹缝的前后过程。询问结果，夫妇二人所述情况基本一致，看来客人确实丢了钱。

为了维护酒店声誉，确保客人财产安全不受损失，必须尽快查清钱的去向。客房部经理仔细分析问题的症结所在。突然，程某夫妇在叙述中所讲的一个细节引起了他的注意：程某将红包塞进沙发的夹缝中后，发现还露一点，经其妻提示，他又往下塞了塞，之后程某又坐在沙发上压了几下，直到看不见为止。客房部经理想，问题可能就出在这里，便叫来服务员，当着客人的面把沙发翻倒，果断地撕开沙发底座上的装饰布，一个红包露了出来。客人双手接过“失”而复得的2000元，感到非常惭愧，再三表示错怪了服务员和酒店。

案例评析

酒店发生的盗窃案件主要有三种情形：员工偷盗行为；客人偷盗行为；外来人员的偷盗行为。

酒店客人的财物被盗后，客人或酒店直接通知公安局有关部门，这叫“报案”。客人未向公安局报案，而向本酒店反映丢失情况，属于“报失”。“报案”会对酒店形象造成不利的影响，也会涉及酒店客人的亲戚朋友，使他们之间产生矛盾，反过来又会波及对酒店的不满。无论是“报失”或“报案”，酒店的管理人员和服务人员都应积极地协助客人（或公安局）调查失窃原因，积极采取措施，及时了解和反映有关情况，尽快解决客人（或公安局）提出的问题，圆满地做好各项工作。

【辅助学习】

客房安全的重要性

1. 客房安全与否，直接关系到客人的满意程度

安全是客人的基本需要，要提高客人的满意程度，有一个安全的住宿环境是很重要的因素。如果在客房工作中忽视必要的安全防范意识，如果客人要求开门时不核实身份、非住店客人进入楼层时不询问，就可能给犯罪分子以可乘之机。试想，一位客人在客房住了几天，对客房服务赞不绝口，但就在他离开的那一天，钱包在客房被盗，客人对酒店的好印象就会一扫而光，留下的只有遗憾和不满。

2. 客房安全与否，直接关系到酒店的经济效益

安全工作不力所造成的损失不仅表现为直接的经济损失，如发生火灾、财物被盗，还表现为一种声誉的损失，即形象的破坏。这种损失具有辐射作用，往往难以用数量来衡量。如果一家酒店刚开业不久，客房就发生两起较大的盗窃案件，使受损的客人叫苦不迭、怨声载道，而其他客人胆战心惊，酒店因此而臭名远扬，则会使客人望而却步，从此酒店便会门庭冷落，经济效益一落千丈。

3. 客房安全与否，直接关系到员工的积极性

客房安全不仅包括客人的安全，还包括员工的安全。如果客房安全管理工作混乱，各种防范和保护措施不力，工伤事故不断，员工安全没有保障，就很难使员工安心，更不能使他们积极而有效地工作。

任务三　客人意外伤害与疾病的处理（伤亡处理）

客人住店期间，或由于工作压力过大，或由于气候条件的变化，在缺少亲人照顾的情况下，很容易身体不适。客房服务员要注意观察客人的生活起居，向客人提供具有亲情般的温情服务。

◇ 任务指导

任务名称	客人意外伤害与疾病的处理（伤亡处理）	学时	0.5
任务目标	掌握客人意外伤害与疾病处理规程		
任务要求	熟练掌握处理程序，熟练处理类似事件		
任务准备	布置场景、准备案例		
学习方法	讲解、示范、角色演练		

◇ 任务流程

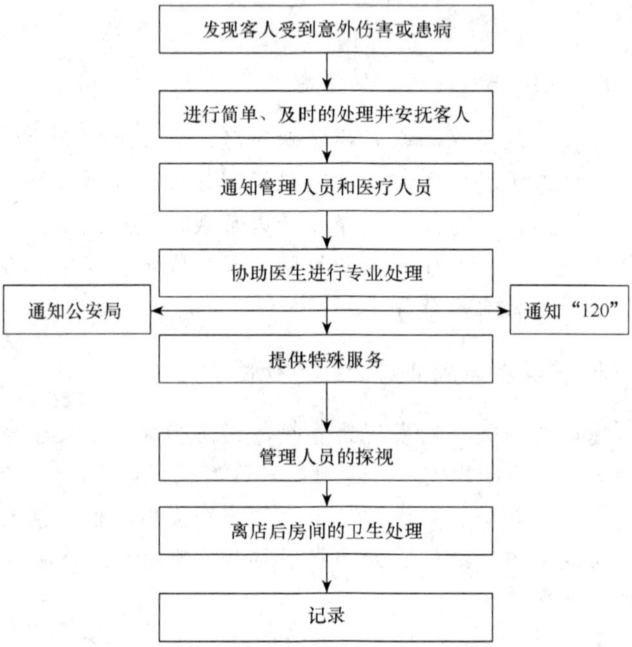

◇ 任务内容

程序/项目	标准
1. 上报	① 发现病客要及时向上级报告并做好记录 ② 在发生事故后，应立即安慰客人，稳定伤者情绪，注意观察病情变化，在医生到来之后告知病情

续表

程序/项目	标准
2. 及时处理	① 如果伤处出血，应用止血带进行止血；如果不能缠绕止血带时，应用手按住血口，待医生到达后遵医嘱 ② 如果是轻度烫伤，先用大量干净水进行冲洗；如果是重度烫伤，不得用手触摸伤处或弄破水泡，应听从医生的处理意见 ③ 如果四肢骨折，先止血后用夹板托住；如果肋骨骨折，应在原地放置不动，立即请医生处置 ④ 如果头部受伤，在可能的情况下要小心进行止血，并立即请医生或送往医院 ⑤ 如果后背受伤，尽量不要翻身体，应立即请医生或送往医院 ⑥ 如果杂物飞进眼睛，应立即上眼药水或用洁净的水冲洗眼睛
3. 服务	① 对病客表示关心及乐意帮助 ② 礼貌询问客人生病的原因，若客人表示确有些不舒服或道出病情，服务人员应提醒客人，酒店有医务室或驻店医生服务，可前去就诊或请医生到客房初诊 ③ 为客人提供必要的生活用品，如纸巾、茶杯、热水瓶、垃圾桶 ④ 要适时借服务之机进入客人房间并询问客人有无特殊要求，建议并协助客人与就近的亲朋熟人联系，提醒客人按时服药，推荐适合客人的饮食 ⑤ 关上房门并随时留意此房间的动静 ⑥ 客房部管理人员应亲自慰问病客，并送鲜花、水果等，祝客人早日康复
4. 联系、通报	① 若住客在酒店内死亡，则应迅速通知死者的家属、工作单位、接待单位、同行人员。如果死亡的人是境外人员，须及时通知投保的保险公司 ② 通知酒店总经理和有关部门的经理，通知总台接待部封锁该房，注意房号保密
5. 死者相关处理	① 征得死者家属或单位同意后，报公安机关，并接受法医验尸 ② 尽快将死者转移出酒店，转移时注意避开住客，可选择夜深人静之时经员工电梯从后台区域出店 ③ 死者的遗留物品应及时整理、清点和记录，作为遗留物品妥为保存，待死者有继承权的亲属或委托人认领并做好领取的签收手续
6. 店内处理	① 前厅部经理应根据调查的结果写出客人在店期间死亡及处理经过的报告，经总经理审阅通过，一份留酒店备案，其余的交给死者亲属及有关单位和人员 ② 对死者的死因不做随意的猜测和解释，统一由酒店指定的权威人士解答 ③ 请卫生防疫部门对客房进行严格消毒，对客人用过的物品和卧具进行焚毁处理
注意事项	① 在日常对病客的照料中，服务员只需做好必要的准备工作即可离去，不得长时间留在病客房内，病客若有需要可电话联系 ② 如遇危重病人应及时与医院或急救站联系，组织抢救，救护车未到前可由驻店医生给予必要的救治处理，同时要立即逐级上报，大堂副理或值班经理应亲临处理。若客人处于清醒状态，则需征得客人同意 ③ 未经专门训练和相应考核的服务员，若发现客人休克或有其他危险迹象时，则应及时通知大堂副理或值班经理采取必要措施，不得随意搬动客人，以免发生意外 ④ 若有客人要求服务员代买药品，服务员首先应婉言向客人说明不能代买药品，并推荐酒店内医务室，劝客人前去就诊。若客人不想看病，坚持让服务员代买药品，服务员应及时通知大堂副理，并由其通知驻店医生到客人房间，进而由医生决定是否从医务室为客人取药 ⑤ 发现客人患有传染病时，应做到： a. 关心安慰客人，稳定客人情绪 b. 请酒店医务室医生为其诊治 c. 将客人转到医院治疗 d. 客人住过的房间请防疫部门进行消毒 e. 彻底进行清理再对外

◇ 任务测试

班级：__________　　　　　　　　姓名：__________　　　　　　　　时间：__________

序号	考核内容	考核要点	评分标准	配分	扣分	得分
1	案例准备	准备符合考核主题相关案例	① 对考核主题了解充分、准确，案例准备恰如其分（15～20分） ② 对考核主题了解一般，准备案例能符合主题（10～15分） ③ 对考核主题认识一般，准备案例贴近主题（10分以下）	20		
2	案例分析	分析客房事故发生的各类原因，提出事故的处理方法，掌握事故处理程序	① 能准确分析案例原因，按照处理程序，提出恰如其分的处理方法（15～20分） ② 能分析案例原因，对处理程序熟练掌握（10～15分） ③ 对案例原因认识不全面，一般能掌握事故处理程序（10分以下）	20		
3	情景模拟	依据案例进行角色演练	① 情景模拟生动、准确（20～30分） ② 情景模拟较为熟练（10～20分） ③ 情景模拟生硬，表现一般（10分以下）	30		
4	应变测试	处理教师对案例添加的各种特殊场景的设置	① 熟练、准确回答教师提问，提出恰如其分的处理方法，应变能力突出（20～30分） ② 圆满回答教师提问，按照处理程序提出准确的处理方法，应变能力较好（10～20分） ③ 对教师提问能做出一般解释，应变能力一般（10分以下）	30		
共计				100		

考核时间：　　年　　月　　日　　　　　　　　　　　　考评教师签名：__________

【相关知识】

（一）骨折

1. 骨折的症状

1）疼痛。受伤处有明显的压痛点，移动时有剧痛，安静时则疼痛减轻。

2）肿胀。出血和骨折端的错位、重叠，都会使外表呈现肿胀现象。

3）畸形。在骨折时肢体发生畸形，呈现短缩、弯曲或者转向。

4）运动障碍。原有的运动功能受到影响甚至完全丧失。

2. 急救原则

1）注意伤员全身情况，呼吸、心搏骤停者要立即抢救。

2）有大出血时要先止血。

3）开放性骨折时，局部要做清洁消毒处理。

4）用纱布包将伤口包好，已暴露在外边的骨头严禁送回组织内。

5）使用镇静剂，以免疼痛引起休克。

3. 骨折固定注意事项

1）有出血时，应先止血和消毒包扎伤口，然后固定骨折。如有休克，应立即进行抢救。

2）对于大腿、小腿和脊椎骨折，一般应就地固定，不要随便移动伤员。

3）固定力求稳妥牢固，要固定骨折的两端和上、下两个关节。

4）夹板不应直接接触皮肤，在固定时用一些棉花、碎布、毛巾等软的东西垫在夹板和肢体之间，尤其是夹板两端和有间隙的地方，可适当加厚，以免引起皮肤的损伤，而且牢固。

5）绷带松紧要适宜，过松则达不到固定目的，过紧则影响血液循环，导致肢体坏死。

（二）外伤出血止血的方法

1）压迫止血法：利用现场可找到的干净毛巾或纱布等物品作为急救敷料，直接覆盖出血部位，采用单手或双手掌根或四指并拢直接压迫进行止血。

2）加压包扎止血法：首先用消毒纱布垫敷于伤口后，其次用棉团、纱布卷、毛巾等折成垫子，放在出血部位的敷料外面，然后用三角巾或绷带紧紧包扎起来，以达到止血目的。当伤处有骨折时，须另加夹板固定，伤口内有碎骨存在时不用此法。

3）加垫屈肢止血法：当四肢的肘、膝以下部位发生出血时，如没有骨折和关节损伤，可采用加垫屈肢止血法。用纱布、棉花或其他布类做成垫子放在关节屈面，然后使关节强屈，压住关节屈侧动脉，再缠绕固定，使血流不能通过，从而止住血。

4）止血带止血法：四肢较大的动脉出血时，用止血带止血。最好用较粗而有弹性的橡皮管进行止血。如没有橡皮管也可用宽布带以应急需。用止血带时，首先在创口以上的部位用毛巾或绷带缠绕在皮肤上，然后将橡皮管拉长，紧紧缠绕在缠有毛巾或绷带的肢体上，然后打结。止血带不应缠得太松或过紧，以血液不再流出为度。上肢受伤时缚在上臂，下肢受伤时缠在大腿，才会达到止血目的。缚止血带的时间，原则上不超过一小时，如需较长时间缚止血带，则应每隔半小时松解止血带半分钟左右。在松解止血带的同时，应压住伤口，以免大量出血。扎好止血带后，一定要做明显的标志，写明上止血带的部位和时间，以免忘记定时放松，造成肢体缺血时间过久而坏死。

【辅助学习】

客房安全事故发生的原因

1. 直接原因

（1）人为原因

人为原因主要是指人们不安全行为所造成的各种事故，包括指导与监督疏忽、肇事者未按规定要求行事、误用或错用各种器具、危险性物品使用错误及不安全行为等。

（2）设施原因

设施原因主要是指不良的环境设施所引起的事故包括照明不良、维修不当、地面过滑，以及危险场所的防护设施不完备等。

2. 间接原因

间接原因是指各种机械装置的定期检查和保养不良。一般是最高经营者责任心不强导致安全管理制度和安全管理组织不完备、安全管理标准不明确等。具体包括以下几项：①裂纹或破损的各种手柄；②未及时清理使用过的刮脸刀片；③裸露的电线；④未及时处理的各种不良导线；⑤客用电梯的不安全操作；⑥客房照明不良；⑦未及时清理客房地面污物和垃圾；⑧客用钥匙管理不当；⑨玻璃门无明显标记；⑩客房用餐时被玻璃杯损伤。

任务四　消防器材的使用

酒店是个复杂的建筑物，而诱发火灾的源头众多，一旦发生火灾，由于酒店内居住逗留的人员众多，极易引发重大人员灾难。因此，酒店一直以来都是火灾防范治理的重点单位，酒店内部配备安装了不同类型的多种消防器材，会使用这些消防器材是酒店员工的基本职责之一。

◇ 任务指导

任务名称	消防器材的使用	学时	2
任务目标	掌握消防器材的使用方法		
任务要求	熟练掌握消防器材的操作规范		
任务准备	布置场景、准备案例		
学习方法	讲解、示范、角色演练		

◇ 任务流程

干粉灭火器和其他灭火器的使用。

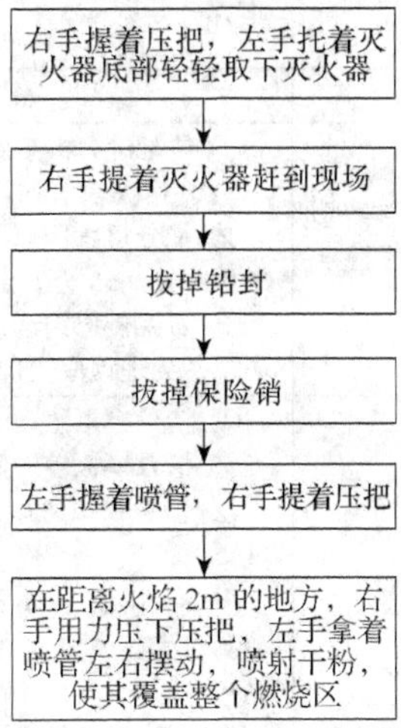

◇ 任务内容

程序/项目	标准
1. 便携式灭火器	① 主要用来扑救B类和E类火灾，即易燃液体和带电起火。 ② 二氧化碳灭火器： a. 手动开启式（鸭嘴式）：使用时先拔去保险销，一手握住喷筒把手，对准着火物，另一手把压把往下压，二氧化碳即由喇叭口喷出，不用时将手放松即行关闭 b. 螺旋开启式（手轮式）：使用时先将铅封去掉，一手握住喷筒把手，对准着火物，另一手将手轮逆时针方向旋转开启，二氧化碳即行喷出
2. 干粉灭火器	在使用时，拔出保险销，一手拿着喷嘴胶管，另一手握住提把，拉起提环，粉雾即喷出
3. 泡沫灭火器	将灭火器颠倒握牢，使泡沫从外向内射向火源
4. 消防栓	① 消防栓装置主要是用水来扑灭火灾 ② 打开消防栓柜，卸下出水口的堵头，安上消防栓接扣，接上消防水带，注意接口要衔接牢固 ③ 然后将水带甩开，注意水带不要拧花和打结 ④ 最后拧开阀门，水即从水带输送到火场 ⑤ 使用完毕后，应先关阀门，然后再把水带分解开，卸下接扣，把堵头装好 ⑥ 消防水带每次使用后要冲洗干净，晒干卷好，定期检查，如发现漏水要及时修好
5. 喷淋装置	① 喷淋灭火系统主要用于A类火灾（即固体物质火灾）。洒水面积一般为10m^{2}左右 ② 总控制室显示板上显示喷洒区域并同时报警

◇ 任务测试

班级：__________ 姓名：__________ 时间：__________

序号	考核内容	考核要点	评分标准	配分	扣分	得分
1	案例准备	准备符合考核主题相关案例	① 对考核主题了解充分、准确，案例准备恰如其分（15～20分） ② 对考核主题了解一般，准备案例能符合主题（10～15分） ③ 对考核主题认识一般，准备案例贴近主题（10分以下）	20		

续表

序号	考核内容	考核要点	评分标准	配分	扣分	得分
2	案例分析	分析客房事故发生的各类原因，提出事故处理方法，掌握事故处理程序	① 能准确分析案例原因，按照处理程序，提出恰如其分的处理方法（15～20 分） ② 能分析案例原因，对处理程序熟练掌握（10～15 分） ③ 对案例原因认识不全面，一般能掌握事故处理程序（10 分以下）	20		
3	情景模拟	依据案例进行角色演练	① 情景模拟生动、准确（20～30 分） ② 情景模拟较为熟练（10～20 分） ③ 情景模拟生硬，表现一般（10 分以下）	30		
4	应变测试	处理教师对案例添加的各种特殊场景的设置	① 熟练、准确回答教师提问，提出恰如其分的处理方法，应变能力突出（20～30 分） ② 圆满回答教师提问，按照处理程序提出准确的处理方法，应变能力较好（10～20 分） ③ 对教师提问能做出一般解释，应变能力一般（10 分以下）	30		
共计				100		

考核时间：　　年　　月　　日　　　　　　　　　　　　　　考评教师签名：________

【相关知识】

火灾常识

火灾一般分为 6 类。

A 类火灾：由木材、纸张、棉、布、塑胶等固体物质所引起的火灾。

B 类火灾：由引火性液体或可熔化的固体物质所引起的火灾，如汽油、石油、煤油等。

C 类火灾：由气体燃烧、爆炸引起的火灾，如天然气、煤气等。

D 类火灾：由钾、钠、镁、锂等金属物质引起的火灾。

E 类火灾：由电器走火、漏电打火引起的火灾。

F 类火灾：由烹饪器具内的烹饪物引起的火灾，如动植物油脂。

【辅助学习】

客房安全管理的特性及工作要求

1. 客房安全管理的特性

（1）复杂性

客房安全的侵害因素普遍存在，而且不断变化。仅违法犯罪这类侵害因素就有多种，其他侵害因素则更为复杂。它们以不同的形态、不同的方式存在着，若疏于防范，就会危及客人及酒店的安全。

酒店属于公共场所，客房是来店客人的主要逗留之地。客人来自四面八方，其国籍、职业、文化程度、社会背景、宗教信仰、兴趣爱好、住店目的多种多样。从客房安全工作的任务看，客房部的安全管理工作具有多样性。例如，客房的安全管理不仅涉及治安、消防等，还涉及国家安全、社会综合治理等多方面的内容。

（2）长期性

客房安全的侵害因素不仅广泛存在，还长期存在。即使某些侵害因素在某些时候、某些地方被消灭，只要气候适当、条件具备，也会卷土重来，或以新的形式实现新的侵害。特别是某些自然因素造成的侵害，当未发现发生灾害的原因时，往往会再次发生，如火灾等。因此，安全保卫工作是一项十分艰巨而长期的工作。

（3）紧迫性

从宏观看，客房安全是一项长期性的工作，必须常抓不懈。从微观看，客房安全具有紧迫性，遇到具体的事故必须及时处理。例如，发生火灾时，酒店必须及时、迅速地做出反应和处理；否则，将酿成大祸，造成不应有的重大损失。

（4）预防性

客房安全工作应以预防为主。一般来说，客房安全的各种侵害因素在发生作用前，多数会有各种迹象和征兆。例如，犯罪分子实施犯罪行为，一般会有一个计划、预谋、准备的过程，违法行为的产生与当时环境、气氛及违法人的心理情绪有一定关系。人们只要认真研究犯罪的种种规律和违法犯罪人员的心理特征，就可以采取预防措施，争取减少违法犯罪行为的发生。同样，自然因素的侵害要有一定的“气候”和条件。只要了解侵害产生的条件，做到防患于未然，就可以尽量减少侵害对人身、财产所造成的损失。在一定的条件下，客房安全的侵害因素也会发生转化，或者停止侵害，或者由侵害因素转化为有利因素。

（5）服务性

客房安全工作的最终目的之一是给住店客人提供安全保障，即为客人创造一个安全、舒适的生活和工作环境。客房安全也是客房对客服务的一项重要内容，也要贯彻“客人至上，服务第一”的宗旨，把客房安全寓于客房服务之中。优质的客房服务必须有安全作保证。

2. 客房安全管理工作要求

根据公安机关安全工作的有关规定和安保部门对客房部安全管理工作的具体要求，结合部门工作的特点，可以把客房部安全管理工作的要求总结为以下几点。

1）做好安全宣传工作，经常进行安全培训，增强员工的法治观念和安全意识。

2）做好客房的防火、防盗、防灾害和事故等工作，确保客人和酒店员工人身及财产安全。

3）制定客房部安全管理规章制度和工作计划，建立和健全安全防范措施。

4）根据“谁主管、谁负责”的原则，落实客房部各项安全岗位责任制；监督、检查、指导各个岗位的安全工作。

5）协助公安机关和酒店安保部门做好案件的侦破及事故预防和处理工作。

6）在酒店的统一领导下，做好社会治安综合治理工作，确保客房区域的安全，维护客房的正常秩序。

任务五　火灾事故的处理

酒店消防安全管理上一直贯彻“预防为主，防消结合”的方针，一旦发生火灾事故，保证客人的生命财产安全是酒店义不容辞的责任。因此，酒店必须制定关于火灾事故处理的紧急预案，动员全员进行认真学习和严格执行。

◇ 任务指导

任务名称	火灾事故的处理	学时	0.5
任务目标	掌握火灾事故的处理规程		
任务要求	熟练掌握火灾事故的处理程序，熟练处理类似事件		
任务准备	布置场景、准备案例		
学习方法	讲解、示范、角色演练		

◇ 任务流程

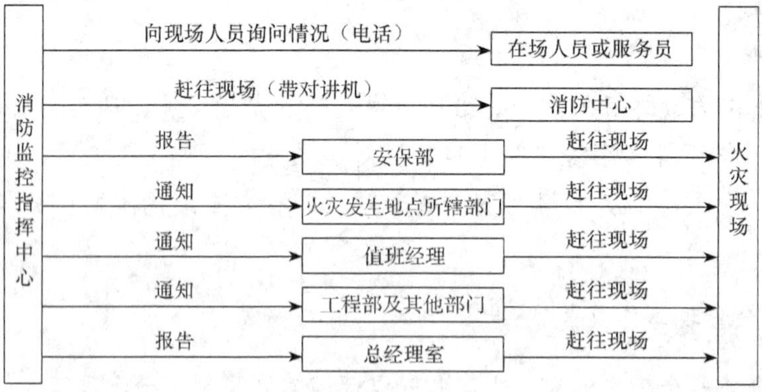

◇ 任务内容

程序/项目	标准
1．火情报警	① 员工发现火情，如果自己可以扑灭，那么先试着灭火，若不能扑灭则立即报警 ② 利用最近的电话机，打电话到总机或消防中心报警。报警的内容包括起火具体地点、燃烧何物、火势程度、被困人员、报警人的姓名、部门及所在位置，视情况（如火情较小）可使用灭火器 ③ 若火情紧急，则立即打碎最近的报警装置进行报警，迅速使用灭火器进行灭火。所有的固体材料，如纸、纺织品等可用水进行扑灭；电器设备和易燃液体不能用水灭火，可用干粉灭火器进行扑灭 ④ 如果涉及自身的安全，要尽快离开现场，并关闭身后的门窗；如果火情无法控制，关闭门窗直至救援人员到来
2．火情确认	① 消防中心接到报警后，应立即通知值班经理携带万能钥匙赶到现场，同时安保部、消防中心应携带对讲机赶到现场，确认火情势态，立即采取行动 ② 确认火情时应注意不要草率开门，先试一下门温，如无温度可开门查看；如温度较高，可确认内有火情，此时如房间内有人，应先设法救人，开门时不要将脸正对开门处
3．火情通报	① 消防中心立即通知电话总机，告知火情已确认，按程序进行操作，另一人携带对讲机和应急灯赶到现场协助指挥人员工作 ② 电话总机按火情迅速通知有关部门：执行总经理或驻店经理或值班经理、安保部、工程部、管家部、前厅部、销售部、医务室及其他部门
4．听到报警信号时	① 客房服务员应能辨别火警信号和疏散指令信号 ② 客房服务员听到火警信号后，应立即查看火警是否发生在本区域 ③ 无特殊任务的客房服务员应照常工作，保持镇静、警觉，随时待命 ④ 一听到报警呼叫，立即移除走道上的障碍物（工作车、吸尘器等），将其放到工作间或空房里 ⑤ 确信所有的房门已被关闭 ⑥ 如果火灾发生在你所在的楼层，应听从紧急小组领导的指示开展灭火或撤退 ⑦ 始终保持对区域的警觉，一旦有任何火灾或烟雾的紧急情况，就立即报告指挥岗或总机
5．听到疏散信号时	① 一旦开始执行撤退指令，就立即到走道上协助住店客人从最近的消防逃生通道撤离 ② 迅速打开太平门、安全梯，并有步骤地组织客人疏散 ③ 在疏散时，要通知客人走最近的通道，千万不能使用电梯。一般应将事先准备好的“请勿乘电梯”的牌子放在电梯前 ④ 在协助大部分客人撤离后，按顺时针或逆时针方向开始检查所有客房。用事先准备的粗笔在房门上画“×”，在所有客房检查完毕后，通知总机或指挥岗 ⑤ 各层楼梯口、路口都要有人把守指挥，以便为客人引路和避免大量客人涌向一个出口，造成挤死挤伤事故 ⑥ 在离开时，如有可能应将重要文件资料及现金带上 ⑦ 人员撤离至指定地点后，应与前厅服务员一起查点客人 ⑧ 如果在检查撤离房间过程中，发现自己受到火灾或烟雾的影响，应立即停止并尽快撤离此地，记下没有检查的房号和楼层，并立即通知总机或指挥岗，以便告诉消防人员 ⑨ 撤到集合点，等待上级的进一步指示

◇ 任务测试

班级：__________ 姓名：__________ 时间：__________

序号	考核内容	考核要点	评分标准	配分	扣分	得分
1	案例准备	准备符合考核主题相关案例	① 对考核主题了解充分准确，案例准备恰如其分（15～20分） ② 对考核主题了解一般，准备案例能符合主题（10～15分） ③ 对考核主题认识一般，准备案例贴近主题（10分以下）	20		

续表

序号	考核内容	考核要点	评分标准	配分	扣分	得分
2	案例分析	分析客房事故发生的各类原因，提出事故处理方法，掌握事故处理程序	① 能准确分析案例原因，按照处理程序，提出恰如其分的处理方法（15～20分） ② 能分析案例原因，对处理程序熟练掌握（10～15分） ③ 对案例原因认识不全面，一般能掌握事故处理程序（10分以下）	20		
3	情景模拟	依据案例进行角色演练	① 情景模拟生动、准确（20～30分） ② 情景模拟较为熟练（10～20分） ③ 情景模拟生硬，表现一般（10分以下）	30		
4	应变测试	处理教师对案例添加的各种特殊场景的设置	① 熟练、准确回答教师提问，提出恰如其分的处理方法，应变能力突出（20～30分） ② 圆满回答教师提问，按照处理程序提出准确的处理方法，应变能力较好（10～20分） ③ 对教师提问能做出一般解释，应变能力一般（10分以下）	30		
			共计	100		

考核时间：　　年　　月　　日　　　　　　　　　　　　考评教师签名：________

【相关知识】

1. 疏散注意事项

1）火灾袭来时应迅速逃生，不能贪恋财物。

2）严禁乘电梯（客梯、货梯）疏散。

3）穿过烟雾区时，应尽量用浸湿的衣物、毛巾捂住呼吸部位，尽量降低身体高度，顺墙向远离烟火的安全出口方向疏散。

4）离开火场和有浓烟的区域时，应关闭防火门、窗。

5）身上着火时，可就地打滚或用厚重衣物覆盖压灭火苗。

6）安全出口被火、浓烟封住时，可通过窗户、阳台逃往相邻建筑、无着火的房间和避难层；如果大火封门不能逃生，应将门缝塞严、泼水降温、呼救待援。

2. 发生火灾时的逃生要领

1）离开客房时，应关好房门、带好钥匙，以备疏散路线中断时退回到客房自救，并等待外面救援。

2）离开客房时，随身携带一条湿毛巾，经过烟雾区时用湿毛巾捂住口鼻，以防吸入有毒气体；经过浓烟区时，要弯腰或爬行前进。

3）要搞清前进方向，从最近通道疏散。

4）在不得已留在房内时，应用湿毛巾或床单沿着门缝塞上，防止烟雾进入。在浴盆内放满水，将所有易燃物品用水浸湿，若用洗发液和沐浴液等混在水里，灭火效果会更好。

此时若房门或门把手发烫，千万别开门，要不断往门和其他易燃物品上浇水，以降低温度。除非房内充满浓烟，必须开窗换气；否则不可开窗，以防止火从窗口窜入。

任务六 爆炸及可疑爆炸物的处理

由于酒店已成为人们进行社交活动的场所，来来往往的人员数量多，成分复杂，带给犯罪嫌疑人许多可乘之机，便于作案，从而给社会造成重大危害。酒店方在面对这种情况时，应针对自己经营场所的特点，制定防范爆炸及可疑爆炸物处理的紧急预案。

◇ 任务指导

任务名称	爆炸及可疑爆炸物的处理	学时	0.5
任务目标	掌握爆炸及可疑爆炸物的处理规程		
任务要求	熟练掌握处理程序、熟练处理类似事件		
任务准备	布置场景、准备案例		
学习方法	讲解、示范、角色演练		

◇ 任务流程

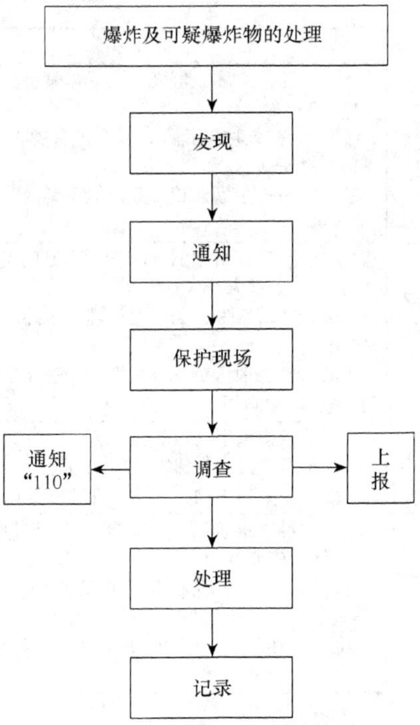

◇ 任务内容

程序/项目	标准
1. 报警程序	① 迅速通知酒店总机，讲明发现爆炸或爆炸物的时间、地点和情况，同时将自己的姓名和身份讲清。不要轻易动爆炸物，尽可能保护、控制现场 ② 总机值班员接到报警后，详细记录报警人的姓名、部门、时间、地点和发现爆炸或爆炸物的情况，并立即呼叫下列人员到现场： a．安保部经理、工程部经理、大堂经理 b．总经理、驻店经理、值班经理 c．发生爆炸部门的总监、经理、医务室、司机班有关人员；呼叫时要简明扼要地将发生的情况、时间、地点讲清。呼叫时使用暗语，不可以直说发现爆炸物。暗语需要统一制定，有关人员必须熟悉暗语的意思
2. 现场处理	① 协助安保部划定以爆炸或爆炸物为中心的警戒线，控制现场，楼层客房区可关闭防火门；同时在报告上级公安部门，等公安人员到场后，听从公安人员指挥，配合公安人员做好工作；随时将现场情况报告酒店有关领导 ② 协助工程部立即关闭附近由于爆炸可能引起恶性事故的设备，撤走现场附近可以移动的贵重物品 ③ 总经理、驻店经理立即组织临时指挥部，根据各部门汇报的情况，组织、指挥、协调各项工作，统一下达指令，采取有力措施，布置有关部门做好善后工作 ④ 值班经理、大堂经理传达指挥部的指示，协调各部门工作，详细记录现场处理经过，向客人解释发生的情况并安抚客人情绪 ⑤ 总监、经理负责组织疏散事故发生区域的客人及行李物品 ⑥ 通知医务室做好抢救伤员的准备，及时与急救中心联系 ⑦ 通知司机班做好抢救伤员所用车辆的准备

◇ 任务测试

班级：__________　　　　姓名：__________　　　　时间：__________

序号	考核内容	考核要点	评分标准	配分	扣分	得分
1	案例准备	准备符合考核主题相关案例	① 对考核主题了解充分准确，案例准备恰如其分（15～20分） ② 对考核主题了解一般，准备案例能符合主题（10～15分） ③ 对考核主题认识一般，准备案例贴近主题（10分以下）	20		
2	案例分析	分析客房事故发生的各类原因，提出事故处理方法，掌握事故处理程序	① 能准确分析案例原因，按照处理程序，提出恰如其分的处理方法（15～20分） ② 能分析案例原因，对处理程序熟练掌握（10～15分） ③ 对案例原因认识不全面，一般能掌握事故处理程序（10分以下）	20		
3	情景模拟	依据案例进行角色演练	① 情景模拟生动、准确（20～30分） ② 情景模拟较为熟练（10～20分） ③ 情景模拟生硬，表现一般（10分以下）	30		
4	应变测试	处理教师对案例添加的各种特殊场景的设置	① 熟练、准确回答教师提问，提出恰如其分的处理方法，应变能力突出（20～30分） ② 圆满回答教师提问，按照处理程序提出准确的处理方法，应变能力较好（10～20分） ③ 对教师提问能做出一般解释，应变能力一般（10分以下）	30		
		共计		100		

考核时间：　　年　　月　　日　　　　　　考评教师签名：__________

任务七 客房刑事案件的处理

酒店已成为人们进行社交活动的场所，来来往往的人员数量多，成分复杂，带给犯罪嫌疑人许多可乘之机，便于作案，因此酒店方在面对这种情况时，应针对自己经营场所的特点，制定防范刑事案件的紧急预案。

◇ 任务指导

任务名称	客房刑事案件的处理	学时	0.5
任务目标	掌握客房刑事案件的处理规程		
任务要求	熟练掌握客房刑事案件的处理程序，熟练处理类似事件		
任务准备	准备好案例		
学习方法	讲解、示范、角色演练		

◇ 任务流程

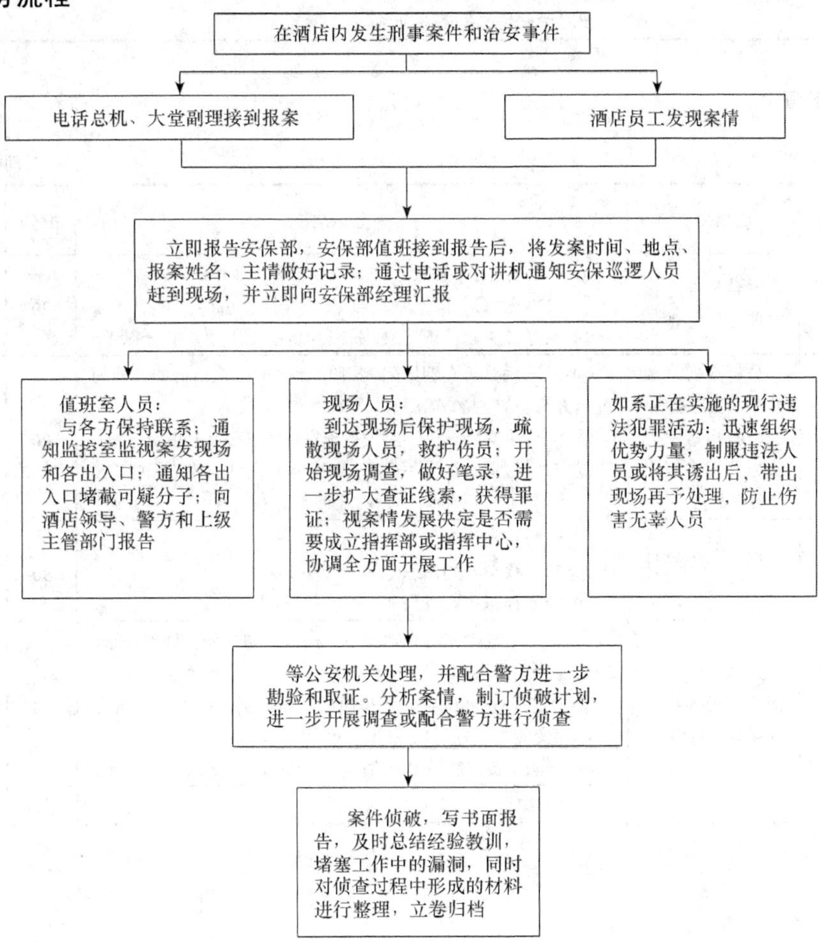

◇ 任务内容

程序/项目	标准
1．发现	① 打内线电话呼叫安保人员，镇定地说明本人身份、发现案件时间、地点及简要情况 ② 安保部人员迅速到达现场，确认后，协助做好保护现场工作，并通知总机值班员由其通知有关领导立即赶到现场 ③ 视具体情况，由安保部负责立刻向公安机关报告所发生的情况 ④ 总机值班员接到安保部报警后，立即通知相关人员到场
2．现场处理	① 控制人员进入，维护现场秩序 ② 向当事人、报案人、知情人了解案情或者及时反映案情，并做好记录 ③ 协助对现场进行拍照 ④ 协助抢救伤员，如需送往医院应与医务人员一同前往，并酌情向伤员了解记录有关案件发生的情况 ⑤ 配合公安人员检查现场 ⑥ 如发现罪犯正在行凶或准备逃跑，应立即抓获并派专人看守，待公安机关来人后交给公安人员处理 ⑦ 有绑架、扣押案件发生，立即报公安机关，控制事态的发展，采取必要措施
3．善后工作	① 值班经理做好详细记录 ② 清点客人财物 ③ 必要时做好通知家属的准备

◇ 任务测试

班级：__________ 姓名：__________ 时间：__________

序号	考核内容	考核要点	评分标准	配分	扣分	得分
1	案例准备	准备符合考核主题相关案例	① 对考核主题了解充分准确，案例准备恰如其分（15～20分） ② 对考核主题了解一般，准备案例能符合主题（10～15分） ③ 对考核主题认识一般，准备案例贴近主题（10分以下）	20		
2	案例分析	分析客房事故发生的各类原因，提出事故处理方法，掌握事故处理程序	① 能准确分析案例原因，按照处理程序，提出恰如其分的处理方法（15～20分） ② 能分析案例原因，对处理程序熟练掌握（10～15分） ③ 对案例原因认识不全面，一般能掌握事故处理程序（10分以下）	20		
3	情景模拟	依据案例进行角色演练	① 情景模拟生动、准确（20～30分） ② 情景模拟较为熟练（10～20分） ③ 情景模拟生硬，表现一般（10分以下）	30		
4	应变测试	处理教师对案例添加的各种特殊场景的设置	① 熟练、准确回答教师提问，提出恰如其分的处理方法，应变能力突出（20～30分） ② 圆满回答教师提问，按照处理程序提出准确的处理方法，应变能力较好（10～20分） ③ 对教师提问能做出一般解释，应变能力一般（10分以下）	30		
共计				100		

考核时间： 年 月 日　　　　考评教师签名：__________

任务八 客人损坏及带走酒店物品的处理

客人住店期间，或由于自己疏忽，或由于使用不当，或由于喜爱等原因，会出现损坏或准备带走酒店客房物品的情况。客人的这种做法会加大酒店成本，因此从维护酒店利益，降低酒店成本的角度出发，酒店方应制定相关制度，服务人员也有责任维护酒店利益。

◇ 任务指导

任务名称	客人损坏及带走酒店物品的处理	学时	0.5
任务目标	掌握客人损坏及带走酒店物品的处理规程		
任务要求	熟练掌握处理程序，熟练处理类似事件		
任务准备	准备好案例		
学习方法	讲解、示范、角色演练		

◇ 任务流程

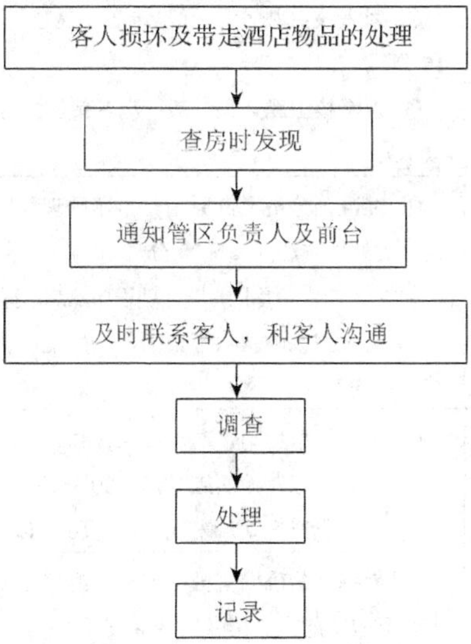

◇ 任务内容

程序/项目	标准
1．发现	① 熟悉房内物品和容易遭受客人损害的物品、设施及要求 ② 接到前台查房电话，应及时到房检查 ③ 发现存在问题，应及时通知前台和部门楼层负责人

续表

程序/项目	标准
2．损坏物品的处理	① 部门或管区的管理人员应有礼貌地向客人了解损坏的原因，并向客人解释酒店规定的赔偿制度 ② 客人承认并表示愿意赔偿时，应请财务部核定赔偿金额，并出具收款凭证，客人交付赔偿金时，应向客人致谢
3．带走物品的处理	① 应婉转提醒客人，酒店物品发现遗失，请客人回房协助查找 ② 帮助客人回忆并查找房内的酒店遗失物品，指出哪些是可以带走，哪些是不能带走的 ③ 如确定客人带走物品，单独留下客人，让其自行查找 ④ 当客人承认并归还时，要向客人致谢
4．协同处理	客人损坏或带走了酒店财物并矢口否认时，可请大堂副理协助解决，避免酒店利益遭受损失
5．记录	客房部文员对相关情况记录在案

◇ 任务测试

班级：＿＿＿＿＿＿　　姓名：＿＿＿＿＿　　时间：＿＿＿＿＿＿

序号	考核内容	考核要点	评分标准	配分	扣分	得分
1	案例准备	准备符合考核主题相关案例	① 对考核主题了解充分准确，案例准备恰如其分（15～20分） ② 对考核主题了解一般，准备案例能符合主题（10～15分） ③ 对考核主题认识一般，准备案例贴近主题（10分以下）	20		
2	案例分析	分析客房事故发生的各类原因，提出事故的处理方法，掌握事故处理程序	① 能准确分析案例原因，按照处理程序，提出恰如其分的处理方法（15～20分） ② 能分析案例原因，对处理程序熟练掌握（10～15分） ③ 对案例原因认识不全面，一般能掌握事故处理程序（10分以下）	20		
3	情景模拟	依据案例进行角色演练	① 情景模拟生动、准确（20～30分） ② 情景模拟较为熟练（10～20分） ③ 情景模拟生硬，表现一般（10分以下）	30		
4	应变测试	处理教师对案例添加的各种特殊场景的设置	① 熟练、准确回答教师提问，提出恰如其分的处理方法，应变能力突出（20～30分） ② 圆满回答教师提问，按照处理程序提出准确的处理方法，应变能力较好（10～20分） ③ 对教师提问能做出一般解释，应变能力一般（10分以下）	30		
			共计	100		

考核时间：　　年　　月　　日　　　　考评教师签名：＿＿＿＿＿＿

任务九 客房停电停水情况的处理

酒店的建筑物较为复杂，对于各种能源依赖性比较强，没有各种能源的支撑，酒店就不能正常运转，就不可能向客人提供优质的服务。酒店方有责任制定能源供应事故对客人造成不便的紧急预案。

◇ 任务指导

任务名称	客房停电停水情况的处理	学时	0.5
任务目标	掌握客房停电停水情况处理规程		
任务要求	熟练掌握处理程序，熟练处理类似事件		
任务准备	准备好案例		
学习方法	讲解、示范、角色演练		

◇ 任务流程

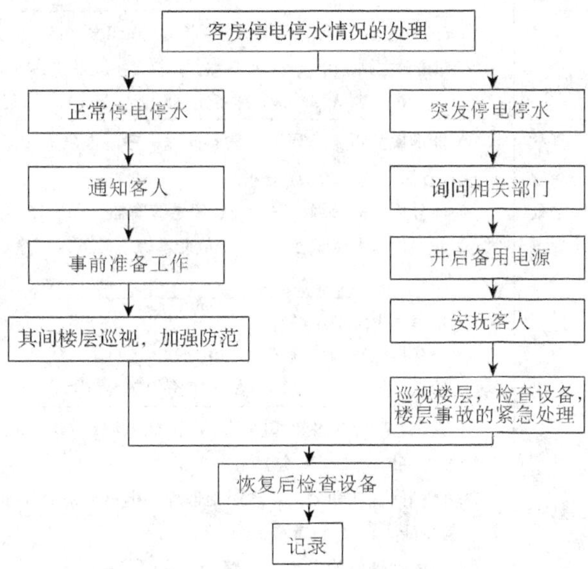

◇ 任务内容

程序/项目	标准
1．正常停电停水	① 应提前以书面通知方式告知住店客人，以便客人早做准备 ② 房务中心及楼面员工应做好停电前的准备工作，如配备应急灯、手电筒 ③ 楼面员工及 PA 员工应做好停电停水前的各项检查工作，如关好各区域的水龙头

续表

程序/项目	标准
2. 突发停电停水	① 及时和部门沟通，了解停电、停水的原因 ② 停电时，楼面员工、PA 员工应勤巡楼，防止意外事故的发生 ③ 及时打开公共区域备用紧急电源 ④ 及时检查电梯中是否有人，如发现电梯中有人通知安保部迅速救人 ⑤ 安抚客人，并耐心做好说服解释工作，不要引起客人恐慌
3. 记录	做好工作记录和交班记录
注意事项	① 加强客房楼道巡视，防止有人趁机行窃，并注意安全检查 ② 防止客人点燃蜡烛而引起火灾 ③ 房务中心文员应做好与工程部的沟通，及时将停水结束的信息通知楼面主管及 PA 主管 ④ 供电后检查电器设备是否正常运行，其他设备有没有被破坏 ⑤ 各主管及时安排员工进行停水结束后的巡楼检查工作，听到有水声的房间，应进房查看并处理

◇ 任务测试

班级：＿＿＿＿＿＿　　姓名：＿＿＿＿＿　　时间：＿＿＿＿＿＿

序号	考核内容	考核要点	评分标准	配分	扣分	得分
1	案例准备	准备符合考核主题相关案例	① 对考核主题了解充分准确，案例准备恰如其分（15～20 分） ② 对考核主题了解一般，准备案例能符合主题（10～15 分） ③ 对考核主题认识一般，准备案例贴近主题（10 分以下）	20		
2	案例分析	分析客房事故发生的各类原因，提出事故处理方法，掌握事故处理程序	① 能准确分析案例原因，按照处理程序，提出恰如其分的处理方法（15～20 分） ② 能分析案例原因，对处理程序熟练掌握（10～15 分） ③ 对案例原因认识不全面，一般能掌握事故处理程序（10 分以下）	20		
3	情景模拟	依据案例进行角色演练	① 情景模拟生动、准确（20～30 分） ② 情景模拟较为熟练（10～20 分） ③ 情景模拟生硬，表现一般（10 分以下）	30		
4	应变测试	处理教师对案例添加的各种特殊场景的设置	① 熟练、准确回答教师提问，提出恰如其分的处理方法，应变能力突出（20～30 分） ② 圆满回答教师提问，按照处理程序提出准确的处理方法，应变能力较好（10～20 分） ③ 对教师提问能做出一般解释，应变能力一般（10 分以下）	30		
共计				100		

考核时间：　　年　　月　　日　　　　考评教师签名：＿＿＿＿＿＿

项目小结

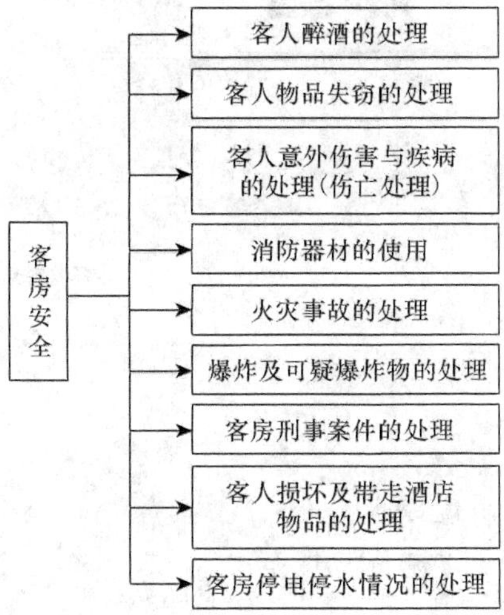
客房安全
客人醉酒的处理
客人物品失窃的处理
客人意外伤害与疾病的处理（伤亡处理）
消防器材的使用
火灾事故的处理
爆炸及可疑爆炸物的处理
客房刑事案件的处理
客人损坏及带走酒店物品的处理
客房停电停水情况的处理

项目六

客房部基层管理

学习目标

1. 熟悉基层管理人员的岗位职责。
2. 掌握基层管理人员的工作流程与规范。

任务一 楼层领班主持召开班前会

楼层领班每天上班的首要工作就是召集本管区员工开好班前会。有些酒店的班前会也称晨会或班组例会。班前会的主要目的是传达重要的工作信息，下达任务，同时也兼承上下沟通、业务指导与培训等多项管理职能。因此，组织好班前会是楼层领班一项重要的管理技能。

◇ 任务指导

任务名称	楼层领班主持召开班前会	学时	2
任务目标	掌握楼层领班主持召开班前会的内容与要领		
任务要求	熟悉楼层班前会的内容，掌握组织班前会的步骤和要求		
任务准备	布置场景、准备案例		
学习方法	讲解、示范，以小组为单位进行情景模拟训练		

◇ 任务流程

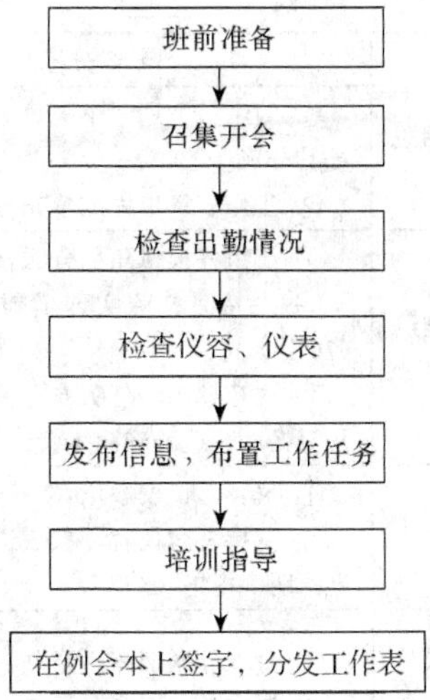

◇ 任务内容

程序/项目	标准
1．班前准备	① 着工装，化淡妆 ② 在规定时间以前打卡，准时到岗 ③ 检查领取的钥匙数量与前日交还至房务中心的数量是否一致 ④ 在钥匙领还表格上做好记录，注明领取的钥匙数量、领取时间及领班的姓名 ⑤ 每天早上规定时间，领班必须要求当班员工在本楼层开会
2．检查出勤情况	① 清点客房清扫员人数，检查出勤情况 ② 对当日未出勤的人员在考勤表上做好记录 ③ 调整当日工作定额的分配
3．检查仪容、仪表	① 工作服：符合岗位标志特征、熨烫平整，无破损、绽线、污渍、掉扣 ② 工号牌：于左胸佩带端正 ③ 发型：头发清洁整齐，发型美观朴素大方 ④ 向员工做简单的问候
4．布置任务	① 查看夜班服务员工作记录，将前一日夜班主管的查房情况记录在工作报表上 ② 询问当班服务员当日空房、退房、当日即将结账的房间及 VIP 客房的房间号 ③ 在客房清扫工作报表上分配出当日的工作定额，特别注明 VIP 客房、退房及当日即将结账的房间 ④ 根据计划安排员工清洁公共区域 ⑤ 确定当日卫生工作计划
5．培训指导	① 解释或让员工进一步了解具体的操作情况和方式、方法 ② 对于有疑惑的员工可再次询问或解释 ③ 向员工提问。在现场做简短的培训
6．记录与分发工作表	① 晨会结束，让员工在例会本上签名 ② 分派员工工作，分发工作表

◇ 任务测试

组别：__________ 姓名：__________ 时间：__________

序号	考核内容	考核要点	评分标准	配分	扣分	得分
1	模拟案例准备	准备符合考核主题相关案例	① 对考核主题了解充分准确，案例准备恰如其分（5 分） ② 工作表等事先准备充分（5 分）	10		
2	主持例会情景模拟	根据实训步骤与标准组织例会	① 小组各模拟角色分派合理（5 分） ② 主持者按照实训步骤与标准组织例会（10 分） ③ 内容熟悉，任务布置清楚明确，主持过程流畅，表达准确简练（5 分）	20		
3	仪容、仪表	仪容、仪表检查	① 仪容、仪表规范（5 分） ② 主持者对仪容、仪表进行检查，如有问题，明确指出（5 分）	10		
4	分发工作单与记录签名	分发工作单，并要求员工在例会记录本上签名	① 合理分派工作，分发工作单（5 分） ② 要求员工在例会记录本上签名（5 分）	10		
共计				50		

考核时间：　　年　　月　　日　　　　考评教师签名：__________

【辅助学习】

客房部基层管理的主要职责

1. 楼层主管的主要职责

1）在客房部经理的领导下，带领楼层全体员工严格遵守酒店及部门的各项规章制度。

2）负责楼层日常运转、管理、督导、培训工作。

3）确保各项服务按时、快捷、准确、无差错、无事故，对客房部经理负责，服从客房部经理的工作指令，做好部门之间的横向配合。

4）确保所有客房及楼层公共区域符合酒店的卫生标准，同时保证客人最大程度的满意。

5）控制客用品、清洁剂的用量，确保客用品不外流。

楼层主管职责的具体实施如下。

① 检查员工的签到和仪容、仪表。

② 向领班下达工作指令，帮助他们解决问题。

③ 组织人员进行培训，切实抓好对领班和服务员的培训工作。

④ 在领班、服务员缺勤的情况下，负责合理调配楼层服务的劳动力。

⑤ 对客房维修、物品缺损、地毯清洗情况等做好检查和记录。

⑥ 处理客房内客人投诉及当天各岗位区域发生的特殊情况，并做好交接工作。

⑦ 定期对下属员工进行绩效评估，按照奖惩制度实施奖惩。

⑧ 做好领班和服务员的思想工作。

⑨ 定期对客房（包括走廊）内的设施设备和服务质量（卫生方面）进行总结、分析、报告，并提出工作建议。

⑩ 按时完成客房部经理下达的各项任务。

⑪ 每月和每年年底向客房部经理提交工作小结。

⑫ 对客服务工作按标准程序进行。

⑬ 卫生管理及设施设备保养工作按标准程序进行。

⑭ 向客房部经理汇报有关事宜，及时、准确、现时提出合理化的建议。

⑮ 对工作失职负责。

2. 公共区域主管的主要职责

1）在客房部经理的领导下，带领公共区域全体员工严格遵守酒店及部门的各项规章制度。

2）负责公共区域日常运转、管理、督导、培训工作。

3）确保各项服务按时、快捷、准确、无差错、无事故，对客房部经理负责，服从客房部经理的工作指令，搞好部门之间的横向配合。

4）保持所有公共区域内清洁卫生，确保客人最大程度的满意，并达到酒店要求的标准。

5）管理公共区域的清洁工作并检查公共区域，如餐厅、多功能厅、办公室、大堂及周围的区域，注意细节，确保公共区域的清洁与卫生符合酒店要求的标准。

6）制订清洁计划，培训新进员工，与外部协调、沟通，负责酒店内的绿化及花卉的申用，报告每月花卉费用。

公共区域主管职责的具体实施如下。

① 确保整个酒店的公共区域干净、整洁，并安排好清洁组对公共区域的特殊清洁工作。

② 严格控制和添置清洁用品。

③ 控制好清洁设备的使用情况，做好谁使用谁负责。

④ 安排所有公共区域地毯有计划的清洁工作。

⑤ 督促和检查各岗位工作状况，协调各环节的运行操作。

⑥ 巡视酒店内所有的公共区域，确保所有地面、墙面无污渍。

⑦ 负责定期对下属员工进行绩效考核评估，组织、实施员工的培训，提高员工素质。

⑧ 完成客房部经理下达的各项任务，对质量和效果负责。

⑨ 定期与员工进行沟通，及时了解员工的心态，如实向客房部经理汇报。

⑩ 负责定期对公共区域内设施设备和服务质量进行总结、分析、报告，并提出建议和意见报客房部经理。

⑪ 对工作失职负责。

3. 洗衣房/制服房主管的主要职责

1）负责完成洗衣房的工作计划，控制洗衣房员工履行工作，以确保所有工作任务的完成。

2）在客房部经理的领导下，带领洗衣房/制服房全体员工严格遵守酒店及部门的各项规章制度。

3）负责楼层日常运转、管理、督导、培训工作。

4）确保各项服务按时、快捷、准确、无差错、无事故，对客房部经理负责，服从客房部经理的工作指令，做好部门之间的横向配合。

洗衣房/制服房主管职责的具体实施如下。

① 负责将当天干净制服从洗衣公司收回，衣服要干净、无污迹。

② 检查和控制制服的损耗情况。

③ 控制棉织品的损耗情况。

④ 定期与员工进行沟通，及时了解员工的心态，如实向客房部经理汇报。

⑤ 安排布草房、洗衣房员工的工作计划。

⑥ 负责定期对下属员工进行绩效考核评估，组织、实施员工培训，提高员工素质。

⑦ 完成客房部经理下达的各项任务，对质量和效果负责。

⑧ 对布草采购的建议权。

⑨ 对工作失职负责。

4. 楼层领班的主要职责

1）确保所有公共区域、客房按酒店标准清洁，同时保证客人最大程度的满意。

2）管理客房服务员并检查客房及环绕服务区域的卫生，注意从酒店的全局出发并根据要求建立国际化的卫生标准。

3）在楼层主管的指导下，严格遵守酒店及管家部的各项规章制度。

4）全面负责所管楼层日常运转、管理、督导、培训工作，确保各项服务准时、快捷、准确、无差错、无事故。

5）对于客房日常工作的考核，由楼层主管负责，服从楼层主管的工作指令。

6）做好部门之间的横向配合。

楼层领班职责的具体实施如下。

① 督促、检查楼层服务员准时上班签到，同时检查其仪表、仪容是否符合标准。

② 合理安排楼层服务员清扫房间数。

③ 在服务员短缺的情况下及时补岗。

④ 根据酒店制定的标准布置 VIP 客房。

⑤ 检查所管楼层的公共区域（包括走廊、安全出口）的卫生。

⑥ 负责检查楼层的设备设施情况，发现问题负责与房务中心联系，并在自己的工作单上做好记录。

⑦ 帮助楼层服务员检查房间内的小酒吧。

⑧ 每星期负责清点楼层用品，填写领料单补充用品，确保消耗用品的数量充足。

⑨ 每月负责楼层布草、消耗品及房饮盘点，对所管区域的物品质量负全责。

⑩ 督导楼层服务员按操作规程工作，发现问题及时纠正或制止，并负责现场培训及处理。

⑪ 把上级下达的指令准确传达给服务员。

⑫ 发现有客人的遗留物品应立即送至房务中心，并在工作单上做好记录。

⑬ 随时掌握楼层治安情况，发现或听到可疑及危及安全的情况应立即报安保部。

⑭ 检查楼层工作间、消毒间内使用的物品摆放情况及卫生状况。

⑮ 留意住店客人，处理客人一般投诉，及时向楼层主管汇报重大问题。

⑯ 检查完成夜间服务的房间。

⑰ 检查将抵达的 VIP 客房。

⑱ 了解下属员工的心态，认真做好思想工作，向主管反映他们的合理要求。

⑲ 负责对下属员工的考核。

⑳ 认真填写工作单，并交至房务中心转楼层主管签阅。

㉑ 负责定期对客房（走廊）内的设施设备和服务质量（卫生方面）进行总结、分析、报告，并提出工作建议。

㉒ 按时完成楼层主管布置的其他工作任务。

㉓ 每月向楼层主管做工作小结。

㉔ 对客服务工作按标准进行。

㉕ 卫生管理及设施设备保养工作按标准进行。

㉖ 对工作的失职负责。

5. 房务中心领班的主要职责

1）在楼层主管的指导下，严格遵守酒店及管家部的各项规章制度。

2）完成当班期间的各项工作，确保对客的服务质量，服从楼层主管的工作指令，对楼层主管负责。

3）负责与前厅和楼层密切联系，以确保信息的准确，同时要与其他部门和客人密切联系。

4）为其他部门提供可靠的信息，确保高效工作，并负责落实相关事务。协助做好各区域的信息疏通工作。

房务中心领班职责的具体实施如下。

① 接听所有客人的需求电话，并做好记录，及时传递给服务员，及对来自各个部门的信息进行处理、反馈。

② 沟通传递客房与其他部门和各工作区域间的信息。

③ 收到 VIP 任务单后，必须在 2min 内把信息传递给楼层领导，以确保在客人到达以前完成客房的各项准备工作。

④ 收到 VIP 任务单后，及时、准确地为 VIP 客人订制各类所需物品，并送至指定地点。

⑤ 督促将完成清洁的客房尽快输入计算机，以便总台售房。

⑥ 登记和存放客人遗失物品。

⑦ 将所有的工作单归档存放。

⑧ 负责控制客房工作钥匙的登记签发。

⑨ 每天三个时间段核对房态，并将 DND（do not disturb，请勿打扰）、房态差异等报告交至总台和财务部。

⑩ 做好客史档案记录，反馈工作。

⑪ 对工作失职负责。

6. 公共区域领班的主要职责

1）在公共区域主管的指导下，严格遵守酒店及管家部的各项规章制度。

2）负责当班公共区域日常工作，确保服务的质量。

3）贯彻公共区域主管下达的各项任务指令，对公共区域主管负责，搞好部门之间的横向配合。

公共区域领班职责的具体实施如下。

① 合理安排公共区域服务员的工作。

② 检查员工的仪容、仪表。

③ 每天巡检所有公共区域，确保达到规定的清洁标准。

④ 帮助服务员一起完成清洁工作。

⑤ 负责指导属下清洁用品、设备、器材的正确使用和维护保养。

⑥ 发现公共区域内所有需要维修的项目，及时通知房务中心，由房务中心通知工程部，并复查维修情况。

⑦ 安排客房及公共区域的地毯、玻璃、风口等清洁工作。

⑧ 严格控制清洁用品，做好成本控制工作。

⑨ 正确处理异常情况并及时汇报。

⑩ 定期对下属员工进行绩效考评。

⑪ 按时完成楼层主管下达的其他工作任务，并做好各班交接工作。

⑫ 对客服务工作按标准进行。

⑬ 卫生管理及设备设施保养工作要按制度和要求进行。

⑭ 对工作的失职负责。

任务二　领班客房卫生检查

当客房服务员对客房进行清洁卫生后，由楼层领班对所负责区域内的每间客房进行全面检查。这也是楼层领班最主要的工作任务。它是客房清洁卫生质量控制的关键，是提供优质客房商品的保障。

◇ 任务指导

任务名称	领班客房卫生检查	学时	2
任务目标	掌握领班客房卫生检查的技巧		
任务要求	掌握领班客房卫生检查的步骤、内容、标准和方法		
任务准备	教学视频、标准客房、领班客房卫生检查表、抹布		
学习方法	讲解、示范、实际操作、情景模拟		

◇ 任务流程

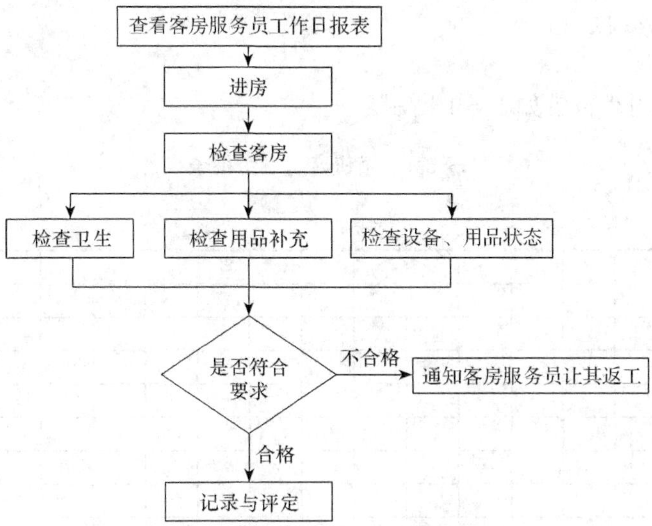

◇ 任务内容

程序/项目	标准
1．查看	楼层领班走动巡视查看管区内客房服务员的工作日报表，确定已清洁过的、要检查的住客房和走客房房号
2．进房	① 按规范进房 ② 检查住客房一般在宾客不在房间时进行
3．检查内容与方法	① 检查时应注意按照顺时针或逆时针的方向、从上到下的顺序逐项进行 ② 检查客房的清洁卫生质量和物品 ③ 检查客用品补充数量与规格是否符合标准 ④ 检查电器设备是否运转正常 ⑤ 检查家具设备和客用品是否状态良好 ⑥ 针对不同区域，不同设施设备及物品，采用看、摸、拭相结合的方法进行全面而细致的检查
4．情况处理	① 检查时，客人回客房了，领班除了与客人打招呼问好，还应尽可能与客人交谈，获取客人对服务质量和清洁质量的意见与建议的相关信息，以便进一步改进员工的服务质量和清洁质量 ② 发现问题应及时让员工返工整改 ③ 检查中发现有工程问题应立即报请紧急修理，以便在客人回房前完成修理工作 ④ 如果遇到客人在房间而无法检查的情况，领班应在检查报告上注明情况和即时时间

续表

程序/项目	标准
5．记录与评定	① 领班在检查完毕后必须在领班的工作单上填写实际检查时间和检查情况 ② 根据员工清扫客房的质量进行评定，作为员工日常工作的考核内容
注意事项	① 领班查房时应随身携带抹布，对一些清洁不到位或略有疏漏的地方进行随时调整和补救 ② 查房时间应根据房间情况而定。一般情况下，普通房间通常需要 5～10min 可检查完毕，但如果是 VIP 客房、套房、新员工清洁的客房常需要较长的检查时间 ③ 领班查房需要对客房设施设备和用品情况非常熟悉，对客房卫生标准非常明确，且具有丰富的客房卫生工作经验

【相关知识】

领班客房卫生检查报告如表 6.1 所示。

表 6.1　领班客房卫生检查报告

日期：　　　　　　　　　　　　楼层：　　　　　　　　　　　　领班姓名：

房号																			
房型																			
服务员																			
检查时间																			
房间卫生	门锁链																		
	衣柜																		
	冰箱																		
	镜子																		
	家具																		
	电视																		
	窗																		
	铺床																		
	电话																		
	灯具																		
	吸尘																		
	字纸篓																		
	踢脚线																		
卫生间	台盆																		
	镜子																		
	口杯																		
	电话																		
	垃圾桶																		
	恭桶																		
	浴缸																		
	皂盒																		
	浴帘																		
	墙面																		

续表

卫生间	地面																		
	门																		
客用品	五巾																		
	牙具																		
	浴帽																		
	浴液																		
	洗发液																		
	香皂																		
	卫生袋																		
	文具																		
	擦鞋纸																		
	洗衣单																		
	洗衣袋																		
检查分数（是否合格）																			
计划卫生																			
维修项目																			
备注																			

【辅助学习】

客房服务质量控制

1．客房卫生检查制度

客房产品是酒店的核心产品。客房卫生质量好坏是酒店服务品质的重要体现。客房卫生质量控制实行逐级检查制度，当客房服务员清洁完房间并进行自查后，需要通过领班全面检查、主管抽查、部门经理抽查，以确保客房清洁卫生的质量。

（1）服务员自查

客房服务员每整理完一间客房，应对客房的清洁卫生状况、物品的布置和设备的完好情况等做自我检查。这在客房服务员客房清扫程序中要予以规定。通过自查，可以加强员工的工作责任心及服务质量意识，从而提高客房的合格率，同时可以减轻领班的查房工作量。

（2）领班全面检查

客房服务员整理好客房并自查完毕，由楼层领班对所负责区域内的每间客房进行全面检查，并保证质量合格。领班查房是客房服务员自查之后的第一道关，往往也是最后一道关，是客房清洁卫生质量控制的关键。因为领班负责OK房[①]的报告，总台据此就可将该客房向客人出租。一般情况下，楼层领班应是专职负责楼层客房的检查和协调工作，以加强领班的监督职能，防止检查流于形式。

领班查房时如发现问题，要及时记录并加以解决。对不合格的项目，应开出做房返工

① OK房是指客房服务员清扫完毕且被领班检查后属于合格的，进而录入内部系统由前台进行销售的房间。

单，让客房服务员返工，直到达到质量标准。对于业务尚不熟练的客房服务员，领班查房时要给予帮助和指导，这种检查实际就是一种岗位培训。

（3）主管抽查

客房主管是通过抽查对领班的工作进行督促和指导，也及时了解客房卫生的实际情况。同时，对客房清洁卫生质量起到严格把关、充分保证的作用。主管要重点抽查VIP客房、客人有特殊要求的房间和有特殊情况的房间。主管抽查客房的数量一般为领班查房数的15%～20%。

（4）部门经理抽查

客房部经理日常管理的一项重要工作是负责楼面巡视，抽查客房的清洁卫生质量。这对于掌握员工的工作状况、改进管理方法、修订操作标准，以及更好地了解宾客意见具有十分重要的意义。

（5）其他检查

客房服务是酒店服务的主体，客房卫生质量是酒店产品构成中最受客人关注的问题。因此，能否把好客房卫生质量关直接体现了酒店管理水平，关系着客人的满意度。酒店除了通过客房部内部的逐级检查制度进行质量控制，还需要通过质检部门抽查、值班经理抽查、总经理抽查等方法建立酒店的质量保障体系。同时，酒店应通过客房内设置客人意见表，定期拜访客人，邀请专家、同行以客人身份入住体验等方法更为直接地收集客人意见，了解和反馈客人对客房服务质量的评价，并以此为依据，及时实施质量改进工作。

2. 客房卫生质量控制标准与质量标准

（1）客房卫生质量控制标准

要做到有效地控制客房卫生质量，就要建立客房卫生的操作标准、质量标准和时效标准。一定的服务规程、操作程序是确保客房清洁卫生的基础，也是对客房清洁员工作进行考核、监督的依据。不同酒店的客房清洁规程和程序会略有不同，但均符合“方便客人、方便操作、方便管理”的原则，都是为了提高服务质量。

（2）客房卫生质量标准

1）视觉标准。它是指客人和员工、管理者凭借视觉或嗅觉能感受到的标准。视觉标准主要包括眼看到的地方无污迹；手摸到的地方无灰尘；空气清新无异味。但由于个体的感受存在差异，标准只是停留在表面。

2）生化标准。它是由专业防疫人员进行专业仪器采样与检测的标准，包括洗涤消毒标准、空气卫生质量标准、微小气候质量标准、采光照明质量标准及环境噪声允许值标准等。生化标准是客房清洁卫生质量更深层次的衡量标准。

客房管理者和清洁卫生工作人员应熟悉酒店卫生操作程序和标准，不断对照后改进，以体现酒店的服务质量和管理水平。

任务三　员工工作安排

合理地指派员工、分配工作不仅关系着部门人力资源的优化，可以有效地降低人力成本，还能调动下属的工作积极性，有利于工作的开展。酒店经营是个动态管理过程，随时随地都可能发生变化。因此，对基层管理人员来说，每天的人员分配和工作安排是一项复杂而有难度的工作，要求管理人员必须具备过硬的管理技能和实际工作经验。

◇ 任务指导

任务名称	员工工作安排	学时	2
任务目标	掌握员工工作安排的方法		
任务要求	掌握楼层员工人员编制和日常工作安排的方法及要领		
任务准备	准备案例		
学习方法	讲解、案例分析、编制员工排班计划		

◇ 任务内容

程序/项目	标准
1. 人员编制确定	根据某已知酒店的客房基本信息，运用劳动效率定员法、岗位定员法等方法确定合理的楼层客房员工编制
2. 确定工作量	根据某已知酒店的客房情况，核定客房服务员的工作量
3. 确定工作班次	合理确定员工工作班次、时间
4. 日常工作安排	① 在员工工作单上注明清洁计划 ② 在员工工作单上注明工作要点和注意事项 ③ 在员工工作单上注明需要另行完成的工作 ④ 安排员工分批午餐 ⑤ 安排清洁员工所负责的楼层公共区域 ⑥ 每日下班前根据次日到岗人员安排次日晨会前的清洁工作
注意事项	① 安排工作应本着“合理、高效”和“公平、公正”的原则 ② 派工时，如果遇到必须跨多个楼层工作的情况，尽量分派给多个员工，避免集中让一个员工跨楼层工作

【相关知识】

编制定员的方法

1. 历史分析法

历史分析法是通过考察部门历史在位人员数量、质量、业务量、工作量等历史数据的关系确定编制定员的方法。

2. 现场观察法

现场观察法也称实况分析法，即借助实地访谈、跟踪，通过现场观察、写实分析来确定部门编制定员的方法。

3. 劳动效率定员法

劳动效率定员法是一种根据工作量、劳动效率、出勤率来计算定员的方法，主要适用

于实行劳动定额管理、以手工操作为主的工种。采用劳动效率定员法计算定员人数的计算公式为

定员人数＝工作量/员工劳动效率×出勤率

例如，某五星级酒店拥有客房500间（套），年平均出租率为80%。客房服务员分早、中两个班次，早班每个客房清扫员每天的劳动定额为12间，中班的48间，员工出勤率一般为95%。该酒店实行每周5天工作制，除固定休息日外，还享受每年7天的带薪假期（10天的法定休假日正常排班，根据劳动法进行加班补偿）。客房部应该如何确定客房服务员的定员人数？

定员人数＝客房总数×年平均出租率/客房服务员劳动定额×客房服务员平均年出勤天数/365

其中，

客房服务员平均年出勤天数＝[365－（52×2）－7]×95%≈241（天）

早班客房服务员定员人数＝（500×80%）/（12×241/365）≈51（人）

中班客房服务员定员人数＝（500×80%）/（48×241/365）≈13（人）

4. 岗位定员法

岗位定员法就是根据组织机构、服务设施等因素，确定需要人员工作的岗位数量，再根据岗位职责及业务特点，考虑各岗位的工作量、工作班次和出勤率的因素来确定人员的方法。这种定编方法一般适用于酒店前厅部门、工程部和客房部的一些工作岗位，如门卫、行李员、值班电工、锅炉工、房务中心文员、布草收发员等。

5. 比例定员法

比例定员法是指根据酒店的档次、规模按一定比例确定人员总量；同时，以某一类人员在全员总数的比例和数量，来计算另一类人员数量的方法。这种方法是依据客房部某类人员与酒店之间，或不同岗位人员之间客观上存在比例关系的规律决定的。如客房人员约占酒店总人数的30%，楼层客房服务员与楼层客房领班的比例约为1∶6等。当然，这种比例关系在确定编制时只是一个相对的依据，因为每个酒店的实际情况不同，服务标准和管理目标也不同。

6. 职责定员法

职责定员法是指按既定的组织机构及其职责范围，以及机构内部的业务分工岗位职责来确定人员的方法。它主要适用于确定管理人员的数量。

7. 设施设备定员法

设施设备定员法是指按设施设备的数量，以及设备开动的班次和员工的看管定额来计算定员人数的方法。客房卫生服务员定员的最主要依据是根据客房设施的数量和状况来确

定。一般高星级酒店客房服务人员与客房数的比例约为1∶5；酒店锅炉房、总机房和客房部的洗衣房等部门的岗位定员常根据设备的数量和设备条件作为定员的依据。

【参考范例】

×××酒店楼层客房员工工作量核定

1）每位客房服务员每日额定的工作包括清洁12间客房和日常清洁工作并完成领班或主管安排的相关任务。

2）员工的日常清洁工作包括清洁楼层公共区域，清洁工作间、消毒间及公共卫生间，整理工作车，整理和清点布草等。

3）如遇到酒店安排12间以上的房间，所超出12间的房间累积到12间，酒店给予员工一天调休或由酒店按每间折算人民币结算给员工，若是休息天来加班的，则按计件方法结算（根据实际情况，如部门实在不能给予调休再以人民币结算）。

4）员工清洁房间的质量都需按查房的考核标准进行。

5）新员工自入店起第1个月内，每日清洁房间数为8间，第2个月为10间，第3个月为12间，并必须于次月逐渐增加至标准额定数。

6）新员工自入店起由部门进行半个月理论与业务培训，独立操作从6～8间开始，根据个人能力逐步递增，主要是住客房和查房。3个月试用期要求达到工作质量、工作效率（在正常下班前完成）符合标准，工作态度积极，热爱本职工作，经部门评估，同意后转正。

7）员工对于统计结果有疑问或有其他问题可与部门主管及时沟通。

任务四　客房业务培训

领班的一项重要职责是对下属员工的工作进行指导。优秀的领班也是一名合格的酒店培训师。因此，客房楼层领班应能根据部门培训计划和部门运转情况组织实施常规业务培训，熟悉每项培训内容，具有良好的表达能力，不断提高培训技巧。

◇ 任务指导

任务名称	客房业务培训	学时	2
任务目标	掌握客房业务培训基本方法和技巧		
任务要求	在熟悉客房业务的基础上，准确而有效地完成对新员工的业务培训，掌握培训技巧		
任务准备	教室、多媒体、演示的工具（根据培训内容）		
学习方法	小组情景训练、角色演练		

◇ 任务流程

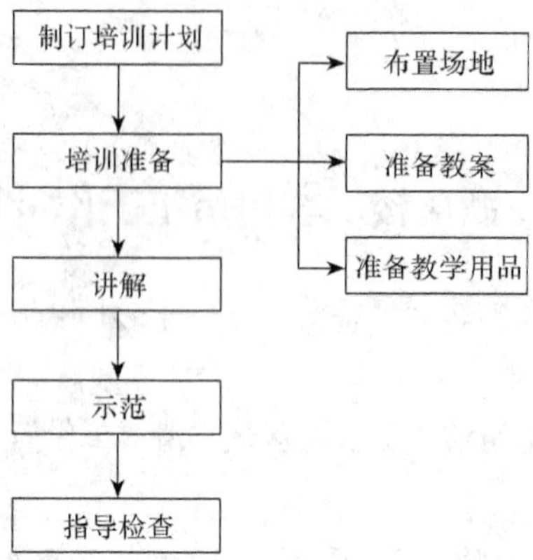

◇ 任务内容

程序/项目	标准
1．准备工作	① 制订培训计划，编写培训教案 ② 根据培训内容准备培训所需要的物品，如设备用品、客用品、清洁工具等 ③ 准备 PPT、文具等
2．讲解	① 培训目标明确，培训内容选择合适 ② 培训者语言表达流畅、准确而熟练，普通话标准、声音响亮
3．示范	培训者对操作内容进行示范
4．检查	培训者要请被培训者进行检查，并对操作进行点评，指出问题
5．总结	对培训掌握情况进行总结，布置作业或任务
6．培训时间	10min

◇ 任务测试

组别：__________ 姓名：__________ 时间：__________

序号	考核内容	考核要点	评分标准	配分	扣分	得分
1	组织	小组准备工作	小组各项工作准备充分（10 分）	10		
2	仪表	仪容、仪表及举止	培训者与被培训者仪容、仪表及举止得当，精神面貌良好（10 分）	10		
3	讲解	语言表达	语言表达流畅、准确而熟练，普通话标准，声音响亮（30 分）	30		
4	互动	与培训对象互动是否积极，是否运用示范、检查等手段	与培训对象互动积极，运用示范、检查等手段（20 分）	20		
5	计划与教案	培训计划与培训教案是否完整	培训计划与培训教案完整(30 分)	30		
共计				100		

考核时间：　　年　　月　　日　　　　考评教师签名：__________

【相关知识】

1. 培训的种类

（1）店内培训与店外培训

店内培训是指在酒店人力资源部或各部门统一计划安排下，利用酒店的培训教室、员工食堂等后台设施场地，或利用闲置的空房，餐厅非营业时间，厨房两餐间的空档时间进行的培训。店外培训主要是指委托院校或培训机构组织实施的培训。其中，包括选送员工到旅游酒店院校进修、学习，参加培训机构为获得职业或岗位证书而组织的培训考核，去国内外相关酒店参观、考察、实习等。

（2）分级培训

一些酒店建立培训网络，对培训内容及组织实施过程进行的职责分工。例如，酒店一级培训、部门二级培训、班组三级培训。一级培训是由酒店人力资源部计划和组织实施，主要针对全酒店各部门公共性的内容的培训，如外语、服务意识、礼节礼貌培训等。此外，酒店人力资源部门还负责组织基层、中层管理人员的管理培训，是一种跨部门的培训。二级培训是指各部门的业务知识、业务技能的培训，是更为具体的，根据岗位工作任务的作业培训。三级培训是领班在日常工作中穿插的工作细节的培训，如利用班前会进行或工作间隙进行简短培训。

2. 培训的内容

客房部的业务培训涉及不同部门、区域、岗位及工作任务，内容十分广泛。

（1）部门及岗位基础培训

部门及岗位基础培训主要包括客房部组织机构、岗位设置及分工、客房劳动纪律、岗位职责等内容的培训。

（2）对客服务

对客服务主要包括礼节、礼貌、礼仪规范，不同国家、地区客人的习俗与特点，VIP客人接待与服务规范，客人投诉分析及处理，对叫开房门的客人身份的确认，房间有无客人的判断确认，敲门进入客房的规范，茶水服务的注意事项，对特殊客人服务，电话接听规范及电话礼节，客衣送洗服务，擦鞋租借服务，应急事件的分析及处理等内容的培训。

（3）客房区域卫生清洁与保养

客房区域卫生清洁与保养主要包括各类房型房态的房间清洁程序和操作规范、加床服务、小整服务与夜床服务、杯具洗涤、消毒、工作车的配备、清洁与保养、灭虫工作、各项计划卫生操作标准与规范、客房设备维护保养等内容的培训。

（4）客房安全

客房安全主要包括客人醉酒处理、客人物品失窃处理、客人急病处理、客人意外死亡处理、客人意外受伤处理、客人食物中毒处理、消防器材使用、火灾事故处理、来访人员登记、危险物品处理、客房钥匙使用和管理、客房刑事案件处理、客人损坏及带走酒店物品处理、客房停电停水处理等。

（5）公共区域卫生

公共区域卫生主要包括电梯、玻璃、镜面、金属类材料的清洁保养，大理石和木质地面及地毯的清洁保养，吊灯的清洁保养，各类清洁剂及清洁设备工具的使用等。

（6）客房部督导管理

督导培训通常是由酒店人力资源部组织的管理培训，主要包括如何与上下级和其他部门有效沟通、如何开好班前会、如何进行有效激励员工、如何建立高效团队、如何培训培训者。

3. 培训的方法

（1）讲授法

讲授法是由专人对参加人员用讲解传授的形式传播知识，是最常用的培训方法。这种方法的效果很大程度上取决于讲授者讲授的好坏。

（2）演示法

演示法也称为示范法，是通过模拟工作现场或在真实的工作环境中利用设施、使用实际设备及器具、用品进行操作、展示和讲解，这种培训方法比讲授法更为直观，多用于技能培训和训练。

（3）个案分析法

个案分析是对现实工作中发生过的某个典型的事例进行分析、研讨，并提出看法或见解的一种培训方法。个案分析法的特点是通过解决实际问题来学习，它始终贯穿的主题是“你将怎么做”“为什么这样做”。学习者不但可以熟练掌握和运用已学过的概念、知识，而且可以发展自己的观点和技巧，甚至在此基础上产生新的概念、新的思路。个案分析法教学比看教科书更加生动、真实。它与传统的讲授教学形式也不同，后者是教员作系统的讲解，学员则被动地听和记。在个案分析法教学中，学习主要是在相互讨论与争辩的氛围中进行的，学员充当主角、中心和主动的学习者，教员则更似导演或教练，起着穿针引线，帮助学生相互沟通，启发学生自己去作分析判断的作用。

（4）角色扮演法

角色扮演是一种非正式的表演，它通过学员扮演各种实际工作中的角色，参与解决各种实际问题，通过别人的眼睛去看问题，去体验别人的事情，或者去体验别人在特定的环境里会有什么样的反应和行为。角色扮演活动程序一定要首先是扮演者，其次是观察者，最后是教员。学员在扮演角色时要能把自己融入进去，观察者在观察时要将注意力集中在整个表演过程中，并使自己沉浸在具体事例中，以便判断学员扮演角色的真实性。最后，教员通过列举一些更加具体、细致的表演行为，总结整个学习过程中的要点。角色扮演要注意的是：教员要严格控制时间进度，避免表演有余而实际问题解决不足的毛病，避免过激行为。每个参与者都要积极参与，进入表演、观察、评说。角色扮演法的优点：①可以使学员通过表演剧情中的各种角色来接触实际问题；②使学员能够了解他人的思想、观点，而且能够评价这些思想和观点。

（5）小组讨论发言法

小组讨论发言法是指将全体学员分成若干人一组的多个小组，在规定的时间内讨论某一特定问题，并将讨论结果由小组代表在全班做交流发言，最后由教员做总结性发言的培训方式。小组发言使每个人都能充分参与、表述自己的观点，所以能在较短时间内产生各种各样的思想及观点，有助于提高讨论问题的深度和广度，能提供新的思路。因为小组讨论发言法能在最短时间内让每个人充分参与，所以调动了学员的学习积极性，且使整个学习过程显得轻松。

客房部的常规培训主要为业务培训，培训目的定位于工作任务，强调实用和高效，并易于组织开展，因此酒店实际工作中更多地采用讲授和演示的培训方法。多种培训手段和方法的运用有助于提高培训对象的学习兴趣和学习效果。因此，客房部管理人员应注意培养和训练这方面的能力和技巧。

任务五　客人投诉处理

客人的满意度是酒店服务质量的晴雨表，客人信息的反馈是调整酒店未来经营管理思路的重要依据。要消除“没有投诉，就表示客人满意”的这种片面的思维方式，酒店管理者就要对客人投诉予以重视，对客人意见实施有效的管理并从中寻找新的商机。有些著名酒店就是通过“花钱买投诉”，即“收买投诉”来提高自己的整体水平，最终让客人享受“无缺点服务”。

◇ 任务指导

任务名称	客人投诉处理	学时	2
任务目标	掌握客人投诉处理的基本原则与要领		
任务要求	掌握客人投诉处理的程序、标准和要领		
任务准备	准备案例、录像		
学习方法	讲解、案例分析与讨论、录像观摩、情景模拟		

◇ 任务流程

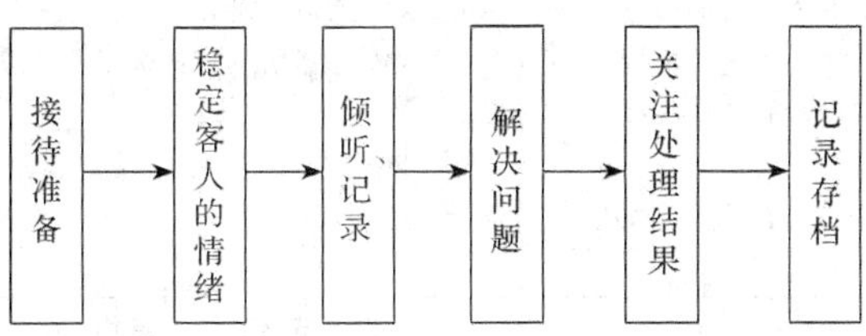

◇ 任务内容

程序/项目	标准
1. 做好接待准备	① 做好接受客人投诉的心理准备，保持心平气和，确立“客人是对的，顾客是上帝”的信念 ② 掌握一般客人投诉的心态：求发泄、求补偿、求尊重等，做到有的放矢 ③ 了解一般客人投诉的类型：设施设备的投诉、服务的投诉等 ④ 掌握处理投诉的一些技巧和禁忌 ⑤ 准备必要的办公用品，纸、笔、茶水等
2. 稳定客人的情绪	用真诚和笑容来缓解客人激动的情绪
3. 倾听客人的叙述	① 在客人叙述时，要正视对方，不打断对方，不急于辩驳 ② 要点头示意，做出反应，表明在认真倾听并诚意地接受 ③ 表情要严肃、认真，不得随意发笑，避免客人误会 ④ 提问时注意自己的语气、语调和措辞
4. 记录要点	在客人叙述过程中将有关要点如客人姓名、房号、投诉内容等记录下来
5. 感受客人的心情	① 通过换位思考，感受客人的心情，用温和的语言安慰客人 ② 在事实未弄清楚之前，不能急于承担责任 ③ 对于一些无理取闹的客人，在处理中要做到不卑不亢，态度要好，举止要礼貌
6. 及时解决问题	① 提供解决问题的方案，并征询客人意见 ② 对于一时无法解决或不在自己职权范围内的事情，要与客人做好解释工作，并及时报告上级或相关部门 ③ 要向客人说明解决问题可能需要的时间
7. 关注处理结果	① 对于处理结果要进行跟踪，不能失信于人 ② 跟客人沟通，询问其对处理结果是否满意 ③ 如果客人对处理结果还有不满意，那么表示歉意并进一步落实；如果客人满意，那么应对客人表示感谢
8. 记录存档	把整个处理投诉的过程加以汇总、存档。让每位客房服务人员都能清楚地了解如何处理突如其来的客人投诉。更重要的是，完整建立资料库：一能针对酒店的缺点日后做出进一步的改善，据此改进酒店的管理和服务；二能方便做好有效的事后追踪

◇ 任务测试

组别：__________　　　　姓名：__________　　　　时间：__________

序号	考核内容	考核要点	评分标准	配分	扣分	得分
1	做好接待准备	① 做好接受客人投诉的心理准备 ② 掌握一般客人投诉的心态 ③ 了解一般客人投诉的类型 ④ 掌握处理投诉的一些技巧和禁忌 ⑤ 准备必要的办公用品，如纸、笔、茶水等	① 自我心态未调整好扣 2 分 ② 对一般客人投诉心态不了解扣 2 分 ③ 对处理投诉的业务知识不熟悉扣 2 分 ④ 必要的办公用品未准备齐全扣 2 分 ⑤ 其他扣 2 分	10		
2	稳定客人的情绪	用真诚和笑容来缓解客人激动的情绪	① 对客人情绪熟视无睹扣 4 分 ② 表情僵硬、态度冷淡扣 4 分 ③ 其他扣 2 分	10		

续表

序号	考核内容	考核要点	评分标准	配分	扣分	得分
3	倾听客人的倾诉	① 在客人叙述时，要正视对方，不打断对方，不急于辩驳 ② 要点头示意，做出反应，表明在认真倾听并诚意地接受 ③ 表情要严肃认真，不得随意发笑，避免客人误会 ④ 提问时注意自己的语气、语调和措辞	① 在客人叙述时打断对方，急于争辩反驳 ② 虽不争辩反驳，但毫无反应 ③ 嘲笑客人 ④ 提问时语气、语调和措辞不当扣3分 注：前①、②、③项任有一项，该项得分为0分	10		
4	记录要点	在客人叙述过程中将有关要点如客人姓名、房号、投诉内容等记录下来	内容记录不全扣5分	5		
5	感受客人的心情	① 通过换位思考，感受客人的心情，用温和的语言安慰客人 ② 在事实未弄清楚之前，不能急于承担责任 ③ 对一些无理取闹的客人，在处理中要做到不卑不亢，态度要好，举止要礼貌	① 对客人的痛苦或困难视而不见扣3分 ② 事实未弄清楚前冲动做出承诺扣3分 ③ 对于无理取闹客人有过分举动扣3分 ④ 其他扣1分	10		
6	解决问题	① 提供解决问题的方案，并征询客人意见 ② 对于一时无法解决或不在自己职权范围内的事情，要跟客人做好解释工作，并及时报告上级或相关部门 ③ 要向客人说明解决问题可能需要的时间	① 对于能解决问题解决不及时的扣2分 ② 对于超出职权范围的问题擅作主张或推卸责任的扣5分 ③ 处理问题时，含糊不清易引起误会的扣2分 ④ 其他扣1分	10		
7	关注处理结果	① 对于处理结果要进行跟踪，不能失信于人 ② 与客人沟通，询问其对处理结果是否满意 ③ 如果客人对处理结果还有不满意，那么应表示歉意并进一步落实；若客人满意，则应对客人表示感谢	① 对于处理结果未检查落实的扣5分 ② 未与客人再次沟通，寻求原谅或表达谢意的扣5分	10		
8	记录存档	把整个处理投诉的过程加以汇总、存档	投诉处理过程、结果未及时总结存档的扣5分	5		
		共计		70		

考核时间：　　年　　月　　日　　　　　　　　　　　　　　　考评教师签名：＿＿＿＿＿＿

【相关知识】

（一）发生客人投诉的原因

客人投诉是指客人对酒店产品质量或服务不满意，而提出的书面或口头上的异议、抗议、索赔和要求解决问题等行为。引起客人投诉的主要因素如下。

1. 酒店的原因

（1）产品质量无法满足客人

酒店服务的质量评估不但贯穿客人在从进入到走出酒店的全部经历过程，而且贯穿客人对服务所产生的物质实据的使用过程。

（2）服务无法达到客人的要求

服务是一种经历与体验，客人满意与不满意，往往取决于某一个接触的瞬间。例如，服务人员对客人的询问不理会或回答语气不耐烦、敷衍、出言不逊，服务效率差，让客人等待时间过长；客房或公共卫生环境状态不佳；安全管理不到位，设备维护不良，影响舒适感受等，都是造成客人不满、产生抱怨的原因。

（3）对客人期望值管理失误

酒店对客人期望值管理失误导致客人对于产品或服务的期望值过高。在一般情况下，客人的期望值越大，购买产品的欲望相对就越大。但是客人的期望值过高，就会使客人的满意度越小；客人的期望值越低，客人的满意度相对就越大。因此，酒店应该适度地管理客人的期望值。当期望值管理失误时，就容易导致客人产生抱怨。

2. 客人的原因

性格因素与求补偿的心理动机影响着客人的投诉行为，敏感而挑剔的客人更容易产生不满足而投诉，性格内向而压抑的客人可能不采取投诉的举动，而选择不会成为回头客。分析客人的性格与投诉心理，主要有以下几种。

（1）理智型投诉

理智型客人在酒店下榻，如果受到冷遇服务、较为粗鲁的言行或不礼貌的服务以后，会产生一种不满的情绪，但不会动气，更不会因此而发怒，此时的情绪显得比较压抑。他们力求以理智的态度、平和的语气和准确清晰的表达，向受理投诉者陈述事情的经过及自己的看法和要求。理智型客人很容易打交道，出现问题，只要酒店服务人员或管理人员对他们表示同情，他们就会立即采取必要的改进措施，就会发出感谢之语。若处理不当，客人很可能要求赔偿，或者采用法律手段。因此，酒店应该注意向理智型客人提供最佳服务，争取他们再次光临酒店。

（2）发泄型投诉

发泄型客人是在情绪比较激动或情绪不佳寻求发泄时提出投诉，言辞会比较极端，若处理不当，会产生连锁反应，甚至会影响酒店的形象，所以针对这类客人的特点，应该给予他们足够的重视，并能使他们充分发泄情绪，走出情绪的干扰。

（3）补偿型投诉

当客人觉得自己在酒店中享受到的服务与自己付出的物不所值，客人会觉得自己的利益受到损害，就会提出补偿型投诉，但是其注意力并不集中在酒店的解释和辩解上，而是集中在需要酒店提供实质性的补偿上。因此，酒店对这类客人应该对症下药，对他的需求要予以重视。

（二）正确处理客人投诉的方法

投诉是酒店管理者与客人沟通的桥梁，对客人的投诉应有一个正确的认识。投诉是坏事也是好事，它可能使被投诉者感到不快，甚至受罚，接待投诉客人也是一件令人不愉快的事，对很多人来说，这是一次挑战，但投诉又是一个信号，告诉酒店服务和管理中存在的问题。因此，酒店对客人的投诉应给予足够的重视，并采用正确的处理方法妥善地解决问题。

1. 真心诚意地帮助客人解决问题

理解客人的心情，对客人的投诉持欢迎与感谢的态度，同情客人的处境，设身处地为客人着想，并努力识别及满足他们的真正需求，满怀诚意地帮助他们解决问题。只有这样，才能赢得客人的信任与好感，才能有助于解决问题，因为，对于酒店来说，如果一个对服务不满的客人不投诉将比投诉更为可怕。

2. 客人投诉时要保持冷静，决不与客人争辩

当客人投诉时，客房管理人员要做到冷静应对，决不与客人争论、辩解，不让客人难堪，顾及客人的面子，不管客人的抱怨多么激烈或要求多么无理，都留意自己的处理态度，千万别让客人感觉在指责他“无理取闹”，否则表面上看来服务人员似乎得胜了，实际上却输了，因为，当客人被证明犯了错误时，他下次再也不会光临这家酒店。

3. 维护酒店的声誉和利益

在处理客人投诉解答时，必须注意合乎逻辑，不推卸责任，更不可在真相未明之前，急于表态或贬低酒店及其他部门，也不能以损害酒店的利益来补偿客人不合理的要求。因为采取这种做法，实际上会使酒店各部门处于一个相互矛盾的地位，一方面，希望酒店某部门的过失能得到客人的谅解；另一方面却在指责酒店的另一个部门。其次，除了客人的物品遗失或损坏，退款或减少收费不是解决问题的最有效方法。对于大部分客人的投诉，酒店是通过提供面对面的额外服务，以及对客人的关心、体谅、照顾来解决的。

4. 变被动接受投诉为主动问候征询

当客人提出投诉时，他已经在等候你的答复，这时酒店已处于被动接受状态，所以除了及时处理并提供处理结果，还要积极主动征询客人对处理结果的满意程度，并对其做出适当的补偿；另外，客人有时不满意并不会表现出来，也不会进行投诉，而是默默地走开，所以客房服务人员需要化被动为主动，主动寻找客人的投诉，解除客人心中的症结。

（三）减少客人投诉的措施

正确、妥善地处理投诉是搞好客人关系的一个重要方面，但更重要的是采取措施，努力减少客人的投诉。减少客人投诉的措施通常包括以下几个方面。

1. 研究客人需求，找出客人经常投诉的问题

客房内放置客人意见本，主动征求客人的意见；通过客人投诉记录，了解客人经常投诉的问题；管理者还应该请直接对客服务的员工列出客人经常投诉的问题，因为多数客人在遇到麻烦时常会向一线服务人员反映，即提出非正式的投诉。发动员工找问题还有助于引起员工对所投诉问题的重视，并在工作中有意识地减少此类投诉事件的发生。

2. 制定服务差错记录制度，建立投诉档案

酒店制定服务差错记录制度，运用计算机建立投诉与差错信息体系，如有客史档案记录的，还应把投诉的时间、原因、过程、处理结果记录在有关客人的档案之内。当该客人下次住店时可以加强防范，避免再次受到投诉。

投诉与差错信息体系可以按时间，或按客人的国籍（来源地），或按酒店部门，或按投诉的性质，进行分类，然后予以分析，找出一定的规律，以利采取预防性措施，减少投诉。

3. 加强对员工的培训

客房部管理人员要根据所找出的投诉问题有针对性地进行培训。在培训中，客房部管理人员应注重对典型案例的分析，通过分析使员工在今后的工作中加以避免。另外，管理人员还应培训员工处理客人投诉的技巧，避免更多、更严厉的投诉发生。

4. 与员工工作考核相联系，制定员工奖惩制度

员工操作水平不高，服务意识不强，应变能力较差，服务经验欠缺，耐心不足，委屈承受力不够等导致客人投诉占全部投诉事件的比例很大，酒店应对有关员工及管理人员予以教育或惩罚；反之，对于在投诉处理中表现良好的员工，应该按规定对其进行奖励。例如，有些员工为酒店挽回声誉，减少酒店赔偿数额，使客人变不满意为满意，改善了与客人之间的关系，改变了媒介对酒店的态度等，均应奖励。同时，更要奖励那些克己奉公，不计个人委屈，把客人满意视为最高目标，从而把潜在的投诉消灭在萌芽状态的员工。

5. 加强设备设施的维护保养

建立完善的管理制度，制定具体的维修保养方案和计划，并切实执行。同时，提高维修人员的技术水平，保证维修质量，加强质量控制，实行定期检查制度。

任务六　棉织品、消耗品定额与控制

棉织品的使用在很大程度上体现了酒店的档次。棉织品是酒店为顾客提供的日常用品，也是顾客每日必需的生活用品；同时，棉织品还是酒店的消耗品，因此在棉织品的使用过程中应很好地对其加以控制。

◇ 任务指导

任务名称	棉织品、消耗品定额与控制	学时	2
任务目标	掌握棉织品、消耗品定额与控制的基本方法		
实训要求	熟悉棉织品、消耗品的基本配备、定额计算和控制方法		
任务准备	布置场景、准备案例		
学习方法	教师进行讲解、示范，学生分组进行情景模拟训练		

◇ 任务流程

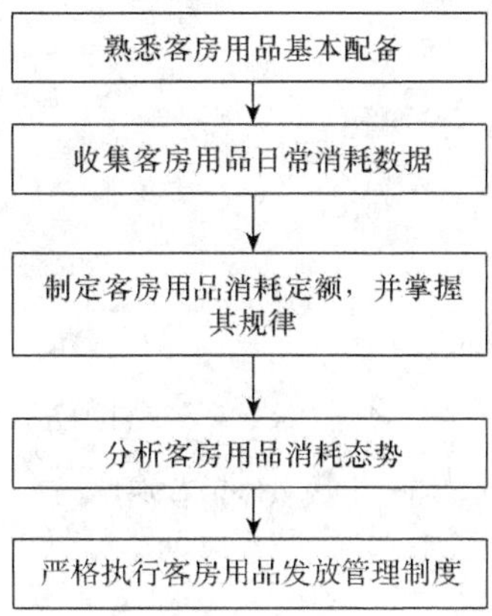

◇ 任务内容

程序/项目	标准
1．制定客房物品配备标准	① 熟悉星级酒店客房用品配备标准 ② 依据自身情况，制定酒店客房用品配备标准
2．数量控制	① 制定客房用品消耗定额预算 ② 每日统计 ③ 定期分析：每月一次 a．根据每日消耗量汇总表制定月度各楼层消耗量汇总表 b．结合出租率及上月情况制作每月客房用品消耗量对照表 c．结合年度预算情况制作月度预算对照表 d．根据控制前后对照确定每间房每天的平均消耗量
3．发放与使用控制	① 建立消耗品领用制度 a．通过工作表控制员工的消耗量 b．检查与督导 ② 建立客房用品的领班责任制 a．楼层配备物资用品管理人员，专人负责 b．每日汇总本楼层消耗用品量 c．每周末根据存量与消耗量开出领料单，交库房核准 d．每月末配合房务中心盘点各类用品 ③ 客房部客房用品的控制 a．制度控制，客房用品领用制度、客房用品使用的奖惩制度 b．总量控制，客房中心库房对客房用品的控制、楼层主管对客房用品的控制

【相关知识】

客房用品消耗定额计算

1. 一次性消耗品的消耗定额计算

一次性消耗品的消耗定额计算公式为

$$A = B \times C \times F \times 365$$

式中，A——消耗定额；
B——每间客房每天配备定额；
C——酒店客房总数；
F——预测的年客房出租率。

2. 棉织品的消耗定额计算

棉织品的消耗定额计算公式为

$$A = B \times C \times F \times (1 + R)$$

式中，A——棉织品（多次性消耗品）年度消耗定额；
B——每间客房每天配备定额；
C——酒店客房总数；
F——预测的年客房出租率；
R——棉织品的损耗率。

3. 客房用品申领与发放

客房用品的发放应根据楼层小库房的配备定额明确一个周期和时间，可以一周为单位。这不仅可以方便中心库房的工作，还可以促使楼层日常工作有条理地进行，以及减少漏洞。

在发放日期之前，楼层领班应将其所管辖楼段的库存情况了解清楚并填写“日常消耗品申领单”（表6.2），凭“日常消耗品申领单”领取货物之后，即将此单留在中心库房以便作统计用。

表 6.2　日常消耗品申领单

楼层：________　　　　日期：________

消耗品名称	申领数	实发数	消耗品名称	申领数	实发数
普通信笺			火柴		
航空信笺			水杯		
普通信封			小香皂		
航空信封			烟灰缸		
明信片			圆珠笔		
门后指示图			服务指南		
便笺纸			门把菜单		

续表

消耗品名称	申领数	实发数	消耗品名称	申领数	实发数
客人意见书			干洗单		
住客预订表			湿洗单		
小酒吧账单			垃圾袋		
大香皂			浴帽		
卫生纸			浴液		
面巾纸			鞋刷		

申领者：__________　　　　发放者：__________

项目小结

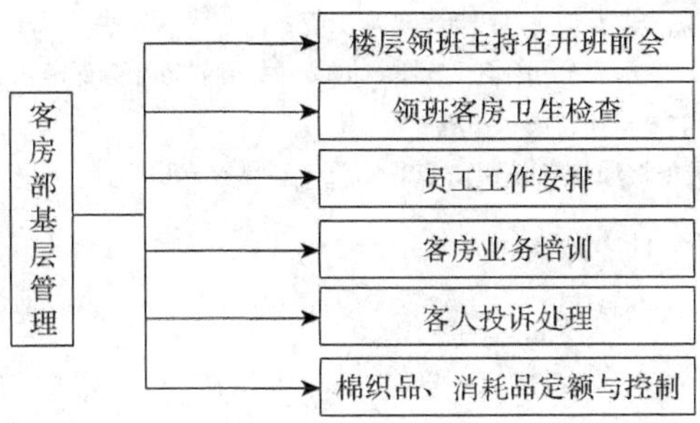

参 考 文 献

国家旅游局人事劳动教育司，2016．客房服务与管理[M]．5版．北京：旅游教育出版社．

劳动和社会保障部中国就业培训技术指导中心，2004．客房服务员（国家职业资格培训教程）[M]．北京：中国劳动社会保障出版社．

雷明化，郭建华，2019．客房服务与管理[M]．2版．北京：中国人民大学出版社．

李莉，2005．前厅与客房服务实训[M]．北京：中国劳动社会保障出版社．

平文英，2000．客房服务与管理[M]．大连：东北财经大学出版社．

沈忠红，魏洁文，2006．现代饭店前厅客房服务与管理[M]．北京：人民邮电出版社．

叶秀霜，董颖蓉，2002．客房服务与管理[M]．北京：旅游教育出版社．

于英丽，2006．前厅客房服务技能实训教程[M]．大连：东北财经大学出版社．

余炳炎，王培来，2002．饭店客房部的运行与管理[M]．2版．北京：旅游教育出版社．

曾凌峰，2003．客房服务规范[M]．北京：中国经济出版社．

支海成，2003．客房部运行与管理[M]．2版．北京：旅游教育出版社．

中国就业培训技术指导中心，2012．客房服务员[M]．2版．北京：中国劳动社会保障出版社．

朱承强，2004．饭店客房管理[M]．北京：旅游教育出版社．

邹益民，张世琪，2003．现代饭店房务管理与案例[M]．沈阳：辽宁科学技术出版社．

附　录

附录一　客房部岗位工作说明书

1. 部门经理

文件名	岗位工作说明书	编号	
职务名称	部门经理	部门	客房部
上级主管	副总经理	直属下级	客房部各区域主管

（一）岗位能力要求

保证楼层客房的正常运转和所属公共区域的清洁干净。全权负责客房部的运作控制，负责管理客房部所有事务。具有良好的计划、组织和控制能力。对客房部所有人员进行适当的培训、鼓励和监督，合理分配和布置工作任务，分析部门成本，及时解决问题，最大限度地提高部门的生产效率和质量水平。

（二）任职条件

1．学历：大专以上文化程度。

2．工作经验：有三年以上酒店企业客房管理工作经验，有较强的协作沟通能力，执行力强。

3．职业道德：品德优秀，具有较强的服务意识和责任心，有敬业精神。

4．外语：熟练掌握英语（听、说、写和阅读）。

（三）职责描述

1．向总经理负责，主持部门全面工作，严格执行酒店总经理的指示，策划部门人力、物力的使用情况。

2．编制部门预算，拟订部门费用消耗计划，根据销售部、前厅部的客房出租率及平均房价预算，控制成本费用消耗，完成计划任务。

3．管理监督下属人员按工作程序给客人提供服务，达到酒店要求水准。

4．保证所有客房和公共区域达到清洁标准，确保服务设备完好正常，保养检查工作经常化。

5．管理监督下属人员按园林工作要求指导园林种植、养护和保洁。

6．通过市场调研，控制物品消费，减少费用开支，按需求量增加、更换好的产品。

7．制定人员编制，安排员工的培训，合理组织调配人员，提高工作效率。向下级传授新知识，并使之尽快得到应用。

8．圆满地解决和处理客人的投诉，保持酒店的声誉。

9．协调与酒店各部门之间的工作关系，加强横向沟通，保证部门之间默契的配合。

10．全面了解并熟悉酒店的《员工手册》《服务手册》。

2. 楼层主管

文件名	岗位工作说明书	编号	
职务名称	楼层主管	部门	客房部
上级主管	客房部经理	直属下级	楼层领班、房务中心领班

（一）岗位能力要求

负责督导和管理楼层日常工作的开展。帮助培训和鼓励员工以高标准满足客人需要，监督并检查工作程序及标准，处理相关工作问题；贯彻客房部经理的决策、决定和指令，实施本部门的工作计划，及时向上级报告完成情况。

续表

（二）任职条件 1．学历：大专以上文化程度。 2．工作经验：有两年以上酒店企业客房主管工作经验，有丰富的楼层管理知识及业务操作经验。有较强的协作沟通能力，督导能力强。 3．职业道德：品德优秀，具有较强的服务意识和责任心，有敬业精神。 4．外语：有较好的英语会话能力，能自如地与客人交流，处理和解决客人投诉。 （三）职责描述 1．通过对下属日常工作的检查，保证客房区域处于干净、整洁状态。 2．每日查阅各种表单，掌握本部门整体工作动态。 3．恰当、合理地安排班次、分派工作，对员工的提职、降职、奖励、处分等提出意见。 4．定期制订培训计划，监督下属培训工作，不断提高本部门员工的素质水平。 5．帮助领班解决工作中的难题，对领班的工作情况定期做出考核评价，发展良好的上下级关系，确保本部门的日常工作效率。 6．解答和解决客人对本部门服务工作的投诉，尽可能满足客人的要求，尽力建立与客人之间的友好关系。 7．通过检查工作记录、定期盘点和发布指示，有效地控制酒店客房用品、棉织品和清洁用品的需求量，并决定特殊物品的需求量和供应标准，以尽量减少部门开支。 8．与工程部建立经常的联系，监督家具、设备的维修和保养工作，使之达到酒店应有的标准。 9．严格检查酒店规章制度及房务中心规定在本部门的执行、落实情况，严格检查客人遗留物品管理制度的执行情况，解决检查中的问题，维护酒店的声誉。 10．不断地分析现有的工作程序及设备工具的使用情况，并提出改进方案，以求不断提高客房服务工作的效率。 11．制订客房的大清洁及各卫生计划，检查下属的执行情况。 12．协助经理编排班次表，安排员工的年休假。 13．每月向部门经理提供员工出勤报告表、领用餐券等。 14．全面了解并熟悉酒店的《员工手册》《服务手册》。

3．楼层领班

文件名	岗位工作说明书	编号	
职务名称	楼层领班	部门	客房部
上级主管	楼层主管	直属下级	楼层服务员
（一）岗位能力要求 能够按时完成主管安排的工作任务，检查楼层服务员的仪容、仪表、服务态度、操作规范，以及所有楼层房间的卫生情况和设施设备。熟悉业务标准，业务操作能力强，能够有效地安排和督导服务员完成工作任务。 （二）任职条件 1．学历：高中或同等学力以上文化程度。 2．工作经验：从事一年以上楼层领班管理工作或具有较全面的楼层管理知识，过硬的操作能力。 3．职业道德：品德优良，具有较强的服务意识和责任心，有敬业精神。 4．外语：有一定外语基础。 （三）职责描述 1．通过组织指挥员工的工作为客人提供客房服务，检查每间客房、楼道、楼层公共区域、工作间的卫生及服务工作情况，重点检查走客房的卫生和 VIP 客房，及时报告打扫好的房间，确保空房及时出租。认真填写检查房间的表格。 2．检查服务员的工作服、仪容、仪表和行为，确保酒店规章制度和客房部的规定得以执行落实。对不符合酒店规定的事情应及时处理和上报。 3．对于房间和负责区内需要维修的工程和设备项目，及时报给房务中心，保存好服务用的工具、设备，及时汇报损坏或丢失情况，以便采取措施。			

续表

4．检查楼层交班本和查房表，尽量减少班次间的工作脱节，完成上一班未完成的工作，并将本班次未完成的工作填写在楼层交班本上。 5．确保楼层钥匙的正确使用和保管，监督服务员对钥匙的使用和保管。 6．检查和控制客房内所需物品及清洁用品的消耗，合理填写物品申领单，保证各种物品在工作间有适量的备用。 7．每日做好客房内酒吧饮料的报账和补充。 8．尽量满足客人的要求，减少客人的投诉，提供有效的客房服务。 9．分析现有的工作程序及设备工具的使用情况，提出改进的建议。 10．全面了解并熟悉酒店的《员工手册》《服务手册》。

4. 客房服务中心领班

文件名	岗位工作说明书	编号	
职务名称	客房服务中心领班	部门	客房部
上级主管	楼层主管	直属下级	客房服务中心文员
（一）岗位能力要求 负责客房服务中心的日常管理。保证本部门与客人及相关部门的信息沟通。积极做好组织、计划、检查、督导等工作，善于沟通协调。 （二）任职条件 1．学历：高中或同等学力以上文化程度。 2．工作经验：从事一年以上客房服务中心领班或楼层领班管理工作，具有较全面的楼层管理知识，过硬的操作能力。 3．职业道德：品德优良，具有较强的服务意识和责任心，有敬业精神。 4．有一定外语基础。 （三）职责描述 1．负责客房服务中心组的管理工作。保证本部门与客人及相关部门的信息沟通。 2．查看夜班服务中心工作记录。 3．参加部门经理主持的部门例会。 4．检查微型酒吧消耗的统计和输入计算机的工作。 5．检查房态输入计算机的工作执行情况，确保房态准确无误。 6．负责处理紧急情况和员工不能处理的问题。 7．管理和控制服务中心财产及物品消耗。 8．每周组织召开班组总结会。 9．定期考核评定下属员工的工作成绩，公正实施奖惩。 10．负责下属的培训工作。 11．向上级汇报当日情况，完成上级交办的其他事宜。			

5. 客房服务中心文员

文件名	岗位工作说明书	编号	
职务名称	客房服务中心文员（兼财管员）	部门	客房部
上级主管	客房服务中心领班	直属下级	无
（一）岗位能力要求 负责酒店内容及客人电话转接并记录，准确、及时地传递对客服务的信息；随时检查计算机动态，做好各种钥匙的管理和控制，负责房务中心清洁和资料归类存档工作，配合楼层做好客房业务的正常运转；具有较好的工作协调能力和沟通能力。 （二）任职条件 1．学历：高中或同等学力以上文化程度。 2．工作经验：从事一年以上文员工作，并掌握 Office 办公系统的操作。工作认真、细致，条理性强，能起草简单的文件，精通账目管理。			

续表

3．职业道德：品德优秀，具有较强的服务意识和责任心。 （三）职责描述 1．接听电话，答复客人的咨询或要求，及时向有关区域发出通知并做好记录。 2．与其他部门沟通及传达信息给有关部门及部门内工作人员，并将部门的信息向有关方面及部门之间传递。 3．负责填写客房工作需要的各种表格和单据。 4．及时将各领班报告的OK房输入计算机，同时对有问题的事宜输入临时状态。 5．负责部门所有钥匙、磁卡的点收、控制、保管，严格执行借出和归还制度。 6．负责小灵通的检查、报修、派发、登记、充电和保管。 7．负责对客人遗留物品的登记、保管和发放处理。 8．协助部门对员工上班、下班和考勤情况的控制，禁止视而不见，有关问题要及时向部门反映。 9．负责有关向客人提供的出借物品的保管、回收及保养，借入、借出必须有完整的记录。 10．负责每日楼层酒水消耗的统计、发放，做好销售记录。 11．负责对各区域领班、主管报告的维修项目进行填写，并及时通知工程部进行维修。 12．负责制订办公用品计划及其领取和保管。 13．负责部门报表、资料档案及文件的归档、保管。 14．负责客房用品、消耗用品、清洁用品、食品等物品的盘存。 15．负责客房用品及各类清洁用品的申购、发放。 16．客房部所有财产的管理，并做好物品分类账。 17．完成临时分派的有关工作。 18．全面了解并熟悉酒店的《员工手册》《服务手册》。

6. 楼层客房服务员

文件名	岗位工作说明书	编号	
职务名称	楼层客房服务员	部门	客房部
上级主管	楼层领班	直属下级	无
（一）岗位能力要求 负责客房及客房区域的清洁工作；及时、周到、主动、热情地提供对客服务，满足客人需要；保证楼层安全，有较强的安全意识；有吃苦耐劳的精神，工作勤恳、踏实，有较好的沟通能力及表达能力。 （二）任职条件 1．学历：初中及中专学历以上文化程度。 2．工作经验：有一定客房服务知识和楼层操作技能。 3．职业道德：品德优良，具有较强的服务意识和吃苦耐劳的精神。 （三）职责描述 1．清扫和整理客房及卫生间，补齐棉织品和其他用品，确保自己负责的房间和责任区（工作间、楼道、开水间、强/弱电房、电梯间等）的清洁、整齐，以符合酒店的标准。 2．及时向领班、主管报告需要维修的项目和设备。 3．及时收取客人的衣物，检查洗衣单各栏是否填写正确，认真填写收取客衣记录，并电话通知布草房客衣情况。 4．认真管理每间客房内的小酒吧，准确查点、报告和开账。 5．确保楼层万能钥匙的安全，按规定合理使用、保管万能钥匙，并作好房间、楼道的安全、消防工作。 6．及时上缴客人的遗留物品，认真填写遗留物品登记单。 7．当洗衣房、餐饮部、工程部及行李员允许进入客房时，应给予合作。 8．礼貌、友好地满足客人的需要，完成好分派的其他工作。 9．全面了解并熟悉酒店的《员工手册》《服务手册》。			

7. PA 主管

文件名	岗位工作说明书	编号	
职务名称	PA 主管	部门	客房部
上级主管	客房部经理	直属下级	PA 领班

（一）岗位能力要求

全面负责公共区域工作计划的制订，组织管理，保证运转。合理安排人员，分派工作。有效控制成本，确保设备的正常使用与良好保养。具有较强的清洁保养知识和相关业务能力，工作经验丰富。

（二）任职条件

1．学历：高中或同等学力以上文化程度。

2．工作经验：有一定客房服务知识和楼层操作技能。

3．职业道德：品德优良，具有较强的服务意识和吃苦耐劳的精神。

（三）职责描述

1．通过对下属人员日常工作的检查，保证公共区域处于干净、整洁状态。

2．每日查阅各种表单，掌握本部门工作动态。

3．恰当、合理地安排班次、分派工作，对员工的提职、降职、奖励、处分等提出意见。

4．定期制订培训计划，监督下属培训工作，不断提高本部门员工的素质水平。

5．帮助领班解决工作中的难题，对领班的工作情况定期做出考核评价，发展良好的上下级关系，确保本区域的日常工作效率。

6．解答和解决客人对本部门服务工作的投诉，尽可能满足客人的要求，尽力建立与客人之间的友好关系。

7．通过检查工作记录、定期盘点和发布指示，有效地控制清洁用品、客房用品的需求量，并决定特殊物品的需求量和供应标准，以尽量减少部门开支。

8．与工程部建立经常的联系，监督设备的维修和保养工作，使之达到酒店应有的标准。

9．严格检查酒店规章制度及客房部规定在本部门的执行、落实情况，解决检查出的问题，维护酒店的声誉。

10．不断地分析现有的工作程序及设备工具的使用情况，提出改进方案，以不断提高客房服务工作的效率。

11．制订公共区域的每月卫生计划，检查下属的执行情况。

12．巡视酒店各室内植物和各区域的插花，及时发现问题并加以改进，做好巡查记录。

13．全面了解并熟悉酒店的《员工手册》《服务手册》。

8. PA 领班

文件名	岗位工作说明书	编号	
职务名称	PA 领班	部门	客房部
上级主管	PA 主管	直属下级	PA 员工

（一）岗位能力要求

负责公共区域日常业务督导工作。每天巡检所有公共区域，确保达到规定的清洁标准。正确监督和指导员工熟练掌握清洁剂、清洁工具和有关机器设备的使用和保养方法。减少磨损、降低消耗，控制成本。有效沟通相关部门与人员，准确提供服务，及时处理问题。具有较强的清洁保养知识和相关业务能力，工作经验丰富。

（二）任职条件

1．学历：高中或同等学力以上文化程度。

2．工作经验：从事一年以上 PA 领班管理工作，有较全面的公共清洁与保养知识，过硬的业务操作能力和丰富的实践经验。

3．职业道德：品德优良，具有较强的责任心，有敬业精神。

（三）职责描述

1．检查每名员工的工作情况，并对其进行记录和定期做出评价，确保本班次的工作效率，使责任区清洁卫生达到酒店规定的标准。

2．检查服务员的工作服、仪容、仪表和行为，确保酒店规章制度和客房部的规定得以执行落实。对不符合酒店规定的事情及时处理和上报。

续表

3．确保和指导员工正确使用清洁剂和正确操作有关机器设备。监督清洁工具和机器设备的使用与保养，减少磨损、降低消耗，减少本部门的开支。 4．控制清洁用品的消耗量并准备相应的备用量，控制成本，节约本部门的开支。 5．与房务中心保持联系，及时报告设备和工程上需维修的项目。 6．合理安排人力，提供咨询和培训，提高员工的工作效率。 7．做好交接班工作，尽量减少班次间的工作脱节，完成上一班次未完成的工作，并将本班次未完成的工作填写在 PA 交班本上。 8．正确处理异常情况并及时汇报。 9．定期对下属员工进行绩效考评。 10．完成 PA 主管交办的其他工作。 11．全面了解并熟悉酒店的《员工手册》《服务手册》。

9．PA 员工

文件名	岗位工作说明书	编号	
职务名称	PA 员工（清洁员/维护保养员/擦窗员）	部门	客房部
上级主管	PA 领班	直属下级	无
（一）岗位能力要求 能够正确使用清洁剂和相关清洁工具、设备，并按规定的程序完成分派的清扫工作，确保管辖区域卫生符合酒店规定的标准，有吃苦耐劳的精神，工作勤恳、踏实。 （二）任职条件 1．学历：初中及中专学历以上文化程度。 2．工作经验：有一定酒店公共区域卫生知识与技能。 3．职业道德：品德优良，具有较强的服务意识和吃苦耐劳的精神。 4．身体健康，身体素质较好。 （三）职责描述 1．正确使用清洁剂和相关的清洁工具、设备，并按规定的程序完成分派的清扫工作，确保管辖区域卫生符合酒店规定的标准。 2．及时报告工程上需要维修的项目。 3．完成上级分派的其他工作。 4．全面了解酒店的《员工手册》《服务手册》。			

附录二　客房部岗位工作英语

一、基本服务用语

（一）问候语

1．Good morning, sir（madam）.
早上好，先生（女士）。

2．Good afternoon, ladies and gentlemen.
下午好，女士们，先生们。

3. Good evening, Miss Price.
   晚上好，普赖斯小姐。
4. How are you today, Mr. Brown ?
   你今天好吗？布朗先生。
5. I'm quite well, thank you.
   我很好，谢谢你。
6. It's good to see you again, sir（madam）.
   再次见到你真高兴，先生（女士）。
7. Nice to meet you, sir.
   见到你真高兴，先生。
8. Are you Mrs. Best?
   你是贝斯特夫人吗?
9. You must be Professor Ford.
   你一定是福特教授。
10. May I know your name, sir（madam）?
    我可以知道你的名字吗？先生（女士）。
11. Here's a letter for you, Dr. White.
    怀特医生，这儿有你的一封信。
12. You're wanted on the phone, Captain Smith.
    史密斯船长，有你的电话。
13. Welcome to our hotel, Miss Henry.
    欢迎来到我们酒店，亨利小姐。
14. May I be of service to you, Mr. Baker ?
    我能为你服务吗？贝克先生。
15. Can I help you, Ms. Blake?
    我能帮你吗？布莱克女士?
16. Would you take the seat, young lady ?
    请坐，小姐。

（二）提供帮助

17. May I help you ?
    我能帮你吗？
18. Can I help you?
    我能帮你吗?
19. What can I do for you ?
    我能为你做什么?
20. May I take your bag for you?
    我可以为你拿手提包吗？

21．May I help you with your suitcase?
我能帮你拿箱子吗？

22．Would you like me to call a taxi for you ?
你需要我为你叫一辆出租车吗？

23．Thank you very much.
非常感谢。

24．Thanks for the trouble.
麻烦你了。

25．It’s very kind of you.
你真是太好了。

26．No, thanks.
不用了，谢谢。

（三）感谢语及应答

27．You’re welcome.
不客气。

28．Not at all.
不用谢。

29．That’s all right.
没关系。

30．Don’t mention it.
不值得一提。

31．It’s my pleasure.
这是我的荣幸。

（四）表示欢迎

32．Welcome, sir（madam）.
欢迎光临，先生（女士）。

33．Welcome to our hotel, sir（madam）.
欢迎光临我们酒店，先生（女士）。

34．Welcome to our western restaurant.
欢迎来我们西餐厅。

35．We’re glad to have you here.
我们很高兴你来到这儿。

36．I’m always at your service, sir（madam）.
随时为你效劳，先生（女士）。

（五）道歉

37. I’m sorry, sir（madam）.
对不起，先生（女士）。
38. I’m very sorry.
非常抱歉。
39. I’m sorry to trouble you.
对不起，打扰你了。
40. I’m sorry to have taken so much of your time.
对不起，占用你太多时间了。
41. I’m sorry to have kept you waiting .
对不起，让你久等了。
42. Excuse me for interrupting you.
抱歉，打扰您了。
43. I hope you’ll forgive me.
我希望你能原谅我。

（六）对道歉语的应答

44. It doesn’t matter.
没关系。
45. It’s nothing.
没什么。
46. Never mind.
不要紧。
47. That’s nothing.
没什么。
48. Don’t bother about that.
别再想它。
49. Don’t worry about it.
别担心。
50. Don’t apologize, it was my fault.
不用道歉，这是我的错。

二、客房服务常见用语

1. Housekeeping. May I come in?
我是客房部的，可以进来吗？
2. When would you like me to do your room，sir?
您要我什么时间来给您打扫房间呢，先生？

3．You can do it now if you like.
如果您愿意，现在就可以打扫。
4．I would like you to go and get me a flask of hot water.
我想请你给我拿一杯开水来。
5．I'm sorry that your flask is empty.
很抱歉您的热水瓶空了。
6．May I do the turn-down service for you now?
现在可以为您做夜床服务了吗？
7．Oh，thank you．But you see，we are having some friends over.
噢，谢谢，但你知道我们邀请了一些朋友过来聚聚。
8．Could you come back in three hours?
你能不能 3 小时后再来整理？
9．Certainly，madam．I'll let the overnight staff know.
当然可以，女士。我会转告夜班服务员。
10．Would you tidy up a bit in the bathroom?
请整理一下浴室好吗？
11．I've just taken a bath and it is quite a mess now.
我刚洗了澡，那儿乱糟糟的。
12．Besides，please bring us a bottle of just boiled water.
此外，请给我们带瓶刚烧开的水来。
13．It's growing dark．Would you like me to draw the curtains for you?
天黑下来了，要不要我拉上窗帘？
14．Is there anything I can do for you?
您还有什么事要我做吗？
15．I'm always at your service.
我很乐意为您效劳。
16．Excuse me．Have you any laundry?
打扰一下，请问有没有要洗的衣服？
17．The laundry man is here to collect it.
洗衣房服务员来这儿收要洗的衣服了。
18．If you have any，please just leave it in the laundry bag behind the bathroom door.
如果您有衣服要洗，请放在浴室门后的洗衣袋里。
19．Please tell us or notify in the list whether you need your clothes ironed，washed，dry-cleaned or mended and also what time you want to get them back.
请告诉我们或在洗衣单上写明您的衣服是否需要熨烫、水洗、干洗或缝补，还要写明何时需要取衣服。
20．What if there is any laundry damage?
如果你们洗衣时损坏了衣服怎么办？

21．In such a case，the hotel should certainly pay for it.
如果是这样，酒店当然应该赔偿。

22．Could you send someone up for my laundry，please?
请问，你们能派人来收要洗的衣服吗？

23．A valet will be up in a few minutes.
洗熨工马上就到。

24．Will the color run in the wash?
洗衣时会掉色吗？

25．We'll dry-clean the dress.
我们将干洗这条裙子。

26．We'll stitch it before washing.
我们会在洗之前把它缝好。

27．When can I have my laundry back?
我何时能取回洗的衣服呢？

28．Would you like express service or same-day?
您是要快洗服务还是当日取？

29．I'd like this sweater to be washed by hand in cold water.
这件毛衣要用冷水手洗。

30．Can you change the room for me?It's too noisy.
能给我换个房间吗？这儿太吵了。

31．My wife was woken up several times by the noise the baggage elevator made.
我妻子被运送行李的电梯发出的嘈杂声弄醒了几次。

32．She said it was too much for her.
她说这使她难以忍受。

33．I'm awfully sorry, sir.
非常对不起，先生。

34．I do apologize.
我向您道歉。

35．No problem, sir.
没问题，先生。

36．We'll manage it, but we don't have any spare room today.
我们会尽力办到，但是今天我们没有空余房间。

37．Could you wait till tomorrow?
等到明天好吗？

38．I hope we'll be able to enjoy our stay in a quiet suite tomorrow evening and have a sound sleep.
我希望明天晚上我们能待在一套安静的房间里睡个好觉。

39. And if there is anything more you need, please let us know.
如果还需要别的什么东西，请告诉我们。
40. The light in this room is too dim.
这房间里的灯光太暗了。
41. Please get me a brighter one.
请给我换个亮的。
42. Certainly, sir. I'll be back right away.
好的，先生，我马上就回来。
43. The room is too cold for me. I feel rather cold when I sleep.
这房间太冷了，我睡觉时感到很冷。
44. There seems to be something wrong with the toilet.
我房间里的抽水马桶好像出了点毛病。
45. We'll send someone to repair it immediately.
我们会马上派人来修的。
46. What's the trouble?
有什么问题？
47. The toilet doesn't flush.
抽水马桶不冲水了。
48. Let me see. Oh, it's clogged.
让我看看。噢，堵住了。
49. The water tap drips all night long.
水龙头一整夜滴水。
50. Some part needs to be replaced. I will be back soon.
有个零件需要更换。我很快就回来。
51. Ah, I'm afraid there's something wrong with the TV.
噢，电视机好像有些毛病。
52. The picture is wobbly.
图像不稳定。
53. I'm sorry. May I have a look at it?
很遗憾，我可以看看吗？
54. I'll send for an electrician from the maintenance department.
我去请维修部的电工来。
55. We can have it repaired.
我们能找人修理。
56. Please wait just a few minutes.
请稍等几分钟。
57. The TV set is not working well.
电视机有问题了。

58. I'm going to Tianjin early tomorrow morning.
我明天一早要去天津。

59. So I would like to request an early morning call.
因此我想让你们明天早上叫醒我。

60. At what time would you like us to call you tomorrow morning?
您想让我们明天早上什么时候叫醒您？

61. But I have to be at the conference room of the Garden Hotel in Tianjin by 10 o'clock.
但我是 10:00 必须赶到天津花园宾馆会议室。

62. That means that I'll have to be on the road by 7 o'clock at the latest.
就是说我明天早晨最迟也要 7:00 上路。

63. In that case，I would like you to call me at 5:45?
那样的话，你们明早 5:45 叫醒我好吗？

64. OK. So we will wake you up at 5:45 tomorrow morning.
好，那么我们明早 5:45 叫醒您。

65. Will you do me a favor, Miss?
小姐，能帮个忙吗？

66. I wonder if your hotel has the morning call service.
不知道你们酒店是否有叫早服务。

67. Would you like a morning call?
您想要叫醒服务吗？

68. I want to go to the Bund to enjoy the morning scenery there.
我想到外滩去欣赏那里的美景。

69. At what time do you want me to call you up, sir?
先生，您想要我什么时候叫醒您？

70. At 6 sharp tomorrow morning, please.
请在明早 6:00。

71. By phone. I don't want to disturb my neighbors.
电话叫醒，我不想吵醒邻居。

72. Just a moment（a minute），please.
请稍等一下。

73. I'm sorry to disturb you. May I clean the room, sir?
对不起打扰你了，我来打扫一下房间好吗，先生?

74. Please clean it when I am out.
我马上要出去，请等一会儿打扫。

75. May I change the water of the thermos now?
我现在可以换热水瓶里的水吗?

76．Some of my friends will come and see me this afternoon. Will you please give me some more hot bottles and tea cups?
下午我有几位朋友来访，请给加些热水瓶和茶杯。

77．Well, we'll send tea into the room when the visitors come.
好，客人来访我们会端茶进来的。

78．By the way, is there any mail for me?
顺便问一下，有给我的邮件吗？

79．No. If there is, I'll give it to you in time.
没有。如果有的话，我会及时给你送来的。

80．Why did you come in without my permission?
你为什么没经我允许就进来了？

81．It's my negligence. I beg your pardon.
我疏忽了，请你原谅。

82．I come and make the bed. Shall I do it now or later?
我来做夜床，您看是现在做还是等会儿做？

83．Here's your clean laundry. You'd better check it.
这是您的干净的衣服，您最好检查一下。

84．Have you lost anything today, sir?
先生，您今天丢过什么东西吗？

85．Yes, a wallet. I'm looking for it now.
丢了一只皮夹子，我正在找呢。

86．What is there in the wallet?
皮夹子里有些什么？

87．My daughter's photo and some money.
我女儿的照片和一些钱。

88．Look, is this wallet yours?
看，这只皮夹子是不是您的？

89．I want to borrow *China Daily* of these days.
我要看这几天的《中国日报》。

90．Please get some copies of *China Pictorial* for me.
请拿几份《中国画报》给我。

91．Please bring some chairs for me.
请拿几把椅子给我。

92．Please get me some soap.
请给我一些肥皂。

93．The slippers are worn out. Change them for me, please.
拖鞋坏了，请给我换一双。

94. Get a hot-water bottle, please.
请拿一只热水瓶给我。

95. I feel a bit cold when I sleep. Please get me a blanket.
我睡得有点冷，请给我加一条毯子。

96. I need another pillow.
我需要加一个枕头。

97. All right, I'll get it for you right away.
好的，我马上去拿。

98. Just a moment, I'll do it right now.
请稍等一下，我马上给你办好。

99. Please leave your laundry in the laundry bag behind the bathroom door.
请把要洗的东西放在浴室门后的洗衣袋中。

100. Please follow me and come this way.
请跟我这边走。

三、客房英语词汇

standard room (SR) 标准客房
twin room (TR) 两个单人床房
suite room 套间
lake-view room 湖景房
hill-view room 山景房
harbor-view room 港景房
corner room 角房
outside room 外景房
floor supervisor 楼层领班
visitor 访客
bill 账单
service 服务
tourist industry 旅游业
full house 客满
housekeeping 管家部
clothes-hanger 衣架
pillow case 枕套
blanket 毛毯
hard mattress 硬床垫
laundry list 洗衣单
sewing kit 针线包
shampoo 洗发水

double room (DR) 大床房
single room (SR) 单人房
connecting room 联通房
garden-view room 园景房
sea-view room 海景房
street-view room 街景房
inside room 内景房
executive housekeeper 行政管家
room attendant 客房服务员
VIP（very important person） 贵宾
satisfaction 满意
tourist 游客
value 价值
hotel 酒店
curtain 窗帘
pillow 枕头
quilt 被子
extra bed 加床
soft mattress 软床垫
laundry bag 洗衣袋
towel 毛巾
conditioner 护发素

toothbrush　牙刷
toothpaste　牙膏
soap　香皂
tissues　面巾纸
toilet paper　卫生纸
comb　梳子
bath tub　浴缸
bath towel　浴巾
face towel　小方巾
bath mat　地巾
shower cap　浴帽
bath robe　浴袍
hairdryer　吹风机
tap　水龙头
coffee table　茶几
bed-head　床头
electric kettle　电热水壶
slippers　拖鞋
folder　文具盒
writing paper　信纸
envelope　信封
wardrobe　衣柜
mirror　镜子
vanity/dressing table　梳妆台
drawer　抽屉
bed cover　床罩
sheet　床单
luggage　行李
do not disturb　请勿打扰
light bulb　电灯泡
breakfast card　早餐卡
ashtray　烟灰缸
matches　火柴
tea　茶
coffee　咖啡
shoes board　鞋拔子
iron　熨斗
ironing board　熨衣板
floor lamp　落地灯
table light　台灯
adapter　插头
extension code　接线板
transformer　变压器
chair　椅子
trolley　工作车
mineral water　矿泉水
door knob　门把手
nuts　果仁
switch board　控制板
safety box　保险箱
bedside table　床头柜
door bell　门铃
living room　客厅
king size bed　加大双人床
TV remote control　电视遥控器
rubbish bin　垃圾桶
flash light　手电筒
key hole　取电器
wall lamp　壁灯
bedroom　卧室
twin beds　成对单人床
data line　数据线
peep hole　门镜猫眼
lamp shade　灯杆
quilt cover　被罩
no smoking card　请勿吸烟卡
bed skirting　床裙
fax form　传真纸
scissors　剪刀
shoe basket　鞋筐
door stopper　门堵
ceiling　天花板
toilet bowl　马桶
alarm clock　闹钟
wall picture　挂画
ball pen　圆珠笔

shoe shine mitt/paper　擦鞋布
candy bottle　糖果盅
bathroom scale　体重秤
telephone　电话
cotton ball　棉球
tissue paper box　面巾纸盒
door handle　门把手
coaster　杯垫
refrigerator　冰箱
rubber mat　防滑垫
vase　花瓶
shower curtains　浴帘
bed pad　床垫
shopping bag　购物袋
key insert　取电器
sill　窗台
soap dish　皂碟
towel rail　毛巾架
arm chair　扶手椅
mug　口杯
razor /shaver　剃须刀
safety chain　安全链
tray　托盘
mini bar　小酒吧
shower head　喷头
note pad　便签
sanitary bag　卫生袋
air-conditioner　空调
plant　植物
hook　挂衣钩
shower cap　浴帽
wash basin　面盆
bed head board　床头板
sheer curtain　纱帘
lock　门锁
pot　冷水壶
clothes brush　衣刷
wall paper　墙纸
cup　茶杯

附录三　客房部日常工作规章制度

一、客房部员工守则

1）遵守本酒店《员工守则》和其他规章制度。

2）主动、热情、礼貌、耐心、细致、周到地为客人服务，不做有损客人利益和部门声誉的事。

3）熟知酒店和本部门的主要服务项目，能随机应答客人的有关问题。

4）爱护酒店的一切工作用具，定期维护保养，不得损坏公物；在保证工作质量的前提下，节约各类材料、用剂，降低费用，延长设备的使用寿命。

5）各级管理人员须做到尽心尽职，现场督导，严于律己，做员工表率，不得以权谋私。

6）严格按照各部位班次表上班、休假，提前到岗上班，以便有足够的时间更换制服，准时签到。

7）不能无故旷工，因有事不能前来工作（或在岗因事不能继续工作），应事先向主管请假，如果迟到要先向主管说明理由方能上岗；调班必须经过主管同意。

8）如果家庭住址、通信方式、婚姻状况、育儿情况、学历等私人情况发生变化，应及时向客房部汇报。

9）凡是个人在工作中遇到的疑难问题要首先向领班报告，如果不能解决，再由领班向客房部汇报解决。

10）坚守工作岗位，不得擅自进入其他工作区域与其他服务员一起工作或交谈（遇有特急任务得到主管的委派除外）。

11）非工作时间不得在楼层和酒店其他区域逗留和休息，影响他人工作。

12）服务员不得携带包裹进入工作区域，客人遗留物品一律交客房部。

13）工作中注意说话轻、走路轻、操作轻。

14）谈吐得体、态度温和，不得高声喧哗或扎堆聊天，遇顾客无礼言行时，应克制忍让，报告上级妥善处理。

15）对部门工作有意见或建议应通过正当渠道向上反映，不乱做评价中伤其他员工。

16）根据时间有礼貌地向客人打招呼，尽可能称呼客人的姓氏和职称。

17）房务中心接到外线打来的员工私人电话只做记录，不能转接。

18）在酒店任何地方看到杂物均须拾起。

19）保持工作区域任何一个地方干净、整齐，包括防火楼梯和员工出入口。

20）在离开客房时，须将客人离开时忘记关上的灯、电视关上。

21）在客房内发现任何物品损坏、丢失或其他异常现象立即报告领班。

22）如果发现客人在房间里吵闹、生病或醉酒，应立即通知领班或房务中心。

23）在任何情况下都不要把小块的肥皂或任何东西扔到恭桶中。

24）工具需存放在仓库内，在存放之前需将工具彻底清理干净。

25）下班前清理工作室完毕后，需将全部的灯关掉。

26）工作前、下班后将工作车清理干净，布置整齐。

27）不得将布草当作抹布使用。

28）对有破损或污迹的布巾，应单独放置，送回洗衣房。

29）不得在客区坐卧沙发，使用客桌、客椅、电话等客用设备。

30）不得接听、拨打住客房内的电话。

31）撤出的脏布巾不得放在地面上，应放入工作车上的脏布巾口袋内。

32）不要向客人或无关人员提供有关酒店管理和其他客人的秘密。

33）下午 2:00 若发现有无法清扫的客房须立即报告领班。

34）若在房间或公共区域内发现老鼠、昆虫、蟑螂，迅速报告领班。

35）对客人额外的要求，如加椅子、毛毯、枕头、拖鞋等应立即报告房务中心。

36）严禁向客人索要或变相索要小费。

二、客房部会议制度

建立客房部会议制度的目的是使酒店和部门有关指令得到贯彻执行，汇总解决部门日常工作事宜。客房部会议制度涉及客房部全体员工。

（一）会议

1）制定相关会议制度，明确会议名称、时间、参加人员等信息。

2）按照酒店例会制度的规定客房部经理需参加酒店部门经理有关会议。落实协调部门内部各岗位之间的工作，提高客房部工作质量。

3）客房部主管每日例会。每天（周日除外）客房部各部位主管和库管员到房务中心参加由客房部经理主持的部门例会。主要内容是各部门前日工作落实情况汇报，当日工作汇报，需要由经理协助解决的事项，经理传达酒店例会有关内容、有关工作等。会议内容由部门文员或楼层主管详细记录，并在会后整理成会议纪要，分发给有关领导和各部位主管。

4）各部位每日例会。楼层、洗衣房每天分别召开由相关班次领班和服务员参加的例会，传达酒店和部门的有关指令和文件，部署有关工作，对有关服务问题进行培训，检查服务员仪容、仪表等，并由主管在各部位的交班日志上做详细记录。

5）客房部月度总结会。客房部在每月初召开各部位领班以上管理人员参加的月度总结会，主要内容是经理总结上月经营管理情况，各部位主管汇报上月工作情况，经理阐述本月工作计划等。会议内容由部门文员或楼层主管详细记录，并在会后整理成会议纪要，分发给总经理助理和各部位主管。所有管理人员在每月第一个星期将上月工作总结和当月工作计划交至部门经理处。

6）客房部每月质量分析会。部门经理在每月分别召开楼层、公共区域、洗衣房的质量分析会，参加人员是各部位领班以上管理人员。会议内容为针对各部位存在的质量问题提出解决办法，并进行汇总备案。

7）客房部经理和各部位主管还应针对有关工作问题和员工的思想状态及时召开一些临时会议，达到发现问题、解决问题，听取员工意见和建议的目的。

（二）会议要求

1）参加会议人员必须着工装准时参加会议，如因故不能参加，应提前向会议主持人请假，并在会后了解会议详细内容。与会人员不得无故迟到或早退，否则按《员工考勤制度》有关规定处理。

2）参加部门经理召开的会议时，有关人员应事先做好准备，并在会议中简明扼要地进行阐述。

3）与会人员应如实汇报工作，不得弄虚作假。

4）与会人员必要时应做好记录，认真落实会议指令，各级管理人员应及时进行检查。

三、客房部培训制度

建立客房部培训制度的目的是保证客房部培训、考核工作质量，保证并提高客房部服务质量和员工素质。客房部培训制度适用于客房部全体员工。

（一）培训规定

1）本着具有针对性、层次性、严格按照工作规程的原则，遵循培训—工作—再培训—

再工作的规律实施培训。

2）建立客房部经理为组长、各区域主管为副组长、各区域领班为组员的培训组织机构，开展培训工作。

（二）培训的分类及内容

1. 新员工岗前培训

1）新员工需参加人事部组织的就酒店的经营历史、服务项目、组织机构、职业道德、礼节礼貌、员工手册、安全教育等一般性岗前培训。

2）负责培训的管理人员对新员工就部门的组织机构、岗位职责、规章制度、服务规程等内容进行专业性岗前培训。

3）各部位主管安排富有经验且认真负责的老员工帮助新员工进行实际操作。

2. 在岗培训

1）各级管理人员利用每天班前例会时间和日常检查对下属进行服务规范、服务程序、处理特殊情况等有针对性的培训。

2）经理、主管定期进行专题培训，对酒店有关新制度、新规定部门改变或新制定的服务程序、规范及服务案例等进行培训。

3）利用淡季时间组织岗位练兵、技术比武。

4）客房部员工都应积极参加人事部组织的有关培训。

3. 培训的质量控制

1）各管区主管每月列出培训计划，部门经理审批调整后报质量督导部，并督促实施。

2）培训员在培训前做好培训需求调查、培训计划与准备工作。

3）培训员熟知培训内容，并且应不断提高自身工作能力和业务知识。培训中采用讲授法、讨论法、案例分析法、角色扮演法、操作示范法等多种方式。

4）必须坚持“先培训，后上岗”“培训不合格不能上岗”的制度。

5）培训之后必须有相对应的考核工作。

4. 考核

1）坚持“严格，准确，公平，公正，责、权、利相结合”的考核原则。

2）考核内容为员工的“德”（品质、工作作风、职业道德）、“能”（知识水平、实际工作能力、身体素质）、“勤”（纪律性、协调性、积极性、创造性）、“绩”（工作成绩）等内容。

3）新员工培训结束后，必须经过理论和实际操作考核，合格后方可上岗；否则，继续接受培训，对于两次考核达不到岗位要求的，退回人事部。

4）新员工正式上岗后第七天须填写“新员工熟悉岗位调查表”。

5）客房部经理和各管区主管每年至少组织两次对在岗领班和服务员的全面考核，并根据需要进行专项考核。

6）对因工作需要、提升等原因变动岗位的员工也要先考核后上岗。

7）考核结果作为部门确定奖惩、升/降职、外出培训、制订培训计划等的依据。

5. 记录、存档

各管区主管对培训、考核的内容和结果做好记录，汇总至房务中心存档。

四、客房部设备保养制度

建立客房部设备保养制度的目的是保证设备、设施的正确使用，延长设备、设施的使用寿命。客房部设备保养制度适用于客房部全体员工。

（一）门窗

1）门窗在日常开关时，须轻开轻关。

2）开关门时，应检查门锁是否灵活有效，有无松动。

3）开关门窗时，应检查有无异常响声，底部有无触磨地面、窗沿、门框、窗框等现象，开关是否严密，门、窗框有无裂缝。

4）开门时检查闭门器、门吸是否有效，有无碰撞墙壁的现象。

5）开关门窗时，应检查有无扭曲变形、油漆剥落或破损，遇恶劣天气时应检查门窗是否关严。

6）检查窗帘的拉绳、滑动轮等是否完好，窗帘上的钩、圈是否齐全，拉动时是否灵活方便。

（二）墙壁和地面

1）服务员进行清洁工作或管理人员检查时应检查墙壁有无变色、剥落、掉皮、反潮、开胶，有无裂缝或隙洞等现象。

2）墙纸禁止用湿抹布擦拭。

3）禁止在墙壁上随意拉绳索或乱钉铁钉。

4）混凝土、瓷砖地面清洁时避免用酸性清洁剂，应定期用适当的清洁剂洗刷地面，然后用清水冲净，平时每天清扫和用拖把拖净，擦亮。

5）大理石和花岗岩地面、墙面禁止用酸性清洁剂清洁，或用粗糙的东西摩擦，也不能使用砂粉或粉状清洁剂，以防表层的爆裂。除每天用尘推推尘外，还应定期进行保养。

6）木板地面应防潮、防水，清洁时禁止用水拖把擦拖地面，工作中应避免重物划伤表面。除每天用尘推推尘外，还应定期进行保养。

（三）地毯

1）每日需用吸尘器除尘，并用湿抹布把吸尘器吸不到的地方（地毯边角）擦干净。

2）地毯大面积被水浸湿时，应立即用吸水机处理，然后用吹风机吹干或铺上报废床单待完全干透后再撤掉。

3）地毯严禁用重物敲砸和锐器划伤，更不要让烟头或火种将其烧破。

4）如地毯上粘上污渍，应使用正确的清洁剂处理掉。

5）如发现地毯上有破损、开胶或缩水等现象应请工程部马上修补。

6）定期对地毯进行彻底清洗。

（四）家具

1）木制家具应防潮、防晒，避免阳光直接暴晒和水渍的侵蚀，切勿用湿抹布擦洗，应每天用稍潮软抹布擦尘，定期用家具蜡保养。

2）平稳摆放木制家具，不能在上面摆放过重的物件或滚烫的器物，搬动时要巧搬轻放，切不可强拉硬拖。

3）家具上的油漆烫出自痕，可用煤油、酒精、花露水去掉。

4）金属家具每天都要用适当的清洁剂擦拭，不得用湿抹布和酸性清洁剂擦洗，更不要用砂纸打磨或锐器刮擦。

（五）玻璃器皿、瓷器

1）玻璃器皿、瓷器在使用时必须轻拿、轻放，放置要平稳妥当。

2）保持清洁光亮，符合卫生标准。

3）清洗玻璃器皿时，切忌将所有物品都放入水池中，以防相互挤碰破损。

4）摆放不应过密，码放不要套叠在一起。

5）擦玻璃器皿时用劲要均匀，同时用消毒口布垫住手；擦瓷器时，不要将许多瓷器一起擦，以防将瓷釉磨掉。

6）发现有缺口的瓷器、玻璃器皿要及时更换。

（六）电视机

1）电视机应放置在干燥、通风良好、清洁而又无阳光直射的位置，不要紧靠墙壁放置。

2）平稳放置。

3）开机时应先插电源插座，再打开电源开关；关机时先关掉电源开关，再拔下电源插座。

4）每天用抹布对电视机擦尘，定期清洁机后网罩。

（七）机器设备

1）机器使用时人不能离开，注意力集中，严格按操作规程操作，发现有漏电、异常震动或有异常响声应马上停止使用。

2）机器使用完毕后必须将内部的垃圾或污物清除干净，用抹布将机身擦净。

3）每台机器都有专人负责清洁保养。

4）严禁擅自拆装或维修机器。

5）所有设备设施发生故障，都应立即报修，且做好记录，各级管理人员应层层检查。

五、客房部文件管理制度

建立客房部文件管理制度的目的是使酒店和部门的有关文件、制度得到贯彻落实，对文件的分发、保存实行有效管理；做好报纸的发放、回收工作。客房部文件管理制度适用于客房部各级管理人员，房务中心文员，楼层服务员。

（一）文件管理制度

1）文件的处理一般包括拟稿、核稿、签发、传递、归档、销毁等程序。

2）客房部收发的文件一般包括酒店会议纪要、酒店下发至部门的文件、其他部门协调文件或备忘录、部门上报的文件等。

3）凡发至客房部的收文，都由房务中心文员签收登记，并及时交给经理。

4）客房部上报的文件先在房务中心登记，然后由房务中心文员发向有关部门。

5）各级管理人员应将酒店和部门有关文件内容及时传达给员工，同时部门经理需将部门有关问题以文件形式上报。

6）各级管理人员对承办的文件内容必须认真负责，按规定期限迅速办理，如不能如期完成的，应提前向上级反馈，做到件件有着落、事事有下文。

7）文件内容处理完毕后，由房务中心文员在“文件登记本”上做好记录，并整理存档，做到不丢失、不遗漏。

8）没有保存价值的文件，须经部门经理签字，在文件登记本上做好记录然后销毁。

9）各级管理人员调动工作或离开酒店必须将文件和规章制度等清理移交。

（二）报纸派发、回收制度

1）房务中心负责报纸的接收、派发工作，在报纸登记本上记录收到和发放时间、报纸名称和数量、转交人签名等，并通知有关人员及时送交客人。

2）不得将客用报纸随意借给无关人员或丢失。

3）中班服务员在开夜床时，按规定为客人分发报纸（DND 房可由门底缝放进），并在工作表单上做好记录。

4）楼层服务员每天下班后将从房间内撤出的报纸送至库房。

六、客房部物品报损、报废制度

建立客房部物品报损、报废制度的目的是控制物品损耗及流失。该制度适用于客房部全体员工。

1）客房部的布草、工作用具、房间物品发生霉变、破损、非人为原因丢失等情况，需要进行报损、报废处理时，由客房部库管员填写“物品报损/报废报告表”，据实说明坏、废原因，并由物品所属部位的主管审查签字，报部门经理审核。对核实并获准报损、报废的物品，应至少保存一个月，可以重新利用的经批准后应再利用。

2）库管员原则上应见到废品方可报损，如有客人带走等原因需报损的物品，应由房务中心填写“杂项收费单”，然后经大堂副经理签字。

3）如属人为原因造成的物品破损现象，应按酒店有关规定进行处理，然后进行报损处理。

4）审批权限：客房部经理按酒店的有关规定对报损、报废物品进行审批，并将“物品报损/报废报告表”附有关单据交财务部审核。

七、客房部交接班制度

建立客房部交接班制度的目的是便于管理人员对下属员工每日工作情况的掌握，及时发现问题；使部门各项工作有计划性、连续性；对有关原始材料进行有效保存。客房部交接班制度适用于客房部全体员工。

（一）工作表格填写

1）所有员工在填写工作表格时，必须严格按表格所列内容进行填写，要求及时、准确、全面、真实。

2）员工下班前将所填写的表格交有关上级或房务中心。

3）按照管理层级划分，逐级检查下级工作表格，发现问题要求一查到底。

4）凡不按时上交表格，视同未完成本日工作处理。

5）所有工作表格必须严格按照规定的保存期限进行保存。

（二）交接班内容

1）钥匙的交接，包括万能钥匙、工作间钥匙及其他一切钥匙。

2）房态与房情，包括房态情况、走住客情况。

3）服务用品，包括服务电话、备用电熨斗、麻将等。

4）表格，包括工作记录、房态表、钥匙交接表等表格。

5）物资、酒水等的使用，包括房间酒水配备情况、备用酒水数量、物资领用情况等。

6）对客服务，包括客衣、饮料、留言、信件、电话记录、房间维修情况、访客、客人特殊要求、习惯等一切与客人有关的事情。

7）重要事情，包括各项通知、VIP 客人情况、客人遗留物品信息交接。

8）工作安排，包括部门及主管的工作安排交接。

9）特殊情况下，未完成的工作。

10）认真查看上一班次的工作记录，以免有疏漏内容。

11）必须认真、详细、公正地填写交班工作日志。

12）交接班必须做口头和书面交接，且须有交班人签名，严禁未做交接或交接不全即签字下班，否则后果自负。

13）按照管理层级划分，逐级检查下级交班情况，发现问题要一查到底。

八、客房部库房物品摆放和保管规定

建立客房部库房物品摆放和保管规定的目的是保证工作间和库房物品摆放符合要求，有效控制物品的保存和使用。该规定适用于客房部全体员工。

1）楼层工作间物品按照《楼层工作间物品摆放标准》整齐摆放、保持清洁。

2）物资库和布草库的物品需分类别、固定位置堆放，填写货物卡。

3）酒水、食品和布巾摆放时应注意防潮、防晒。

4）易燃物品（如火柴）须与其他物品分开存放，少领少存，确保安全。

5）库房内或门口处需摆放灭火器。

6）库房内严禁吸烟。

7）由酒店大库领取物品，保证合理的库存量，做到账、物、卡相符。

8）对于物品的报废、更新、发放都有账目登记，手续清楚。

9）库管员熟知各类物品的保存期、保存要求，并定期征求各管区主管对物品使用效果的意见和建议。

10）库管员因保管不妥，物品发生霉变或变质，货物长期积压，库管员不及时请示汇报，造成过期损坏，必须赔偿。

11）每月26日库管员填制当月“酒水销售汇总表”“客用品消耗数据分析表”“洗衣房物料消耗表”“PA物料消耗表”，上报部门经理。

九、楼层布草管理制度

建立楼层布草管理制度的目的是控制楼层布草流失，降低布草报废率。该制度适用于楼层主管、领班、服务员和客房库管员。

1）各楼层布草存放在工作间内，由各管区领班负责。

2）楼层清洁员在工作中不得将布草错放到垃圾袋内；查房时应按照房间内布草的实有数补充，如发现住客房少布草，应及时、委婉地询问客人，查找原因。

3）楼层清洁员每日与洗衣房做好脏、净布草的当面交接工作，若出现问题，则应立即向领班报告。

4）楼层领班每日检查楼层清洁员的布草送取工作，并对所负责区域的布草进行抽查。每周配合主管和库管对布草进行抽查盘点；每月26日配合主管和库管员对布草进行全面盘点。

5）服务员应爱惜布草，严禁用布草做抹布使用，若发现有破损、污染的布草应单独存放，送还洗衣房，严禁补入房间。

6）如因工作失误遗失或损坏布草，应按照酒店的有关规定进行处理。

十、楼层公共区域卫生标准

建立楼层公共区域卫生标准目的是规范楼层主管、领班检查楼层公共区域卫生的标准，特制定此作业指导。该标准适用于楼层主管、领班检查楼层公共区域卫生的工作过程。

1）客梯厅大理石地面、墙面清洁光亮，无尘、无划痕、无污迹。

2）绿色植物花盆内外洁净，盆内无杂物，植物生长正常，叶片无尘。

3）门、窗玻璃光亮无水迹、手印，开关自如。

4）地毯干净无污迹、无杂物、无线头，无不平整及开裂现象。

5）立式烟缸随时保持干净，无烟头、杂物，白沙子洁净。

6）天花板无灰尘、蜘蛛网，排风口无灰尘。

7）壁纸墙面干净，无污迹。

8）指示牌光亮，无手印、无污迹、无灰尘。

9）地角线、门面无灰尘，无鞋印黑迹。

10）灯具、灯罩无灰尘、无手印，无灯不亮现象。

11）灭火器箱、消防栓内无杂物、无积灰，门内外干净、无手印。

12）走廊工作车、吸尘器等摆放正确。

13）电梯间、工作间物品摆放符合《工作间物品摆放标准》，工具、台案、地面、热水器、制冰机干净整齐，无故障。

14）公共区域无苍蝇等虫子。

十一、楼层工作间物品摆放标准

建立楼层工作间物品摆放标准目的是规范楼层工作间物品摆放标准，特制定此作业指导。该标准适用于楼层服务员。

1）窗台放置单枝花，无杂物。

2）工作桌桌面放置电话，桌内放工作表单和礼品袋。

3）两台吸尘器放于工作桌下，平行放置，不锈钢管放于工作桌与物品柜之间。

4）物品柜内上层码放客用品，下层码放棉织品。

5）两辆工作车靠检修门一侧平行码放。

6）用过的脏杯具放于洗刷池内，干净杯具洗刷完毕后，擦拭干净后分类放于消毒柜内消毒。

7）工具篮清洁干净后，放于洗刷池下。

8）员工电梯间矮柜内上层放置对客服务用品，托盘、备用杯具等，下层放置矿泉水、清洁剂和回收物品。

十二、楼层清洁剂使用规定

建立楼层清洁剂使用规定的目的是保证员工正确使用各种清洁剂。

1）客房部使用的主要清洁剂种类、配比和用途。

2）高泡地毯清洁剂（中性），主要用于干洗机，洗涤各种地毯。

3）低泡地毯清洁剂（中性），作一般去渍，主要用于抽洗机，洗涤各种地毯。

4）全能清洁剂（中性），作一般清洁，主要用于日常清洁石质地面、墙壁、恭桶、面盆、浴缸和玻璃幕墙等的清洁。

5）康洁洁厕剂（酸性），罐装，主要用于清除瓷砖、恭桶内的黄迹、污垢。

6）高效洁厕剂（酸性），主要用于清洁墙壁、便池、浴盆及地面瓷砖。

7）不锈钢光亮剂，罐装，主要用于清洁不锈钢。

8）玻璃清洁剂，罐装，主要用于清洁玻璃。

9）擦铜液，罐装，主要用于清洁铜器、不锈钢。

10）空气清新剂，罐装，适用于各区域。

11）牵尘剂，罐装，主要适用于日常清洁大理石、瓷砖地面。

12）起蜡水，酸性，主要用于大理石地面起蜡。

13）严格按照清洁剂说明书中的配比度和操作要求进行清洁工作。

14）根据设备、设施的构造，分日常和计划卫生要求使用清洁剂。

15）如清洁剂不慎洒在地面、皮肤上要立即进行稀释、擦拭处理。

16）使用浓度较大的清洁剂时一定要戴手套操作。

17）各种清洁剂不得随意混合使用。

十三、低值易耗品和清洁工具管理规定

建立低值易耗品和清洁工具管理规定的目的是保证低值易耗品的合理使用，降低清洁工具的耗用量。该规定适用于客房部服务员、领班、主管、库管员。

1）客房物资库保持一个月的低值易耗品用量。

2）楼层工作间保持一周的低值易耗品用量，PA 工作间保持三天的量，每周三楼层领班、每周一和周四 PA 主管负责到物资库领取低值易耗品（洗发液要交回空瓶）。

3）除非特殊情况，在规定的领货日之外，库管员不予发货。

4）楼层每一班次服务员工作完毕后，都应按照工作车上的规定配备低值易耗品。

5）楼层和 PA 服务员在工作中使用的低值易耗品都要在工作表单上做好记录，并汇总到库管员处。

6）楼层服务员离开工作岗位时，应将工作车推入工作间内，以防物品丢失。

7）服务员使用的清洁用具（如扫帚、工具盒等）应定点存放、专人保管。

8）服务员在使用清洁用具时，应注意正确使用，爱护工具。

9）工具因自然损坏，应按照以旧换新的原则到库管处更换，人为的损坏，责任人要按价赔偿。

10）每月 26 日库管员将低值易耗品和清洁工具的使用情况进行汇总。